ISBN 978-0-282-55292-3
PIBN 10452085

1 MONTH OF
FREE
READING

at

www.ForgottenBooks.com

By purchasing this book you are eligible for one month membership to ForgottenBooks.com, giving you unlimited access to our entire collection of over 1,000,000 titles via our web site and mobile apps.

To claim your free month visit:

www.forgottenbooks.com/free452085

English
Français
Deutsche
Italiano
Español
Português

www.forgottenbooks.com

Mythology Photography **Fiction**
Fishing Christianity **Art** Cooking
Essays Buddhism Freemasonry
Medicine **Biology** Music **Ancient**
Egypt Evolution Carpentry Physics
Dance Geology **Mathematics** Fitness
Shakespeare **Folklore** Yoga Marketing
Confidence Immortality Biographies
Poetry **Psychology** Witchcraft
Electronics Chemistry History **Law**
Accounting **Philosophy** Anthropology
Alchemy Drama Quantum Mechanics
Atheism Sexual Health **Ancient History**
Entrepreneurship Languages Sport
Paleontology Needlework Islam
Metaphysics Investment Archaeology
Parenting Statistics Criminology
Motivational

Utraquisten und Taboriten.

Ein Beitrag

zur

Geschichte der böhmischen Reformation

im 15. Jahrhundert.

Von

Leopold Krummel,

Lic. theolog.

Pfarrer in Kirnbach (Baden).

Gotha.

Friedrich Andreas Perthes.

1871.

Der hochwürdigen

evangelisch-protestantisch-theologischen Facultät

zu

Wien

widmet diese Schrift in ehrfurchtsvollem Danke für die ihm am 25. April 1871 bei ihrer Semisäcularfeier ertheilte Würde eines Licentiaten der Theologie

hochachtungsvollst

Der Verfasser.

Inhalt.

Inhalt

Einleitung.

Weil Böhmen und Mähren in Folge der unglückseligen Schlacht am weißen Berge (1621) für den Protestantismus verloren gegangen ist, so wird die Frucht der hussitischen Reformationsbewegung gewöhnlich fast ausschließlich auf die moralische Wirkung beschränkt, welche Hussens tragisches Ende auf dem Constanzer Concile hervorgebracht hat. Von untergeordneter Wichtigkeit erscheint, was von unmittelbaren Wirkungen daraus hervorgegangen und im Utraquismus und Taboritenthum oder, in ein kurzes Wort zusammengefaßt, im Hussitenthum zu Tag getreten ist. Man verkennt nicht, daß die Bewegung, von welcher das böhmische Volk nach dem Tode Hussens ergriffen wurde, in erster Reihe durch religiös kirchliche Motive veranlaßt worden ist, und daß diese auch fort und fort eine sehr wichtige Rolle in derselben gespielt haben; die Verhandlungen des Basler Concils bezeugen dies zur Genüge; in dem Ganzen aber sieht man, wie der alte Zach. Theobald in seinem Bellum hussiticum (Francof. 1621), viel mehr eine Kette revolutionärer und kriegerischer Ereignisse, als eine Bewegung reformatorischer Art. Man scheut sich nicht einmal, die Schuld davon, daß es so gekommen ist, auf Hus selbst und dessen angeblich unvollkommene Reformationsideen zu schieben; wie z. B. Th. Pressel (in Herzog's Realencycl. VI, 333) schreibt:

Krummel, Utraquisten ꝛc.   1

„Das ist eben die Bedeutung Hussens in der Kirchengeschichte, daß es durch sein tragisches Geschick sich aussprach, wie unmöglich es sei, einen neuen Lappen auf das wurmstichige Kleid des römischen Katholicismus zu setzen, wie es vielmehr neuer Schläuche bedürfe, um den Gehalt des evangelischen Geistes zu beherbergen. Hus hatte das formale Princip der Reformation, aber das materiale gebrach ihm, und darum hat er sich auch bis zu seinem Ende nie als den Mann betrachtet, der zur Gründung einer neuen Kirche berufen sei." Man meint, Hus habe es der römischen Hierarchie gegenüber an der für ein Reformationswerk nöthigen Entschiedenheit fehlen lassen, und weil seine Anhänger nicht weiter vorangeschritten, sondern bei diesem selben Grundfehler verblieben seien, so habe sich daraus wohl das vorübergehende Feuer eines religiöskriegerischen Fanatismus entwickeln können, aber auch nicht mehr als dies; die hussitische Bewegung sei von Anfang an nicht lebenskräftig genug gewesen, um einen dauernden Bestand erhalten zu können. Ranke hat seine Reformationsgeschichte schreiben können, ohne des Hussitismus mehr als ganz vorübergehend Erwähnung zu thun.

Neuestens hat Czerwenka [1]) auf eine richtigere Bahn eingelenkt, und was auch in Palacky's trefflicher Geschichte von Böhmen nicht geschehen ist, neben den politischen Kämpfen vom Jahr 1415 ab auch die reformatorischen Bestrebungen der Hussiten eingehender zu würdigen sich bemüht. Wiewohl er darin zu weit geht, die Religionsfrage als die „in dem Kabinet des Königs, in dem Saale des Landtags, in den Feldlagern der Utraquisten und Taboriten Alles in Bewegung setzende Triebkraft" zu bezeichnen. Die Nichtanerkennung Sigismund's, des rechtmäßigen Erben der Krone Böhmens nach dem Tode Wenzel's (1419), die Uebertragung dieser letzteren an den polnischen Prinzen Sigmund Korybut, die lediglich mit dem Schwert ertrotzten Verhandlungen mit dem Basler Concil, die Königswahl Georg's von Podiebrad und so manches Andere zeugt für die Richtigkeit von Palacky's

---

1) B. Czerwenka, Geschichte der evangelischen Kirche in Böhmen (Bielefeld u. Leipzig bei Velhagen & Klasing, 1869), Bd. I, S. VIII. 109 ff.

Urtheil [2]): anno 1419 nova eaque aliquantum diversa rerum hussiticarum series orta esse videtur, oder wie ich es in meiner böhmischen Reformationsgeschichte ausgedrückt habe [3]): „Die böhmische Reformation ist, obwohl unter den besten Auspicien begonnen und von kräftigen Nachwirkungen begleitet, ein unvollendetes Werk geblieben und erst ein Jahrhundert später, von ganz neuen Anfängen ausgehend, weiter geführt worden; was ihr unmittelbar nachgefolgt ist, bildet ein Stück Geschichte für sich, ein Stück Geschichte, auf welches die Kirchen = und Profangeschichte höchstens einen gleichgetheilten Anspruch machen kann."

Auch bei Czerwenka kommen jedoch vermöge der ganzen Anlage seines Werkes, als einer Gesammtgeschichte der evangelischen Kirche Böhmens, die reformatorischen Bestrebungen der Hussiten oder der religiöse Gehalt des Hussitismus nicht in der Weise, wie man es wünschen möchte, zu seinem Rechte. Man wird insbesondere darüber nicht recht in's Klare gesetzt, wie die Hussiten zur Feststellung ihrer Reformationsgrundsätze in den vier Prager Artikeln, der Grundlage der späteren Basler Compactaten, gekommen sind, und wie sich aus denselben der Gegensatz des Utraquismus und Taboritenthums herausgestaltet hat. Seit Jahren mit der Durchforschung der über die Periode von 1415—1457 Aufschluß gebenden Schriftwerke älteren und neueren Datums [4]) beschäftigt,

---

2) Palacky, Docum. Mag. J. Hus (Prag bei Tempsky 1869), S. VI.

3) Krummel, Gesch. der böhm. Ref. (Gotha bei Perthes 1867), S. 574.

4) Ich hebe unter diesen namentlich hervor: die Chroniken des Utraquisten Laur. von Březowa und des Taboritenbischofs Nic. von Pelhřimov (Pilgram) in Höfler's Geschichtschr. der hussit. Bew. I, 321—527 u. II, 475—820; Palacky's Gesch. von Böhmen, Bd. 3—4, dess. Monum. concil. general. saec. XV, dess. Docum. M. Joannis Hus, dess. Gesch. des Hussitenthums u. Prof. Höfler, krit. Studien, dess. Beziehungen und Verh. der Waldenser zu den ehemaligen Sekten in Böhmen; Gindely's Gesch. der böhm. Brüder; Tomek's Gesch. der Univ. Prag; Aschbach's Gesch. Kaiser Sigismund's; Lenfant's Hist. de la guerre des Hussites et du conc. de Bâle; Lichnowsky's Gesch. des Hauses Habsburg; Pescheck's Gegenreform. in Böhmen; von älteren Schriften die Werke von Mansi, Raynaldus, Aen. Sylvius, Hajek, Balbinus, Cochläus, Theobald, B. Lydius, Stransky, Dlugosch, Köhler (Diss. de Rokycana) u. v. A.

möchte ich in dem Nachfolgenden einen Beitrag — nicht zur
äußeren Geschichte des Hussitenthums; diese ist durch Palacky
zum Abschluß gebracht, aber — zur besseren Kenntniß der eigenthümlichen Lehren und Grundsätze der Utraquisten und
Taboriten liefern und zu diesem Zwecke schildern: 1) die Entstehung des Utraquismus und Taboritenthums, 1415—1420;
2) deren ursprüngliche Einheit, Auswüchse und erste Gegensätze, 1420
bis 1424; 3) deren Kampf und Widerstreit gegen einander, 1424
bis 1431; 4) den Sieg des ersteren über letzteres, nebst den Vor-
verhandlungen der Böhmen mit dem Basler Concil, 1431—1434;
5) die Fortsetzung dieser bis zum Abschluß der Basler Compactaten, 1434—1436; 6) Kaiser Sigismund's Versuch, den Katholicismus in Böhmen wiederherzustellen, 1436—1437, und 7) die
Resultate der ganzen hussitischen Bewegung: die utraquistische
Kirche, das völlige Verschwinden der Taboriten und die Entstehung
der älteren Brüdergemeinde, 1437—1457.

I.

Entstehung des Utraquismus und Taboritenthums.
1415—1420.

Um diese in der Kirchengeschichte so merkwürdigen, leider längst wieder untergegangenen Erscheinungen würdigen zu können, ist vor Allem nöthig, auf deren Ursprung und Entstehung zurückzugehen.

Den Anstoß dazu hat das Constanzer Concil gegeben, die Erwartungen, welche dort getäuscht, der Zorn und die Erbitterung, welche dort erregt wurden. Eine Reformation der Kirche an Haupt und Gliedern hatte die gesammte Christenheit von jener äußerlich so glänzenden Versammlung erwartet; sie hatte ihr statt dessen außer der Beseitigung des Schisma's nichts als einen die Völker mit Concordaten überlistenden Papst und das blutige Schauspiel der Hinrichtung zweier Männer geboten, welche zu den frömmsten und gelehrtesten ihrer Zeit gehörten und eine Reformation nicht nur mit leeren Worten, wie die Constanzer Prälaten, sondern mit der That durchzuführen versucht hatten. Wo konnte und mußte dies übler empfunden werden, als in dem Heimathlande dieser beiden Männer, wo man mit den größten Hoffnungen auf das Concil geblickt, was man von ihm erwartete, schon einzuführen begonnen hatte und, die Freiheit des Christen schmeckend, längst nicht mehr gewillt war, sich wiederum in das knechtische Joch ungöttlicher und widerchristlicher Satzungen fangen zu lassen?

Wir müssen ja bedenken, daß das evangelische Wirken von Männern, wie Conrad von Waldhausen, Milič von Kremsier, Thomas von Stitny und Matthias von Janow, die weite Verbreitung der philosophischen und theologischen Schriften Wycliffe's und vor Allem das entschieden reformatorische Auftreten Hussens und seiner Gesinnungsgenossen an der Universität Prag und unter der Geistlichkeit Böhmens (vornehmlich der niederen) keineswegs fruchtlos gewesen war. Fast in ganz Böhmen hatte sich dadurch ein verhältnißmäßig sehr hoher Grad von evangelischer Erkenntniß und antihierarchisch = freiheitlicher Gesinnung verbreitet. Wir finden schon im Jahr 1409 eine ganze Reihe der vornehmsten Staatsbeamten, Herren und Ritter Böhmens auf Hussens Seite stehend. Hus kann im Jahr 1410 oder 1411 an einen Gesinnungsgenossen in England schreiben: „Unser Volk will nichts als die heilige Schrift hören, und wo in einer Stadt, Dorf oder Burg ein Prediger der heiligen Wahrheit auftritt, da strömt ihm das Volk, unbekümmert um den schlechten Klerus, schaarenweise zu. Unser Herr, der König, sein Hof, die Barone und das gemeine Volk sind alle für das Wort Jesu Christi." [5] Während seines Exiles auf den Burgen Kozi-hradek und Krakowec (1413—1414) mußte er, wie er sagt, „in großen und kleinen Städten, in Dörfern und auf Burgen, selbst auf dem Felde und in Wäldern" predigen [6]); so groß war die Begierde, ihn zu hören und die Geneigtheit, seinen Reformen beizutreten. War es ein Wunder, wenn das auf diese Weise an = und aufgeregte böhmische Volk durch die Nachricht von der Constanzer Bluttat von wüthender Erbitterung ergriffen wurde und in den großen kirchlichen Nothständen, in denen es sich befand und von denen ihm die Hierarchie keinerlei Erlösung oder auch nur Erleichterung bieten wollte, den kühnen Gedanken faßte, zur Selbsthülfe zu greifen? Fehlte es ihm doch auch nicht an Männern, welche geistige und materielle Kräfte genug besaßen, um einem solchen Unternehmen Garantien des Gelingens zu bieten. An der Universität war eine ganze Reihe von Männern, welche die refor=

5) Höfler, Geschichtschr. II, 213.
6) Hus, Opp. I, 125.

matorifchen Ideen Huffens in fich aufgenommen hatten und Ge=
lehrfamkeit und Muth genug befaßen, fie gegen Jedermann zu ver=
theidigen; unter der Geiftlichkeit gab es im ganzen Lande umher
Viele, meift Schüler Huffens, welche feine Sache mit großer Sach=
kenntniß und Beredfamkeit zu vertheidigen wußten und fich durch
ihren fittlich=ehrenwerthen Charakter die Sympathien des Volkes
erwarben; von der Mehrzahl der adeligen Herren konnte Aehn=
liches gefagt werden.

Der Anfang der bald ganz Europa in Angft und Schrecken
verfetzenden „Huffitenftürme" ift fchon in das Jahr 1415 zu
fetzen. Sobald die Nachricht von der Einkerkerung Huffens nach
Böhmen kam, wandten fich die böhmifchen und mährifchen Stände
in energifchen Zufchriften [7]) (eine derfelben war von 250 Baronen
und Rittern unterfchrieben) an Kaifer Sigismund, als Protektor
des Concils, und verlangten deffen Freilaffung, öffentliche Ver=
hörung und ungefährdete Rückfendung nach Böhmen auf Grund
des ihm gegebenen Geleitsbriefes, indem fie Hus zugleich ein Zeug=
niß völliger Schuldlofigkeit ausftellten und Sigismund darauf auf=
merkfam machten, daß feine Ehre und die Ruhe von Böhmen von
der Erfüllung diefer ihrer Forderung abhinge. Diefe vor dem
Concil verlefenen Zufchriften haben, wie bekannt, keine Beachtung
gefunden; das Concil hat darauf mit der befchleunigten Verurtheil=
lung und Hinrichtung Huffens, der auch Sigismund feine volle
Zuftimmung gab, geantwortet. Nicht zufrieden damit fchickte es
an die Böhmen d. d. 26. Juli 1415 auch eine derb abgefaßte
Zufchrift [8]), worin es im Gegenfatz zu der von ihnen ausgefpro=
chenen Anficht den Magifter Hus für einen verruchten und höchft
gefährlichen Ketzer erklärte, feine Verurtheilung als eine völlig ge=
rechte darftellte und fie ungefäumt zur Rückkehr in den Gehorfam
der Kirche und zur gewaltfamen Ausrottung der durch Wycliffe
und Hus unter ihnen verbreiteten Härefie aufforderten, ohne ihnen
auch nur im Geringften eine Ausficht auf Reformen in der Kirche
zu gewähren, wie fie diefe Männer und die Böhmen verlangten.

---

7) Palacky, Docum. Hus., p. 534 sqq.
8) Ibid., p. 568 sqq.

Dazu bevollmächtigten sie gerade den in Böhmen verhaßtesten Bischof Johann „den Eisernen" von Leitomisl mit dem Vollzuge der zur Ausrottung der Ketzerei erforderlichen Maßregeln und forderten sowohl König Wenzel, als den ihnen unbedingt ergebenen Herrn Johann von Neuhaus zur Bekämpfung der Anhänger Hussens mit Waffengewalt auf.

Die Böhmen hatten darauf hin keine andere Wahl, als entweder demüthig zum Kreuze zu kriechen und eine Vergangenheit von mehr als einem Jahrzehnte zu retraktiren, oder dem grausam strengen Bevollmächtigten des Concils, statt ihm das brachium saeculare zur Vollziehung seiner Maßregeln zu leihen, vielmehr mit eben diesem entgegenzutreten und auf der Bahn der Reformen vorwärts zu schreiten. Von ihrem Gewissen dazu getrieben und zugleich im stolzen Selbstgefühle ihrer politischen Macht haben die böhmisch-mährischen Stände den letzteren Weg erwählt, in einem von 452 Herren und Rittern unterzeichneten Sendschreiben [9] d. d. 2. September 1415, mit Berufung auf den Schiedspruch des künftigen Papstes, dem Concile den Gehorsam aufgekündigt und drei Tage darauf ein Schutz- und Trutzbündniß auf 6 Jahre abgeschlossen, worin sie sich verpflichteten, in Allem gemeinschaftlich zu handeln, auf ihren Besitzungen die freie Predigt des göttlichen Wortes nach der heiligen Schrift zu schützen und zu befördern, der ordentlichen bischöflichen Gewalt nur da Folge zu leisten, wo sie der heiligen Schrift gemäß verfahren, wo sie aber dieser zuwider Entscheidungen treffe, an den Ausspruch der Prager Universität zu rekurriren, keinen Exkommunikationen oder sonstigen Anordnungen fremder Bischöfe Gehorsam zu leisten und zur Vertheidigung ihres Königreiches eine Deputation nach Constanz zu schicken.

Diese That des Prager Landtages ist als der Anfang des im engeren Sinne des Wortes so genannten Hussitenthumes zu bezeichnen. Ihre gewaltigen Folgen hätten vielleicht aufgehalten werden können, wenn Sigismund jetzt wenigstens eingelenkt und das Concil zu versöhnlichen Maßregeln die Hand geboten hätte. Statt dessen entsandte Ersterer nichts als drohende Sendschreiben

---

9) Ibid., p. 580 sqq.

nach Böhmen [10]) und entblödete sich nicht, seinem Bruder Wenzel
zu schreiben [11]): „Möge jeder Deutsche, Böhme und Lateiner wissen,
daß ich kaum die Zeit erwarten kann, wo ich die Wyclifsiten und
Hussiten ersäufen werde." Und letzteres ließ sich zu den lächerlichen Maßregeln hinreißen, alle jene 452 Herren und Ritter als
der Ketzerei verdächtig nach Constanz vorzuladen und ebenso die
Bischöfe von Prag und Olmütz, weil sie sich in der Verfolgung
der Ketzer nicht eifrig genug bewiesen hatten, die Rechte und Privilegien der Prager Universität zu suspendiren und sogar gegen den
König Wenzel und dessen Gemahlin Sophie, als der Beschützung
des Hussitismus verdächtig, eine Untersuchung einzuleiten (welche
letztere nur durch Sigismund's persönliches Einschreiten wieder sistirt
wurde). Dadurch wurde die Erbitterung, besonders gegen den
„meineidigen" Sigismund, wie man ihn nannte, natürlich nur ge-
steigert und waren schon auf die Nachricht von der Verbrennung
Hussens mancherlei Tumulte vorgekommen, so waren jetzt die
Mönche und Geistlichen, welche zum Concil hielten, kaum noch ihres
Lebens sicher. Die Olmützer Katholiken hatten einen früheren
Schüler der Universität Prag im Juni oder Juli 1415 wegen
Verbreitung hussitischer Lehren zum Feuertod verurtheilt [12]); die
Kuttenberger ließen sich von einem deutschen Prediger, Namens
Herrmann, zur Ermordung der in ihre Hände fallenden Hussiten
aufreizen [13]); das Prager Domkapitel hatte wegen des sich im
Banne befindenden Magister Johann von Jessenic das Interdikt
über die Stadt verhängt und Befehl ertheilt, die im Lande umher
wandernden hussitischen Prediger auszuweisen und nirgends predigen zu lassen [14]); Johann der Eiserne hatte den König und die
ihm befreundeten Barone zu Gewaltsmaßregeln gegen die Ketzer
aufgefordert [15]), und wenn er auch bei ersterem wenig Gehör fand,

---

10) Palacky, Docum. Hus., p. 609 sqq.
11) Höfler, Geschichtschr. II, 254.
12) Palacky, Docum. Hus., p. 561.
13) Ibid., p. 631.
14) Ibid., p. 600.
15) Ibid., p. 563 sqq.

doch die letzteren zur Gründung eines dem hussitischen gegenüber=
tretenden katholischen Herrenbundes (d. d. 21. October 1415) ver=
anlaßt, der zwar nur wenige, aber mehrere sehr mächtige Barone
zählte und rasch, wo und wie er konnte, mit blutigen Maßregeln
voranging. Hatten also die Katholiken mit Gewaltthaten aller Art
angefangen, so hielten sich die Hussiten zur Nothwehr und zu
gleichem Vorgehen berechtigt. Das Interdikt in Prag wurde nicht
beachtet, weil die meisten Pfarrstellen von hussitisch gesinnten Geist=
lichen besetzt waren, diejenigen, welche es hielten, beschimpft und
verfolgt und der Erzbischof in seinem Palaste auf dem Hradschin
so bedroht, daß er die Flucht ergriff; Johann der Eiserne erhielt
von allen Seiten Absagebriefe, konnte das ihm vom Constanzer
Concil übertragene Bisthum von Olmütz nicht einnehmen und
mußte das Land verlassen; eine Menge zum Concil haltender
Geistlichen wurden mißhandelt und vertrieben, am Schlimmsten
ging man mit den Klöstern um, von denen damals schon manche
beraubt und zerstört wurden.

König Wenzel kümmerte sich in seiner sprüchwörtlich gewor=
denen Trägheit um dies Alles fast gar nicht; er unterstützte die
hussitische Sache nicht, aber ebenso wenig den Legaten des Con=
cils, entzog diesem vielmehr, als er mit Gewalt vorzugehen suchte,
sein Bisthum von Leitomisl. Erst als auch der am 11. Novem=
ber 1417 erwählte Papst Martin V. ihn mit Bitten und Dro=
hungen bestürmte und dem Kardinal Johann Dominici mit allen
nöthigen Vollmachten zur Ausrottung der Ketzerei nach Böhmen
sandte, ließ er sich endlich im Jahr 1419 zu Maßregeln gegen
die immer drohender sich gestaltende Bewegung treiben. Er ver=
brannte den Mag. Jessenic aus Prag, in Folge dessen das Inter=
dikt aufgehoben wurde, er besetzte den Magistrat der Neustadt mit
eifrigen Antihussiten und drohte, in der Altstadt und auf der
Kleinseite ein Gleiches zu thun; strenger Befehl wurde ertheilt, im
ganzen Lande die vertriebenen katholischen Geistlichen zu restituiren
und den Prager Hussiten, die seit 1415 schon auf Anrathen Mag.
Jacobell's von Mies und mit der Billigung Hussens [16]) den Kelch=

---

16) **Krummel**, Geschichte der böhmischen Reformation, S. 495.

gebrauch im heiligen Abendmahle eingeführt hatten, nur noch drei Pfarrkirchen zu ständigem Gebrauche zugestanden. Aber diese Maßregeln, die einige Jahre vorher vielleicht erfolgreich gewesen wären, gossen nur Oel in's Feuer.

An der Maria-Schnee-Kirche in der Neustadt war damals ein Prämonstratensermönch, Namens Johann von Selau, ein begabter Volksredner, aber auch ein ganz excentrischer Hussite, der die Gemüther seiner Zuhörer insbesondre durch heftige Perorationen von der Nähe des jüngsten Gerichtes erhitzte. Als der neue Stadtmagistrat nach dem Befehle des Königs mit Maßregeln gegen seine Parthei vorging, veranstaltete er am 30. Juli 1419 mit dem Kelch in der Hand eine feierliche Procession. Sie wurde an dem Rathhause von den Rathsherren und deren Dienern gröblich insultirt. Man schrie um Hülfe, bewaffnete Haufen eilten herbei, stürmten das Rathhaus und warfen den Bürgermeister sammt den Rathsherren, wer sich nicht flüchten konnte, durch die Fenster auf die Straße, wo sie erschlagen wurden. Der Landesunterkämmerer Johann von Lazan, der es zu hindern suchte, konnte mit seinen 300 Berittenen nichts dagegen ausrichten.

Nun war die bisher noch ziemlich friedliche Bewegung plötzlich zum revolutionären Aufstand geworden, und wenn sich die Neustadt nicht einer fürchterlichen Rache Wenzel's preisgeben wollte, mußte sie die Revolution (anders kann man jenen Mord des Magistrats nicht nennen) für permanent erklären und den Aufstand organisiren. Man that dies, besonders auf den Rath eines Mannes, der im Hussitenthume bald die hervorragendste Rolle spielen sollte. Dieser Mann war der Ritter Johann Zizka von Trocnow, der Besitzer nur weniger Güter bei Budweis, der aber seit einigen Jahren an den Hof des Königs gezogen worden war und seine besondere Gunst erlangt hatte. Es wird von ihm erzählt, die Nachricht von der Hinrichtung des Hus und Hieronymus habe seine Miene ganz verstört und ihn in ein dumpfes Brüten versetzt; vom König über die Ursache seines bei seiner Einäugigkeit doppelt finsteren Blickes befragt, habe er die Antwort gegeben, die seinem Charakter und die Triebfeder seiner nachmaligen Großthaten hinlänglich bezeichnet: „Welcher Böhme könnte noch ein ruhiges

Gemüth bewahren, wenn er sein Volk von allen Fremden als Ketzer geschmäht und mißhandelt und seine achtbarsten Männer im Auslande wie Missethäter verbrannt werden sieht?" Ihm entgegnete der König: „Lieber Hans! Was sollen wir dazu sagen? Was ist da zu thun? Gibt es ein Mittel, die Sache wieder gut zu machen? Wenn Du es kannst, so wende es an, wir geben dir gerne unsre Einwilligung dazu." Von dieser Zeit habe er sich für ermächtigt und berufen gehalten, den Hussitismus auf alle Weise zu schützen und zu fördern. Er rieth den Neustädtern und übrigen Pragern sich zu bewaffnen, Bürgerhauptleute zu erwählen und bewaffnet den König ihrer Treue und Ergebenheit zu versichern, aber auch ungehinderte Religionsübung nach ihrem Glauben zu verlangen. Und diese energische Haltung der Bürgerschaft imponirte Wenzel'n so, daß er, der zuerst in sinnloser Wuth alle Hussiten umbringen zu wollen geschworen hatte, mit einer bloßen Reuerklärung sich zufrieden gab; da die große Mehrheit der Reichsstände zu dem Hussitenbunde gehörten, konnte er von ihrer Seite auf keine Unterstützung in dieser Sache rechnen. Insgeheim schickte er freilich zu seinem Bruder Sigismund und bat ihn, so schleunig als möglich ihm zu Hülfe zu eilen. Er sollte jedoch an dem Gang der Ereignisse nicht länger mehr Antheil nehmen, in Folge der aufregenden Begebenheiten machte am 16. August 1419 ein Schlagfluß seinem Leben ein Ende, nachdem er 41 Jahre lang in wenig rühmlicher Weise regiert hatte.

Er hinterließ Böhmen in einem Zustande gränzenloser Verwirrung. Wir müssen nämlich außer dem Aufstande in der Hauptstadt, dem Antagonismus unter der Geistlichkeit und dem überall schon in hellen Fehden ausbrechenden Zwiespalte unter dem Adel auch noch Folgendes in Betracht ziehen. Seit dem Jahre 1415 durchzogen geistliche und nichtgeistliche Emissäre des Hussitenthums, vagi praedicatores, wie sie das Prager Domkapitel nannte, das ganze böhmische Land, hielten, von dem Adel und vielen Geistlichen unterstützt, in Häusern und auf freiem Felde Versammlungen und suchten das gemeine Volk in Städten und Dörfern von der Nothwendigkeit der von Hus und seinen Anhängern geforderten Reformen der Kirche zu überzeugen. Und sie fanden damit an gar

vielen Orten offene Ohren und Herzen, nicht nur weil sie das
Wort der Wahrheit aus der heiligen Schrift für sich hatten, son=
dern auch weil sie dem Volke eine Befreiung von den schweren
Lasten in Aussicht stellten, welche ihm die ein Drittheil alles
Grundbesitzes inne habende Geistlichkeit auferlegt hatte. Die Ver=
sammlungen (böhm. Tabory) fanden immer größeren Zulauf, so
daß die Leute allmählig von 10 und 20 Stunden her dazuströmten.
Es fanden solche z. B. auf dem Berg Beranek bei Wožic, auf
dem Hügel Oreb bei Hohenbruck, bei Pilsen, bei Bži, bei Jessenic
und anderwärts statt. Die bedeutendsten und in ihren Folgen
wichtigsten waren diejenigen, welche in der Nähe von Austi auf
einem an der Lužnic gelegenen und auf drei Seiten von wasser=
reichen Schluchten umgebenen Hügel abgehalten wurden. In jener
Gegend hatte der fromme Ritter Thomas·von Stitny seine von
ächt evangelischem Geiste durchwehten Schriften verbreitet (ein
Sohn von ihm hatte sich auch an dem Proteste der 452 Herren
und Ritter gegen Hussens Verbrennung betheiligt); dort hatte Hus
während seiner Verbannung von Prag (1413—1414) gelebt und
gepredigt, dort besaß die eifrig hussitische Familie der Herren von
Austi große Güter; dort fanden diese Volksversammlungen den
größten Zulauf, und man nannte jenen Hügel, auch mit Bezug=
nahme auf den biblischen Berg gleichen Namens, schlechtweg:
Tabor, Feldlager. Am 22. Juli 1419 strömten dorthin auf den
Maria=Magdalenen=Tag über 40,000 Männer, Weiber und Kinder
zusammen. Die Feier, die dort stattgefunden, beschreibt Laurentius
von Bržezowa [17]) mit folgenden Worten, die uns von ihrer Wichtig=
keit einen deutlichen Begriff geben: „Die Priester der benachbarten
Städte, Märkte und Dörfer hatten das ihnen anhangende Volk
zur Wallfahrt dahin aufgefordert, zur Stärkung und Befestigung
in der Wahrheit, wie sie sagten. War dann der Festzug zusammen=
gekommen, so schritten sie ihnen unter Vortragung des heiligen
Sakramentes, während Psalmen und Lobgesänge ertönten, voran;
am Tabor aber wurden sie von den dortigen Brüdern und Schwe=
stern, auch mit dem heiligen Altarsakramente, auf's freudigste in

----

17) Höfler, Geschichtschr. I, 388 ff.

Empfang genommen. Den ganzen Tag brachten sie sodann auf dem Berge nicht mit Leichtfertigkeiten, sondern mit solchen Dingen, die dem Heile der Seelen nützen, zu. Ein dreifaches Amt und Werk war es nämlich, das die Priester hier ausrichteten; die gelehrtesten und beredtesten predigten vom frühen Morgen an, den Männern gesondert und den Weibern und Kindern gesondert, und der Inhalt ihrer Predigt war das Wort Gottes und die Bestrafung des Stolzes, Geizes und Uebermuthes des Klerus; Andere saßen beharrlich zur Anhörung der Ohrenbeichte, und wieder Andere theilten bis zur Mittagszeit das heilige Abendmahl unter beiden Gestalten des Leibes und Blutes Christi aus. War dies vorüber, so begab man sich zur leiblichen Erholung an viele eigens dazu bereitete Plätze des Berges, um in brüderlicher Liebe gemeinsame Mahlzeiten abzuhalten, doch nicht zu Uebermaß und Trunkenheit, Scherz oder Leichtfertigkeit, sondern zu größerem und wackerem Dienste Gottes. Denn Alle nannten sich Brüder und Schwestern untereinander, der Reichere theilte mit dem Aermeren die Lebensmittel, die er sich bereitet hatte. Da war Nichts gestattet, was zur Trunkenheit führen konnte. Nicht Tanz, Würfel-, Ball- oder sonst ein Spiel war geduldet, nicht einmal bei den Kindern. Man hörte aber auch von keinem Streit, Diebstahl, Pfeifen, Harfen und dergleichen, wie bei kirchlichen Festen zu geschehen pflegt. Wie in der Apostel Zeit waren Alle Ein Herz und Eine Seele und strebten nur dem Einen zu, das Heil ihrer Seelen zu befördern und den Klerus wieder in den alten Stand der apostolischen Urkirche zurückzuführen. War dann der Leib auf mäßige Weise gestärkt, so erhoben sich die Priester mit dem Volke wieder, um Gott zu danken, und zogen mit dem heiligen Sakramente um den ganzen Berg herum, indem die Jungfrauen vorangingen, die Männer und Weiber in Schaaren folgten, und Alle heilige Gesänge sangen, wie sie ihnen zweckmäßig schienen. Nach dem Schlusse dieser Procession sagte man sich gegenseitig Lebewohl und ohne vom Wege zu weichen, um die Saaten nicht zu zertreten, kehrten sie ein jeder Zug wieder heim, von wo er gekommen war."

Es muß etwas Erhebendes und Begeisterndes um diese Versammlungen gewesen sein, die ja ganz an die urchristlichen an den

Ufern des galiläischen Meeres erinnerten. Kein Wunder, daß sie allmählich das ganze Volk elektrisirten; kein Wunder aber auch, daß die Landesregierung allmählig mit Besorgniß auf sie hinblickte, und daß die Mitglieder des katholischen Herrenbundes sie zu hindern suchten und ihren Untergebenen das Wallfahren gerade nach Tabor bei Strafe des Todes und der Güterconfiskation untersagten. Doch die Landleute, so berichtet derselbe Laurentius von Březowa, wollten lieber den Verlust ihrer Güter erleiden, als von jenen Wallfahrten lassen, und da ein reicher Tuchmacher von Austi, Namens Pytel, schon seit dem Jahre 1415 allen anderwärts vertriebenen Hussiten eine Zufluchtsstätte gewährte, insbesondere den Predigern und Magistern, so wurde Austi rasch ein ebenso bedeutender Heerd des Hussitismus, wie Prag selbst, und da sie sich in Lehren und Gebräuchen von den Pragern unterschieden, so erhielten sie, während jene Calixtiner oder Utraquisten genannt wurden, den Beinamen der Taboriten.

Noch waren die Differenzen zwischen diesen beiden Partheien damals nicht so bedeutend, daß man bei dem gemeinsamen Ursprunge, den sie von Hus genommen hatten, und bei dem gemeinsamen Ziele, das sie verfolgten, nämlich der Reformation der Kirche nach dem Vorbilde der apostolischen Kirche, an eine eigentliche Spaltung oder Trennung hätte denken dürfen. Man würde sich eine falsche Vorstellung machen, wenn man die centrifugale Kraft dieser Partheien gleich von Anfang an für stärker halten würde, als die centripetale. Sie waren im Großen und Ganzen einig; einig in den großen hussitischen Ideen, daß nicht die äußere Zugehörigkeit zu der sichtbaren Kirche, sondern nur der in der Liebe thätige Glaube zur Mitgliedschaft an der wahren unsichtbaren Kirche berechtigt, daß das Leben und die Kraft dieser nicht im zähen Festhalten an einer Summe traditioneller Ceremonien und Satzungen, sondern im treuen Bewahren des in der heiligen Schrift niedergelegten Glaubensinhaltes und im Ergriffensein von dem heiligen Geiste Gottes bestehe, und daß hiezu keineswegs eine einheitliche Kirchenleitung, wie sie in der römischen Hierarchie vorhanden war, erfordert werde; einig in der Verurtheilung der großen Mißbräuche, wie sie in der weltlichen Herrschaft der Bischöfe, in dem Ablaß-

wesen, in der Kelchentziehung, in dem sittenlosen Wandel der Prie=
ster, im Mönchswesen und Andrem in die Kirche eingedrungen
war; einig in dem Streben, nach dem Musterbilde der apostolischen
Kirche eine möglichst reine und heilige Gemeinde des Herrn auf
dem Grundsatze des allgemeinen Priesterthums aller Gläubigen
herzustellen. Da der ganzen Bewegung aber mit der Verbrennung
Hussens das Haupt abgeschlagen und kein anderes Haupt von
gleichem Ansehen und Gewicht nachgewachsen war, so war jetzt
ein chaotisches Gähren, aus welchem je nach den Verhältnissen und
dem Prävaliren dieser oder jener Principien oder Gesichtspunkte ver=
schiedene Bildungen hervorgehen konnten. Nicht einig war man
nämlich darin, wie weit man in der praktischen Geltendmachung
der hussischen Grundsätze oder in der Durchführung der von ihm
geforderten, aber noch nicht näher präcisirten Reformen gehen könne
und dürfe.

Zwei von Palacky[18]) neuestens veröffentlichte Aktenstücke aus
dem Jahre 1416 geben über dieses Gähren und die von Anfang
vorhandenen Meinungsdifferenzen unter den Hussiten interessanten
Aufschluß: ein Brief des zwar eifrigen, doch mit der Zeit immer
gemäßigtere Forderungen aufstellenden Mag. Christann von Pra=
chatic zu Prag an den Hauptbeförderer des Taboritenthums, den
Pilsener Pfarrer Wenzel Koranda, und der Bericht oder die
Klage eines Ungenannten über das ihm zu radikal erscheinende Vor=
gehen der Taboriten zu Austi an der Luznic. Mag. Christann macht
seinem Freunde Koranda zum Vorwurf, daß er zu weit gehe, indem
er gegen die Bilder eifere, die Marien=, Heiligen= und Reliquien=
Verehrung verwerfe, vom Fegfeuer nichts wissen wolle, auch selbst
Kindern den Kelch reiche und die usuellen kirchlichen Ceremonien
gering achte; er warnte ihn ernstlich davor, weil durch ein so radi=
kales Vorgehen Unkraut unter den Weizen gestreut und leicht die
Frucht der ganzen Bewegung in Frage gestellt werden könne. Der
Ungenannte klagt, daß man in Austi ohne priesterliche Kleidung
Gottesdienst halte, daß man die Bilder in den Kirchen als zum
Götzendienste führend verwerfe, daß auch einfache Laien predigten,

---

18) P a l a c k y, Docum. Hus., p. 633 sqq.

Beichte hörten und absolvirten, daß man auch auf freiem Felde
Messe lese, taufe und Abendmahl feiere, daß man die Communion
unter Einer Gestalt für gar kein Sakrament halte und die Ent-
richtung der Zehnten für eine Todsünde erkläre, wie auch das
Spielen und alle sonstigen Volksbelustigungen.

Ueber dieselben Vorgänge belehrt uns auch ein Sendschreiben [19])
der Prager Magister und des Rektors Johannes Kardinalis (des
Freundes und Begleiters Hussens nach Constanz) vom 25. Januar
1417, worin sie ihre Anhänger (die „Gläubigen“, im Unterschiede
von den Katholiken) angelegentlichst davor warnen, den Eingebungen
derer Gehör zu geben, welche das Fegfeuer, die Suffragien (Gebete für Verstorbene), die Bilder, die Weihungen von Salz, Brod,
Palmzweigen u. dergl., wie auch viele andere Kirchengebräuche verwürfen; da die heilige Schrift hierüber nichts aussage, so müsse
man sich hierin an den Volksgebrauch und die Einrichtungen der
Vorfahren halten, und sollten sie (gemäß den Stipulationen des
Hussitenbundes von 1416) ihre Entscheidung einholen. — Man
sieht, die Prager Magister nahmen schon damals die Position ein,
die sie später den Taboriten gegenüber mit so großer Energie geltend gemacht und zuletzt, leider, mit Waffengewalt siegreich durchgeführt haben. Sie wollten reformiren, glaubten aber mit mäßigen
Forderungen (wir können sie halbe Maßregeln nennen), insbesondere, wenn sie die Sitten und Gewohnheiten des Volkes nicht allzu
sehr antasteten, besser zum Ziele zu kommen.

Um ihre Intentionen hinlänglich klar zu machen und den trotz
ihrer Vorstellungen immer weiter um sich greifenden taboritischen
Lehren ein ernstliches Halt zu gebieten, veröffentlichten sie (am
28. September 1418) 23 Artikel, bei welchen Jedermann bei
Strafe zu verbleiben habe [20]): 1) die Communion von kleinen Kindern sei nur mit größter Vorsicht vorzunehmen; 2) obwohl in der
heiligen Schrift alle zu unsrem Heil nöthigen Wahrheiten (occulte
vel expresse) zu finden seien, so dürfe man sie doch nicht für die
ausschließliche Quelle der Wahrheit halten, wie denn z. B. die

---

19) Palacky, Docum. Hus., p. 654 sqq.
20) Ibid., p. 677 sqq.

Krummel, Utraquisten rc.

Gleichheit des heiligen Geistes mit dem Vater und Sohne, obwohl sie eine Wahrheit sei, doch nicht ausdrücklich in ihr gelehrt werde; 3) das Fegfeuer sei nicht zu verwerfen; 4) der Verstorbenen solle man bei der Messe gedenken; 5) für sie dürfe man Gebete, Fasten und andere Opfer darbringen, doch ohne den Geiz und die Geldgier der Kleriker dadurch zu befördern; 6) da die in der triumphirenden Kirche befindlichen Heiligen allerdings für uns, die wir auf der Erde sind, Fürbitte thun können, so dürfe man dieselben auch darum anrufen, ohne daß die Verehrung Christi dadurch jedoch beeinträchtigt werde; 7) das Schwören sei keineswegs verboten, da auch Christus, die Apostel und nach der Apokalypse ein Engel geschworen hätten; 8) die Todesstrafe sei, wenn sie durch das öffentliche Wohl erfordert werde, nicht verboten; 9) auch ein in Todsünde befindlicher Priester könne die Sakramente auf wirksame Weise verwalten; 10) dem Laien dagegen sei dies absolut verboten; 11) unter Umständen sei es wohl erlaubt, in der Ohrenbeichte solche Bußübungen, wie Fasten, Beten und andere Kasteiungen als satisfaktorische Werke aufzuerlegen; 12) das von den Aposteln herrührende und in der Urkirche festgehaltene Sakrament der letzten Oelung sei nicht zu verwerfen; 13) geistlichen und weltlichen Vorgesetzten sei zwar in erlaubten und ehrbaren Sachen Gehorsam zu leisten, doch dürfe man ihnen nur mit Liebe und Vernunft widerstehen, wenn sie Unrechtes geböten; 14) den Einrichtungen und Geboten der Kirche sei nach dem Befehle der heiligen Schrift Gehorsam zu leisten, wenn sie nicht geradezu dem Gesetze Gottes zuwider sind und die guten Sitten hindern; 15) von den in der Schrift begründeten Aussprüchen der Kirchenväter der ältesten Kirche ist nicht ohne gewichtige Gründe abzugehen; 16) alle das Gesetz Gottes unterstützenden, die Kirche zierenden und Zucht und Ordnung fördernden Ceremonien, Gewohnheiten und Einrichtungen der Kirche müssen so lange beobachtet werden, als sie durch keine neuen und besseren ersetzt sind; 17) die Weihungen von Wasser und anderen Dingen, soweit sie in den Sitten der Urkirche begründet sind, darf man nicht verwerfen, man muß nur kein abergläubisches Vertrauen darauf setzen; 18) die bisher üblichen Gebräuche bei der Messe sollen ohne Noth nicht verändert, 19) Evangelium und Epistel zwar in der Landessprache gesungen werden, bei den Responsorien aber wäre die lateinische vorzuziehen; 20) Bilder können in der Kirche geduldet, dürfen aber nicht durch Kniebeugen oder sonstwie verehrt werden; 21) an der Feier des Sonntages und der Festtage Christi, wie der heiligen Jungfrau, der Apostel und anderer Heiliger ist nach dem Vorbilde der Urkirche und nach den Zeugnissen der Kirchenlehrer festzuhalten, weil dadurch die Kenntniß von Gottes Wort und die Feier der Sakramente zum Wohl des Volkes gefördert wird; 22) die Quadragesimal-, Quatember- und sonstigen Fasten der Kirche sollen beibehalten werden; 23) die Priester sollen zwar in keiner Weise weltliche Besitzungen innehaben, dagegen soll ihnen nach göttlichem und natürlichem Rechte, was sie zum Unterhalte für sich und zur Unterstützung der Armen bedürfen, ohne Widerspruch verabreicht werden.

Als die Hauptvertreter dieser gewiß gemäßigten Ansichten (die aber, nach der satirischen Invektive eines Ungenannten [21]) vom Jahre 1418, von der katholischen Parthei mit gleicher Wuth verfolgt wurden, wie die Taboriten) haben wir zu bezeichnen: außer dem genannten Rektor Johann Kardinalis von Reinstein, die Magister Christann von Prachatic, Johann von Jessenic, Marcus von Königgrätz, Simon von Tißnow, Zedek von Laboux, Simon von Rokycana, Jacobell von Mies, Peter von Mladenowic, Zdislaus von Zwiřetic. Auf der Seite der Taboriten haben wir, von den Laien abgesehen, besonders hervorzuheben: Magister Johann von Jičin, die Prediger Wenzel Koranda von Pilsen, Ambros von Königgrätz, der Mähre Martin Hauska, wegen seiner Beredsamkeit zubenannt Loquis, Nicolaus von Pelhřimow (Pilgram), der nachmalige Bischof der Taboriten (daher zubenannt biscupec), der später so berühmt gewordene Priester Procop der Große, Johann Němec von Saaz, Markold, Johann Čapek, die Prag-Neustädter Prediger Johann von Selau und Wlk oder Lupus.

Was aus dem Zwiespalte dieser beiden Partheien geworden wäre, wenn er sich einigermaßen ruhig hätte entwickeln können, ist nicht zu sagen. Durch den Tod Wenzel's veränderte sich jedoch

---

21) **Palacky**, Docum. Hus., p. 687—689.

die Sachlage plötzlich gänzlich. Nun war Sigismund rechtmäßiger
König von Böhmen, und der sofort zusammentretende Landtag machte
auch zunächst keinen Versuch, ihm dieses Recht zu bestreiten; er
verlangte neben einer Reihe politischer Forderungen nur, daß
er den Kelchgebrauch nicht hindere, der Schmähung der Böhmen
als Ketzer entgegentrete, keine päpstlichen Bullen ohne Genehmigung
der Landstände publiciren, keinen Böhmen vor ein außer Land be-
findliches Gericht gestellt werden lasse, keine Geistlichen (und auch
keine Deutschen) in weltlichen Aemtern anstelle und ihnen überhaupt
keine weltliche Herrschaft gestatte, daß er der Simonie steuere, die
Universität unverkümmert bei ihren bisherigen (vom Constanzer
Concil ihm entzogenen) Rechten und Freiheiten belasse, bei der
Messe wenigstens das Lesen des Evangeliums und der Epistel in
der Landessprache gestatte, in Prag keine Prostitutionshäuser dulde
und für die Tumulte der letzten Zeit Amnestie ertheile. Sigismund hätte entweder diese Forderungen genehmigen, oder sogleich
mit starker Hand die Zügel der Regierung ergreifen müssen, dann
hätte großes Unheil verhütet werden können. Auf Bitten der
Ungarn beschloß er, zuvor den von ihm projektirten Feldzug gegen
die Türken auszuführen und dann, wie er dachte, mit einem siegreichen Heere seine Feinde in Böhmen niederzuwerfen. Er ernannte
die Königin=Witwe zur provisorischen Landesregentin und gab ihr
einen aus den ihm am Meisten ergebenen Baronen bestehenden
Regierungsrath zur Seite, an dessen Spitze der oberste Burggraf
des Reiches, Ćeněk von Wartenberg stand; dem Landtag aber gab er,
trotz wiederholten Befragens, auf seine Forderungen in den Religions=
angelegenheiten nur ganz unbestimmte und ausweichende Antworten.

Ersah man daraus, daß Sigismund nur im Sinne hatte,
seine gegen die Hussiten so oft schon geäußerten Drohungen aus=
zuführen, so hatten sich diese jetzt nur die Frage vorzulegen, ob sie
ihren Glauben verlassen oder selbst mit bewaffneter Macht ihm
entgegentreten wollten, sobald er das Land betrat, und sich zu
diesem Zwecke auch ihrer einheimischen Feinde zuvor zu entledigen
oder dem Hussitismus ganz Böhmen zu erobern suchen. In der
Furcht vor dem drohenden Wüthen Sigismund's, gereizt durch die
noch zu Lebzeiten Wenzel's wider sie ergriffenen Gewaltmaßregeln

und in Wuth versetzt durch die vielen Rohheiten und Grausam-
keiten, welche von der katholischen Geistlichkeit (vor Allem dem
Domkapitel) und den Gliedern des katholischen Bundes an den Ihrigen
verübt wurden, ließen sie sich auf den zweiten Weg treiben.

Es sollte durch den Hussitismus, der überhaupt in jeder Hinsicht als ein unvollkommener Reformationsversuch in der Geschichte
der christlichen Kirche dasteht, der Christenheit die Lehre gegeben
werden, daß in religiösen Fragen und Angelegenheiten die Anwendung
der Waffengewalt nichts taugt, auch wenn sie durch die Verhältnisse noch so sehr geboten scheint und, wie in Böhmen der Fall
gewesen, lange Jahre hindurch siegreich bleibt.

Die Hauptkraft des Hussitismus war, wie bemerkt, auf die
zwei Orte Prag und Austi oder Tabor concentrirt. In Prag,
desgleichen in Pisek, Klattau, Pilsen, Königgrätz, Saaz und Laun,
lenkte die Volkswuth ihre Angriffe gegen die Klöster, als die Haupt-
sitze der hussitenfeindlichen Parthei, und zerstörte ihrer viele, ohne
von den Magistraten gehindert zu werden, ebenso die öffentlichen
Prostitutionshäuser der Alt- und Neustadt von Prag. Die Ruhe
wurde nach wenigen Tagen wiederhergestellt; da man aber die
Rache der Regentschaft zu fürchten und sich gegen militärische Vorbereitungen derselben vorzusehen hatte, so sandte man zu den Ta-
boritenleuten auf dem Lande draußen, und forderte sie angesichts
der ihnen Allen drohenden Gefahr auf, zu ihrer Hülfe nach Prag
zu kommen. Johann Zizka und Nicolaus von Hus, die sich schon
längst an jenen Volksversammlungen (tabory) betheiligt und die
große politische Bedeutung, die sie erlangen konnten, erkannt hatten,
müssen die Urheber dieses Planes gewesen sein. Die „Brüder"
wurden wieder zu Versammlungen berufen, jetzt aber die Parole
ausgegeben, sich auch bewaffnet dazu einzufinden, da, wie Wenzel
Koranda predigte, „der Weinberg des Herrn zwar hoffnungsreich auf-
geblüht sei, aber auch Böcke sich herandrängten, ihn zu verderben".
Die größte und folgenreichste Versammlung dieser Art wurde am
29. Sept. 1419 „bei den Kreuzen" auf einer Anhöhe bei Jessenic,
4 Stunden südlich von Prag abgehalten und dortselbst beschlossen,
noch am gleichen Abende die von Prag dazu gekommenen „Brüder
und Schwestern" heimzubegleiten, und so strömten in tiefer Nacht

unzählbare Schaaren in die Neu= und Altstadt herein. Man empfing sie feierlich mit Fackelschein und Glockengeläute, die Nacht über kampirten sie auf den Straßen und öffentlichen Plätzen, am andern Morgen wurden sie meist im Kloster bei St. Ambros untergebracht und mehrere Tage von der Prager Gemeinde gastfrei verpflegt. Zum Danke dafür halfen sie den Prager Gesinnungsgenossen Heiligenbilder, Reliquien und Weihgefäße zerstören, dies Mal besonders in der Michaeliskirche in der Altstadt. Aus Furcht vor ihnen fingen die Katholiken an, schaarenweise auf den Wyschehrad und Hradschin unter den Schutz der königlichen Truppen oder auch ganz aus der Stadt zu flüchten.

Nun ließ die Königin=Regentin mit schnell angeworbenen und von ihren Freunden beigezogenen Truppen die königliche Burg, die Klöster Strahow und St. Thomas, den erzbischöflichen Hof, das Sachsenhaus und den Brückenkopf besetzen und befestigen; sie befahl auch den königlichen Burggrafen im ganzen Lande, nirgends mehr solche Volksversammlungen zu dulden und insbesondere den Zuzug zu einem solchen auf den 10. November nach Prag angesagten zu hindern. Doch dadurch wurde das Uebel vermehrt und die so lange schon drohende Revolution vollends zum Ausbruch gebracht. [22])

Die Neustädter machten den Anfang, durch fanatische Reden Johann's von Selau, Haußka's, des aus Königgrätz geflüchteten Pfarrers Ambros u. A. aufgestachelt. Unter der Anführung Zißka's und nach dem Rathe des ebenso kriegserfahrenen Nicolaus von Hus überfielen sie am 25. October das Wyschehrader Schloß und besetzten diesen militärisch wichtigen Punkt mit den Ihrigen. Auf Allerheiligen machte sich das Landvolk allerwärts auf den Weg, um bei der großen Versammlung am 10. November in Prag zu erscheinen. An vielen Orten gelang es den königlichen Truppen, sie auseinander zu treiben; aber in der Gegend von Pilsen hatte man

---

22) Höfler, Geschichtschr. I, 343: „Sicque graves contentiones et guerrae his diebus inter Reginam et Barones, et inter Pragenses occasione liberandae veritatis Christi et signanter calicis communionis, pro qua ipsa Pragensis Communitas instabat, insurrexerunt."

sich verständigt, stark bewaffnet nach Prag zu ziehen; einige adlige
Herren stellten sich an ihre Spitze, und so kamen sie unangefochten
bis nach Knin. Hier wollten 300 Austier zu ihnen stoßen, aber
die königlichen Truppen überfielen sie, und bis die Pilsener ihnen
über die Moldau Hülfe sandten, waren ihrer viele getödtet, etwa
100 gefangen und der Rest in die Flucht gejagt. Sobald das
Gerücht von diesem Kampfe und dem Märtyrertod ihrer „Brüder"
nach Prag gelangte, in der Nacht des 4. November, ließ man
sofort Sturm läuten, man bewaffnete sich und wollte jenen Wall=
fahrern Hülfe bringen. Zizka und Nicolaus von Hus überzeugten
sie, daß man zuerst auf die eigene Sicherheit Bedacht nehmen und
die Hauptstadt von ihren Feinden reinigen müsse; nach ihrem
Rathe und unter ihrer Leitung begann man die Verschanzungen der
Königlichen zu stürmen, und es gelang, denselben trotz tapferer
Gegenwehr die ganze Kleinseite außer der Burg zu entreißen. Die
Königin entfloh in das feste Schloß von Kunratic und suchte immer
mehr Truppen um sich zu sammeln. Das thaten die Prager auch;
die Pilsener, Austier, Klattauer, Tausser u. A. schlossen sich ihnen
freudig an; man bekämpfte sich noch manchen Tag in und um
Prag, bis am 13. November 1419 ein Waffenstillstand vermittelt
wurde, in welchem sich die Regentschaft verpflichtete, bis 23. April
nächsten Jahres die freie Predigt des Wortes Gottes und insbe=
sondere den Gebrauch des Kelches im ganzen Lande zu gestatten
und zu schützen, die Prager dagegen, keine Kirchen und Klöster mehr
zu stürmen und den Wyschehrad wieder auszuliefern.

Dieser Waffenstillstand wurde jedoch von keiner Seite einge=
halten; die Königlichen und die Mitglieder des katholischen Bundes
überfielen die Hussiten, wo sie konnten; vor Allem zeichneten sich
die Kuttenberger hierin aus, indem sie ohne Gnade und Barm=
herzigkeit jeden Hussiten, der nicht abschwören wollte, in die tiefen
Schachte ihrer Bergwerke stürzten; sie bezahlten für jeden einge=
fangenen Hussiten einen Schock .Groschen, für den Hussitenpriester
fünf und sollen anf diese Weise über 1600 umgebracht haben; den
Schacht, der die meisten Opfer verschlang, vor dem Kaußimer
Thor, nannten sie spottweise Tabor. Die Königin legte, um sich
von dem Vertrage loszumachen, ihre Regentschaft in die Hände

Sigismund's nieder, uud dieser erkannte, daß er nun im Lande er=
scheinen müsse, that es aber, die ihm drohende Gefahr unterschätzend,
doch nicht alsogleich, sondern nahm nur einstweilen in Brünn die
Huldigung der Stände entgegen und glaubte, ohne ihnen über die
Hauptfrage, die der Religion, eine Entscheidung zu geben, durch
Besetzung der obersten Landesämter mit eifrigen Katholiken und
durch scharfe Befehle gegen die „hussitische Ketzerei" bis zu seiner
Ankunft nach einem auf Anfang Januar 1420 nach Breslau aus=
geschriebenen Reichstage Alles wieder in Ordnung gebracht zu sehen.

Auf der andern Seite waren die Prager zwar den Frieden zu
halten geneigt und, da sie die Burg und den Wyschehrad nicht
hatten, nahezu gezwungen; Zizka aber, Nicolaus von Hus und die
ihnen anhangenden Taboriten, die in den Waffenstillstand nicht ein=
gewilligt hatten, zogen erzürnt und Gefahr fürchtend von Prag
hinweg und beschlossen, sich im Lande draußen befestigter Plätze zu
bemächtigen, durch Sammlung, Ausrüstung und Einübung größerer
Truppenmassen zu dem nun offenbar bevorstehenden großen Kampfe
zu rüsten und ihre Sache auf diesem Wege, auch ohne die Prager,
vor dem Untergange zu schützen. Denn daß dieser ihnen drohte,
und daß insbesondere Prag ihnen verloren gehen würde, wenn nicht
ganz andere Ereignisse kämen, das konnten sie wie an den Maß=
regeln Sigismund's, so auch daran sehen, daß man in Prag die
gegen die Königlichen errichteten Schanzen, Barrikaden und Straßen=
ketten entfernte und die vertriebenen Domherren, Mönche, Pfarrer
und sonstigen Katholiken wieder aufnahm. Zizka wandte sich zuerst
nach Pilsen und glaubte, diese Stadt zum Mittelpunkte des Hussi=
tismus machen zu können. Sie wurde ihm schon nach wenigen
Wochen durch die königlichen Truppen wieder entrissen, und er kam
bei dem ihm bewilligten Abzuge durch 5000 Mann königlicher Kern=
truppen bei Sudomirz in die größte Gefahr. Doch eben da fand
er auch Gelegenheit, seine erste größere Heldenthat zu verrichten.
Er hatte nur 400 Mann; kühn und entschlossen, wie er war,
erspäht er mit dem Adlerblicke seines einzigen Auges rasch ein günstiges
Schlachtfeld auf einem Hügel in der Nähe eines Teiches; mit den
Wagen, die er mitgeführt, verschanzt er sich so, daß die königlichen
Reiter, ihn anzugreifen, von den Pferden steigen müssen; nun wird

mehrere Stunden mit Erbitterung gekämpft, doch die 5000 Eisen=
männer, wie sie sich nannten, müssen vor den mehr als zehnmal
schwächeren „Dreschfleglern" (denn die Wenigsten hatten eigentliche
Kriegswaffen) mit schweren Verlusten das Feld räumen.

Diese Begegnung mit den königlichen Truppen und die dabei
gemachten Erfahrungen waren von entscheidender Wichtigkeit für
Zizka und seine Sache. War er sich vorher vielleicht nicht recht
klar, wie man mit gemeinem Bauernvolke geharnischter Reiterei
und Fußvolk mit Erfolg entgegentreten könne, so war es ihm jetzt
gewiß, daß eine auf günstigem Schlachtfelde nach alttestamentlichem
Vorbilde aufgestellte Wagenburg bei guter Taktik und unerschrockener
Gesinnung der Krieger auch den bestbewaffneten und zahlreichsten
Truppen unüberwindliche Hindernisse zu bereiten im Stande sei.
Der Gebrauch des Schießpulvers war ja damals noch ein ziemlich
seltener und höchst unvollkommener. So war nun sein Bestreben
vor Allem darauf gerichtet, zahlreiche durch feste Bretter geschützte
Wägen sich zu verschaffen, die mit Ketten unter einander verbunden
werden und, um das Heer gestellt, gleichsam eine undurchdringliche
Mauer gegen den Feind bilden konnten. Damit übte er sodann
vielfache künstliche Stellungen und schnell wechselnde Bewegungen
ein, wodurch der Feind bald da, bald dort angegriffen, umgangen
und in Verwirrung gebracht werden konnte. Seine Leute bewaff=
nete er mit eisenbeschlagenen Dreschflegeln, langen Haken, Spießen
und Schleudern, gewöhnte sie strengstens an Mannszucht und Ge=
horsam, begeisterte sie für ihre „heilige Sache" selbst und durch
tüchtige Prediger mit kräftigen Ansprachen und ließ sie nach dem
Vorbilde der Alten begeisternde Schlachtgesänge, wie das ohne
Zweifel von ihm selbst verfaßte: „Ihr, die ihr Gottes Krieger
seid (Kdož jste Boži bojovnici)", einüben.

Zunächst mußte er eine feste Operationsbasis haben; da ihm
Pilsen verloren gegangen, so richtete er sein Augenmerk auf das
in Mitten einer überaus eifrig hussitischen Gegend gelegene Austi.
Da ihm aber die Lage dieser Stadt nicht fest genug schien, so
befahl er, dasselbe zu verlassen und zu zerstören und auf dem gegen
alle feindlichen Angriffe so geschützten Hügel an der Lužnic, wo die
großen Volksversammlungen gewesen waren, eine neue Stadt zu

gründen und so stark als möglich zu befestigen. Diese Nieder=
lassung (zweifelsohne derselbe Platz, wo die heutige Kreisstadt Tabor
steht) wurde sodann „Tabor" genannt, „und daher", sagt eine alte
Chronik [23]), „sind sie Taboriten genannt worden".

Die neu gegründete Stadt mußte, obwohl sie ganz republi=
kanisch verfaßt war, da sich Alle „Brüder und Schwestern" nannten,
doch auch ein geordnetes Regiment haben; man wählte vier Edel=
leute: Zizka, Nicolaus von Hus, Chwal Repicky und Zbynek
Buchowec zu Hauptleuten, denen Jedermann unbedingten Gehorsam
leisten mußte, und die insbesondere die waffenfähige Mannschaft
militärisch einzuüben hatten, während die Priester eifrig und fleißig
Jung und Alt in der heiligen Schrift unterrichteten und den Gottes=
dienst so einfach als möglich und ohne die vielen Ceremonien der
katholischen Kirche abhielten; man richtete sich hierin möglichst nach
dem Vorbilde der apostolischen Kirche, wie denn auch ziemlich voll=
ständige Gütergemeinschaft geherrscht zu haben scheint.

Wollte sich die Stadt oder Republik gegen ihre Feinde halten,
so mußte sie sich die Umgegend unterwerfen und ihre Macht
zu vergrößern suchen. Das geschah durch kleinere und größere
Streifzüge, und wo man sich ihnen nicht freiwillig anschloß, wurde
Gewalt angewendet, und z. B. die Burg Sedlec und die Stadt
Jung=Wozic im Sturme erobert. In letztere Stadt hatte sich ein
großer Theil der bei Sudomier geschlagenen „Eisenmänner" ge=
zogen; sie wurden meist gefangen und damit viele gefangene Hus=
siten ausgelöst; die reiche Beute an Rüstungen, Pferden u. dgl.
wurde zu militärischen Zwecken verwendet, was aber zur Ueppigkeit
verleiten konnte, Gold, Silber, Monstranzen, Kelche und kostbare
Gewänder, verbrannt.

Man kann nicht sagen, was aus dieser Taboritenrepublik ge=
worden wäre, wenn sie sich längere Zeit in dieser Weise hätte
entwickeln und ausbreiten können. Daß sie rasch starken Zuwachs
erhielt, und daß man auf sie bald im ganzen Lande, als eine Haupt=
stütze des Hussitismus, hinblickte, unterliegt keinem Zweifel. Sie
versäumten auch nicht, wie durch Waffengewalt so durch viele

---

23) Höfler, Geschichtschr. I, 79.

Emiſſäre für ihre Lehren und Grundſätze Propaganda zu machen, und dieſe wußten, allen Gefahren trotzend, faſt das ganze König= reich in Aufregung zu verſetzen. Am meiſten Eindruck machte die durch Wort und Schrift von Vielen unter ihnen verkündeten Lehre, die ſie mit prophetiſcher Begeiſterung vortrugen, daß eine neue Erſcheinung Chriſti in der nächſten Zeit bevorſtehe, bei welcher die Gottloſen vertilgt werden und nur auf den Bergen und in den Städten der Taboriten eine Rettung vorhanden ſein ſollte; dahin ſolle darum Jedermann ſich flüchten; es werde da keine Fürſten und Prälaten, keine Steuern und Zehnten, keine Leiden und Ver= folgungen, auch keine Sünden und Aergerniſſe mehr geben; der paradieſiſche Unſchuldsſtand werde wiederhergeſtellt werden und die Menſchen nach der Weiſe der Engel ſelbſt ohne äußerlichen Gottes= dienſt und Sakramente lediglich im Genuſſe der Liebe Gottes (Apg. 21, 22) leben dürfen. [24] Darauf hin, berichtet Lau= rentius von Brezowa [25], „erzeigten viele Einfältige ſolchen Eifer, daß ſie ihre Güter um Spottpreiſe verkauften und mit Weibern

---

24) Es waren alſo die in der Kirchengeſchichte alter und neuer Zeit be= kannten chiliaſtiſchen Schwärmereien, welchen ſich dieſe Taboriten, insbe= ſondere M. Hauſka, auch Johann von Selau, ergaben, wie ſie ſich auch der Reformation des 16. Jahrhunderts im Anabaptismus anzuhängen ſuchten. Wenn die Chiliaſten unſerer Tage darüber ſtreiten, ob das Millenium vor oder nach der Wiederkunft Chriſti eintreten werde, ſo ſtimmten ſie mit der Anſicht der letzteren überein. Die Utraquiſten Mag. Laur. von Brezowa (bei Höfler, Geſchichtſchr. I, 399 ff.) und Joh. von Přibram (bei Prochaſka, Miscellan. der böhmiſchen und mähriſchen Literatur, Prag 1784, S. 280—293, 309—314) haben ihre, bald wieder verſchwindenden Lehren ausführlich beſchrieben und ihnen zur Laſt gelegt, daß ſie auch die Gottheit Chriſti und die Dreieinig= keit verworfen, und wie keine Sakramente, ſo auch keine Kirchen, Prieſter, Feſttage, Fäſten, Meßopfer, Heiligenanrufungen, Bußſatisfaktionen und ſonſtige Traditionen der Kirche, ja ſelbſt keine Wiſſenſchaft und keine Univerſitäten hätten dulden wollen; die Gläubigen hätten ſich ohne dieſes Alles nur von der inneren Erleuchtung des heiligen Geiſtes leiten zu laſſen. — Wir werden ſpäter noch darauf zurückkommen und aus dem Eifer, mit dem Žižka gegen dieſe Schwär= mer aufgetreten, erſehen, daß ihre Anſichten nicht den Taboriten im Allgemeinen zur Laſt zu legen ſind, am wenigſten die tollen Excentritäten, denen ſich einige Zeit nachher die kleine Sekte der Nicolaiten oder Adamiten ergeben hat.

25) Höfler, Geſchichtſchr. I, 350.

und Kindern aus allen Distrikten von Böhmen und Mähren zu
den Bergen strömten und, ihr Geld zu den Füßen der Priester
niederlegend, in ihre Gemeinschaft sich aufnehmen ließen". Wie einst
Peter von Amiens, Bernhard von Clairvaux und Andere die Christenheit zu den Kreuzzügen gegen die Ungläubigen entflammt hatten,
so erfüllten diese Taboritenprediger ganz Böhmen und Mähren mit
einer schwärmerischen Begeisterung, für die Reformation der Kirche
gegen deren Verderber Gut und Blut einzusetzen.

Doch die Taboriten konnten nur wenige Monate hindurch
ungestört in dieser Weise für ihre Sache thätig sein. Schon im
Frühjahr 1420 traten Ereignisse ein, welche der ganzen Bewegung
in Böhmen eine ganz andere Richtung gaben. Sigismund hielt
sich, wie schon bemerkt, seit dem 5. Januar 1420 in Breslau auf.
Nachdem er dort den langjährigen Streit zwischen dem Deutschorden
und dem Polenkönig zu Gunsten des ersteren entschieden hatte
(wodurch letzterer höchlichst erzürnt und zu seinem nachmaligen feindlichen Auftreten gegen Sigismund und zur Partheinahme für die
Böhmen veranlaßt wurde), so nahm er nun auch die böhmische
Frage in Angriff. Aber wie? Statt den aufgeregten Böhmen
auch nur im Geringsten eine versöhnliche Gesinnung entgegenzu-
bringen, wodurch er wenigstens die gemäßigtere Parthei, die Prager
oder Utraquisten, und damit den größten Theil des Adels für sich
gewonnen hätte, erging er sich in exaltirten Drohungen und Gewaltsmaßregeln gegen sie. Er veranlaßte den Papst, durch eine
vom 1. März 1420 datirte und am 17. März in Breslau pu-
blicirte Bulle einen förmlichen Kreuzzug „zur Vertilgung der
Wycliffiten, Hussiten und anderer Ketzer in Böhmen" zu verkündigen
und sämmtliche Fürsten und Stände des deutschen Reiches zur
Theilnahme daran aufzufordern. Er sammelte ein mächtiges Kriegsheer um sich und legte zu dessen Unterhaltung allen böhmischen
Prälaten, Klöstern und königlichen Städten starke Contributionen
auf. Er verweigerte jedes Zugeständniß in der Religionsfrage und
zeigte am 15. März durch eine blutige That, wie er mit allen
Hussiten umgehen würde, sobald er sie in seine Gewalt bekäme.
Ein angesehener Prager Kaufmann, Namens Johann Krasa, war
in Geschäftsangelegenheiten nach Breslau gekommen und hatte sich

nur in seiner Herberge über die ungerechte Verurtheilung Hussens und über die Kelchentziehung einige Auslassungen erlaubt, er wurde sofort ergriffen, zum Tod verurtheilt, mit einem Pferde zum Richtplatz geschleift und verbrannt. Der päpstliche Legat Ferdinand von Lucca wollte ihn zum Widerruf seiner Ketzereien bewegen, er antwortete: „Ich bin bereit, für das Evangelium des Herrn Jesu zu sterben."

Diese Maßregeln riefen in ganz Böhmen bei Allen; die nicht zu dem katholischen Herrenbunde gehörten oder so fanatisch waren wie die Kuttenberger, eine furchtbare Erbitterung hervor. „Wie er mit Krasa und früher mit Hus und Hieronymus umgegangen", riefen die Taboriten, „so wird er uns Alle behandeln"; ein Johann von Selau nannte Sigismund mit Beziehung auf die sieben Kronen, die er trug, und den Drachenorden, dessen Haupt er war, den siebenköpfigen feurigen Drachen der Offenbarung (Cap. 12) und forderte zu Aufruhr und Empörung auf. Seine und Anderer aufreizende Reden hatten Drohungen und Gewaltthätigkeiten aller Art zu Folge, daß viele Hunderte von katholischen Familien der Alt- und Neustadt Prags auf die noch von den königlichen Truppen besetzten Burgen und Festungen flüchteten. Worauf Johann von Selau am 3. April 1420 die zurückgebliebene Gemeinde sammt der Universität und den hussitischen Geistlichen auf dem Altstädter Rathhause versammelte, einen neuen Magistrat mit 4 Ober- und 40 Unterhauptleuten erwählen und alle Anwesenden schwören ließ, mit Gut und Blut für die Vertheidigung des Kelches einzustehen. Ein heftiges Manifest forderte die andern Städte Böhmens zu gleichen Maßregeln und zum Schutz- und Trutzbündniß mit ihnen auf. — Daß Zizka und die Taborer ihren Eifer verdoppelten, versteht sich.

Aber auch die bisher gemäßigt sich haltenden Herren und Ritter Böhmens wurden durch Sigismund's Gewaltsmaßregeln und vor Allem durch den von ihm angeregten Kreuzzug mit Haß und Feindschaft gegen ihn erfüllt. Der Oberstburggraf und Reichsverweser Tenek von Wartenberg äußerte sich in diesem Sinne schon auf dem Breslauer Reichstage. Sobald er (am 15. April 1420) nach Prag zurückgekehrt war, schloß er nebst vielen anderen Ba-

ronen mit der Stadt Prag ein Schutz- und Trutzbündniß ab, besetzte die königliche Burg mit ergebenen Truppen, ließ seine katholisch gesinnten Unterbefehlshaber nebst 76 katholischen Geistlichen
und einigen angesehenen Bürgern verhaften, die auf die Burg sich
geflüchtet vertreiben und ihre Habe, wie auch das Kirchenvermögen
auf der Burg mit Beschlag legen. Am gleichen Tage sandte er
dem Könige auch einen Absagebrief nebst den Insignien seines
Drachenordens und erließ am 20. April im Namen seines Bundes und Aller, „die nach der Freiheit des Wortes Gottes und
nach dem Wohle der böhmischen Nation trachteten", ein von Bitterkeit gegen Sigismund überströmendes Manifest, welches in ganz
Böhmen und selbst auch in's Ausland verbreitet wurde. Er scheute
sich schon nicht, bei König Wladislaus von Polen anzufragen, ob
er die Krone Böhmens anzunehmen nicht geneigt wäre.

Die Taboriten, ihrer Seits, erhielten unter diesen für sie so
günstigen Verhältnissen immer stärkeren Zulauf, und sie hielten es
für ihre Pflicht, das böhmische Reich, so viel sie vermochten, bevor der äußere Feind einbrach, von seinen inneren Feinden zu
säubern, die katholischen Geistlichen mit ihren Anhängern und Be-
schützern zu vertreiben und Kirchen, Klöster, Pfarrhäuser, Burgen
und Kastelle zu zerstören. In dem schwärmerischen Fanatismus,
von dem sie dabei geleitet wurden, und aus Rache für die ihnen
zugefügten Verfolgungen zerstörten sie in vandalischer Wuth theilweise auch die schönsten und kostbarsten Denkmäler der Kunst,
woran Böhmen damals reicher war, als jedes andere Land der
Christenheit [26]).

---

26) **Aeneas Sylvius** schreibt darüber Hist. Bohem., c. 36: „Nullum
ego regnum aetate nostra in tota Europa tam frequentibus, tam angu-
stis, tam ornatis ditatum fuisse monumentis, quam Bohemicum reor.
Templa in coelum erecta, longitudine atque amplitudine mirabili, for-
nicibus tegebantur lapideis; altaria in sublimi posita, auro et argento,
quo sanctorum reliquiae tegebantur, onusta; sacerdotum vestes mar-
garitis textae, ornatus omnis dives, pretiosissima supellex; fenestrae
altae atque amplissimae vitro et admirabili opere lucem praebebant.
Neque haec tantum in oppidis atque urbibus, sed in villis quoque ad-
mirari licebat."

In gleicher Weise, wie die Taboriten, und in Verbindung mit ihnen hauste im Königgrätzer Kreise eine auf Betrieb des von Königgrätz vertriebenen Priester Ambros zusammengebrachte Schaar, welche sich von ihrem Sammelplatze auf dem Hügel Oreb bei Hohenbruck die Orebiten nannten. Unter Anführung des Herrn Hynek Krusina von Lichtenberg erstürmten sie am 30. April 1420 das feste Kloster Münchengrätz und zogen dann am 2. Mai nach Prag, wo man ihnen als „Streitern Gottes" einen feierlichen Empfang bereitete und den tapfern Hynek Krusina sofort zum Oberbefehlshaber sämmtlicher Prager Truppen ernannte. Die Prager waren über deren Zuzug gerade damals sehr erfreut, denn sie hatten den von den königlichen Truppen besetzten Wyschehrad vergeblich belagert und litten viel von den Ausfällen der dortigen Besatzung. Dazu hatte sich der Reichsverweser Čenek von Wartenberg, über die vandalische Zerstörungswuth der Taboriten und Orebiten aufgebracht, mit dem jetzt in Böhmen mit starker Heeresmacht einrückenden König Sigismund wieder ausgesöhnt und am 7. Mai die Prager Burg verrätherischer Weise an 4000 Mann königliche Truppen überliefert.

So stark gerüstet, wie Sigismund damals in Böhmen einzog, sollte man glauben, hätte es ihm unter solchen Verhältnissen an der Unterwerfung des Landes nicht fehlen sollen. Waren doch in Folge der päpstlichen Kreuzbulle selbst aus England, Frankreich und Spanien starke Heerhaufen zu ihm gestoßen, und außer in einigen an Böhmen angränzenden Gegenden [27]) waren keine Sympathien für die Hussiten vorhanden; auch im deutschen Reiche war die Verstimmung über das Constanzer Concil, weil es keine Kirchenreformation gebracht, wieder verschwunden und hatte einem theilweise bis zum Fanatismus sich steigernden Hasse gegen die „hussitische Verruchtheit und Gottlosigkeit" Raum gemacht. Aber

---

.27) Im Salzburgischen, Bairischen, Thüringischen, Preußischen und besonders in Polen und Ungarn, s. L. Hager, Deutschl.'s lit. u. relig. Verh. im Ref.-Zeitalter I, 66 ff. In Magdeburg wurde 1420 Mag. Jac. Bremer und in Regensburg der Weltpriester Ulr. Grünleder wegen hussitischer Ansichten verbrannt; in letzterem Orte im Jahr 1422 auch ein Priester Namens Heinr. Rathgeb aus Gotha, s. Höfler, Geschichtschr. II, 420—427. 456 f.

durch die maßlose Härte und Unbeugsamkeit, mit der er allen hussitisch Gesinnten entgegentrat, verdarb er Alles wieder, vielleicht auch durch die Saumseligkeit und Ungeschicklichkeit, womit er seine kriegerischen Aktionen vornahm und womit er den mit größter Schnelligkeit, Energie und Geschicklichkeit vorgehenden Taboriten-schaaren, so klein sie waren, nicht gewachsen war.

Stets unbedingte Unterwerfung fordernd, verweigerten ihm solche die von Prag, Tabor, Saaz, Laun, Schlan, Klattau und Pisek nebst vielen Adeligen. Die Prager riefen Zizka zu Hülfe, und als dieser mit 9000 Kriegern heranrückte (20. Mai), ver-mochte er ihn trotz seines Heeres von vielleicht 100,000 Mann nicht daran zu hindern, ebenso wenig die von Saaz, Laun und Schlan (23. Mai). Auf das bloße Gerücht hin, daß die Prager ihn angreifen würden, gab er ein bei Litoznic geschlagenes Lager mit vielem Proviant und Gepäck preis und vergeudete die kostbare Zeit mit müßigem Umherziehen auf seinen Schlössern. Ulrich von Rosenberg belagerte Tabor, erlitt aber am 25. Juni durch Nico-laus von Hus eine solche Niederlage, daß alle seine immensen Vorräthe an Waffen, Belagerungsmaschinen, Gold, Silber und Proviant verloren gingen. Königgrätz wurde durch den bekannten Priester Ambros überrumpelt und konnte durch 10,000 Mann königlicher Truppen nicht wieder erobert werden.

Bei Prag ereilten ihn endlich die schmählichsten Niederlagen. Lange Zeit hindurch scharmützelte man, am 14. Juli unternahm er einen allgemeinen Angriff gegen die Stadt, es entspann sich eine große Schlacht am Witkov — oder, wie er von da an genannt wurde, am Zizka-Berge und er mußte, schwer geschlagen, sich zurückziehen. Und nachdem er sich nichts desto weniger im Veits-dom auf dem Prager Schlosse feierlich als König von Böhmen hatte krönen lassen und durch monatelange Unterhandlungen, wäh-rend deren Zizka den Süden von Böhmen eroberte, vergeblich sein Ziel zu erreichen gesucht, so wurde er am 31. October 1420 in der Schlacht am Wishehrad bis zur Vernichtung geschlagen, so daß er in schimpflicher Flucht selbst das Land verlassen mußte.

Das war der Ausgang des ersten Hussitenkreuzzuges. Ihn benutzten die Hussiten rasch, mit Güte und Gewalt sich ganz Böhmen

und Mähren zu unterwerfen. Selbst Kuttenberg suchte und er=
hielt die Gnade der Sieger. In Mähren bildete sich auf einer
Insel des Marchflusses in der Nähe des alten Klosters Welehrad
ein zweites Tabor, und die mährischen Stände erklärten sich für
den Hussitismus. Noch wichtiger war, daß dies nun auch Tenek
von Wartenberg und der Prager Erzbischof Conrad von Vechta
that. Damit war Sigismunds Krönung für null und nichtig er=
klärt und ganz Böhmen und Mähren binnen Jahresfrist faktisch
für den Hussitismus gewonnen.

Nun galt es, demselben sowohl den auswärtigen Feinden gegen=
über, als mit Rücksicht auf die inneren Meinungsdifferenzen zu
der äußeren Consolidirung auch die innere zu geben, durch genaue
Festsetzung der Lehren und Grundsätze, an denen man festhalten
und die man gegen Jedermann vertheidigen wollte.

Der Anfang dazu wurde schon im Mai 1420 gemacht, als
die mit Zizka eingezogenen 9000 Taboriten die Prager wegen ver=
schiedener Sitten und Religionsgebräuche zu tadeln begannen. „In
jenen Tagen", erzählt Laurentius von Březowa [28], „kamen die Ta=
boriten, Saazer, Launer und Orebiten mit den Pragern in einer
öffentlichen Gemeindeversammlung zusammen. Zuerst wurden die
Magistrate der Alt= und Neustadt ihres Amtes entsetzt und neue
erwählt. Mit diesen einigten sich sodann die Hauptleute und
Priester sammt ihren Gemeinden dahin, erstlich daß Alle wie Ein
Mann gegen den König Sigismund und gegen einen Jeden, der
sich dem Gesetze Gottes und insbesondre der Kommunion des Kelches
widersetze, zusammenstehen sollten; sodann daß der Klerus zur Füh=
rung eines apostolischen Lebens angehalten und alle Simonie, Geiz,
Reichthum, Luxus und sonstiges unordentliches Wesen bei demselben
nach bestem Vermögen verhindert werden solle, damit sie desto freier
und ungehinderter der Predigt des göttlichen Wortes und den an=
deren Pflichten ihres Amtes obliegen könnten, und endlich daß alle
Todsünden und insbesondre die öffentlichen, wie das Wirthshaus=
sitzen an Sonn= und Feiertagen, die übermäßige Hoffart in der
Kleidung nebst vielen andern Unordnungen und dem Gesetze Gottes

---

28) Höfler, Geschichtschr. I, 366.

Krummel, Utraquisten rc.

zuwiderlaufenden Erfindungen getilgt werden sollten. Aus welchen Sätzen hernach diejenigen berühmten vier Artikel hervorgegangen sind, für welche die Prager mit ihren Anhängern eingestanden sind. — Es wurde zugleich der Beschluß gefaßt, alle Gegner des Gesetzes Gottes sorgfältig zu erforschen, auf Befehl der Schöffen durch die Priester ihre Häuser visitiren zu lassen und bei Strafe der Ausweisung und Güterconfiskation Alle zum Genusse der Communion unter beiden Gestalten zu ermahnen. In Folge dessen es Viele vorzogen, Häuser und Güter zu verlassen und aus Prag auszuwandern; Andere traten ihnen bei, um ihre zeitlichen Güter nicht zu verlieren; wieder Andere ließen sich in heilsamer Weise belehren und kamen mit großer Ehrfurcht und Andacht zum Empfange des Kelches herbei."

Es war in diesem auf dem Prager Rathhause getroffenen Uebereinkommen schon alles dasjenige angegeben, was die Anhänger Hussens seit Jahren in religiöser und kirchlicher Hinsicht forderten; es fehlte aber noch an einer rechten Fassung und wissenschaftlichen Begründung. Diese wurde den Magistern an der Universität übertragen und sie scheinen mit dieser Arbeit, die natürlich nicht nur wegen der erforderlichen Auseinandersetzungen mit dem katholischen Lehrsystem, sondern auch wegen der Differenzen mit den Ansichten der Taboriten, viele Schwierigkeiten bot, bis zum 6. Juli 1420 fertig geworden zu sein, so daß an diesem, wie gewöhnlich, festlich begangenen Todestage Hussens die die gesammte Christenheit so viele Jahre hindurch so mächtig beschäftigenden Vier Prager Artikel publicirt werden konnten.

In lateinischer, böhmischer und deutscher Sprache und in der Form eines an die ganze Welt gerichteten Manifestes abgefaßt, ist ihr Wortlaut, wie ihn Laurentius von Březowa uns aufbewahrt hat [29]), der nachfolgende:

„Wir Magister, Bürgermeister, Schöffen und die ganze Gemeinde der Stadt Prag nebst den andern Gläubigen des Königreiches Böhmen thun hiermit allen Christgläubigen kund und zu

---

29) Bei Höfler, Geschichtschr. I, 380 ff., vgl. II, 480 (Tab. Chron. des Nicol. von Pelhřimov).

wissen, daß die Gläubigen im Königreich Böhmen unter der Hülfe des Herrn mit Gut und Blut, so weit in ihren Kräften steht, für die nachstehenden vier Artikel einstehen und fort und fort einzustehen gedenken:

I. Daß das Wort Gottes in dem Königreich Böhmen frei und ohne Hinderniß in geordneter Weise von den Priestern des Herrn gepredigt werde.

Begründung: Denn der Heiland spricht Marc. 16, 15: Gehet hin in alle Welt und prediget das Evangelium aller Kreatur, Matth. 28, 19; und nach dem Worte des Apostels 2 Thess. 3, 1 und 1 Cor. 14, 39 ist das Wort des Herrn nicht gebunden, sondern wir sollen dafür beten, daß es laufe und allenthalben gepriesen werde, und in Zungen zu reden, dem soll in der Gemeine Gottes Niemand wehren.

II. Daß das Sakrament der heiligsten Eucharistie unter den beiden Gestalten des Brodes und des Weines allen Christgläubigen, welche durch keine Todsünde daran gehindert sind, frei gereicht werde nach dem Befehl und der Einsetzung des Heilandes.

Begründung: Denn Christus hat gesagt, Matth. 26. Marc. 14 und Luc. 22: nehmet hin und esset, das ist mein Leib, und trinket Alle daraus, das ist mein Blut des neuen Testaments, welches für Viele vergossen werden wird; und er hat den Aposteln den Befehl ertheilt: das thut, d. h. nehmt und gebt es Andern zu meinem Gedächtniß. Deßgleichen verpflichtet er auch Joh. 6, 53—56 die Gläubigen zum Empfange dieses Sakramentes unter beiden Gestalten, und nicht anders redet der Apostel davon 1 Cor. 11, 28. Dasselbe verordnet auch der Kanon des Papstes Gelasius (492—496) über die Consecration: wir haben, schreibt er, in Erfahrung gebracht, daß Viele nur einen Theil des heiligen Leibes nehmen und, von einem gewissen Aberglauben befangen, des Kelches des heiligen Blutes sich enthalten; diese sollen entweder die Sakramente ganz empfangen oder davon zurückgewiesen werden, denn die Thei-

3 *

lung eines und desselben Sakramentes kann nicht ohne
große Sakrilegie geschehen. Ihm stimmen bei das Concil
von Carthago, der heilige Gregorius, Augustinus, Hieronymus, Dionysius, Cyprianus, Origenes, Ambrosius, Beda,
Papst Leo (I.), Fulgentius, Remigius, Thomas, Paschasius,
Lyra, Wilhelmus de monte Laudino und Albertus Mag-
nus, wie in ihren Schriften nachzulesen.

III. Daß dem Klerus die weltliche Herrschaft über
zeitliche Güter und Reichthümer, weil sie ihn an
seinem Amte hindert und dem weltlichen Arme
zum Schaden gereicht, weggenommen und er selbst
zur evangelischen Regel und zum apostolischen
Leben, wie Christus mit seinen Aposteln gelebt
hat, zurückgeführt werden solle.

Begründung: Denn so lautet der Befehl des Herrn über
sie Matth. 10, 9: ihr sollt nicht Gold, noch Silber, noch
Erz in euern Gürteln haben; Matth. 20, 25: ihr wisset,
daß die weltlichen Fürsten herrschen und die Oberherren
haben Gewalt, so soll es nicht sein unter euch, sondern so
Jemand will unter euch gewaltig sein, der sei euer Diener,
Matth. 10, 43 f. Ebenso gebieten die Apostel 1 Petr. 5, 3.
1 Tim. 6, 8. 1 Cor. 11, 1. Phil. 3, 17, und ihre Lebens-
regel war, nach Act. 3, 6: Silber und Gold habe ich
nicht. So hat der Herr auch zu Aaron gesagt: du sollst
in ihrem Lande nichts besitzen, auch kein Theil unter ihnen
haben; denn ich bin dein Theil und Erbe unter den Kindern Israels, Num. 18. 26. Deut. 10. 12. 14. 18.
Jos. 13. 1 Chron. 6. Hesek. 44. Und über denselben
Gegenstand schreibt der Apostel Paulus 1 Tim. 6: Du
Gottesmensch, fliehe Solches, nämlich das Reichwerden und
die Gewinnsucht; denn nichts ist so gefährlich und verderb-
lich, als wenn ein Geistlicher, insbesondre wenn er einen
hohen Rang einnimmt, nach den Reichthümern dieser Welt
trachtet, weil er nicht nur sich selbst, sondern auch Andern
Schaden zufügt, indem er ihnen ein verkehrtes Vorbild
gibt. Deßhalb heißt es: meide das. Und ebenso sprechen

sich auch Hieronymus, Augustinus, Ambrosius, Bernhard u. A. aus.

IV. Daß alle Todsünden und insbesondre die öffent= lichen, sowie andere dem Gesetze Gottes zuwider= laufende Unordnungen in jedem Stande von den= jenigen, deren Amt es ist, ordnungsmäßig und verständig gestraft und getilgt werden sollen.

Begründung: Denn die Solches thun, sind des Todes wür= dig, und nicht nur die es thun, sondern auch die ein Ge= fallen daran haben. Es gehört dazu unter dem gemeinen Volke: Unzucht, Völlerei, Diebstahl, Mord, Lüge, falsche Schwüre, unnütze, betrügerische und den Aberglauben för= dernde Künste, Gewinnsucht, Wucher u. dgl.; im geist= lichen Stande aber: simonistische Ketzerei und Gelderwerb von Taufen, Firmen, Beichten, Altarsakrament, letzte Oe= lung, Trauen, Seelen = und andern käuflichen Messen, von Gebeten, Jahrestagen u. dgl., auch von Predigten, Be= gräbnissen und Glockengeläute, von Einweihungen von Kirchen, Altären und Kapellen, für Präbenden und Bene= ficien, für Präbaturen und andere persönliche Würden, für die Pallien, für Kauf und Verkauf von Ablässen, und was sonst noch unzählige Ketzereien, gottlose und ungerechte Gewohnheiten sind, welche daraus entstehen und die Kirche Christi beflecken, als da sind: Unzucht und schamlose Bei= schläferei nebst profaner Unterhaltung von Söhnen und Töchtern, Zorn, Neid, Streit, muthwillige Citationen, Quälereien und Beraubungeu einfacher Leute, habgierige Erbettlung von Opfergaben, Ablässe und andere heuchlerische Täuschungen Einfältiger. Alles dieses ist ein jeder treue Knecht Christi und wahre Sohn seiner Mutter, der Kirche, gehalten, bei sich selbst und Andern zu verfolgen und wie den Teufel selbst zu hassen und zu verabscheuen, so doch daß er in Allem auf dem geordneten Wege und bei dem, was ihm nach seinem Stand und Beruf zukommt, verbleibe.

Das ist nun unsre aufrichtige und fromme Meinung; sollte

uns aber irgend wer noch außer diesem allerlei Schamloses und Frevelhaftes nachsagen und zur Last legen, so erklären wir denselben hiermit für einen falschen und ungerechten Zeugen, da wir nichts Anderes in unsrem Herzen haben, als mit aller Kraft und allem Vermögen dem Herrn Jesu Christo zu gefallen und sein Gesetz und seine Gebote, vornehmlich aber obige vier katholische Artikel, zu befolgen und zu erfüllen. Jedem schlimmen Gegner aber und Jeden, der uns deshalb bekämpft, Gottes Willen zuwider von unsrem Vorhaben abwendig machen will und in der Vertheidigung der evangelischen, einem Jeden gebotenen Wahrheit verfolgt, müssen wir pflichtgemäß und nach dem Befehle des Evangeliums als einen grausamen Tyrannen und Antichrist auch mit der uns verliehenen Macht des weltlichen Armes bis auf's äußerste Widerstand leisten. Sollte hiebei durch irgend Einen der Unsrigen etwas Arges und Frevelhaftes geschehen, so erklären wir hiemit, daß Solches ganz und gar unsrem Willen zuwider ist, da unser Sinn dahin steht, allen Verbrechen nach Kräften zu steuern. Sollte aber dennoch von unsrer Seite Personen oder Kirchen an Gut und Leben Schaden zugefügt werden, so entschuldigt uns darin entweder die Nothwendigkeit oder die unvermeidliche Vertheidigung des Gesetzes Gottes und unser selbst gegen tyrannische Gewaltthätigkeit, und wir erklären uns stets bereit, wenn auch nur ein Schein des Unrechts auf uns ruhen sollte, Solches nach der Lehre der heiligen Schrift zu bessern und abzubestellen."

Die Abfassung und Publikation dieser vier Prager Artikel darf, auch im Hinblick auf die kriegerischen Erfolge, von denen sie begleitet war, als der Abschluß des ersten Aktes des großen hussitischen Drama's bezeichnet werden, oder als derjenige Zeitpunkt, in welchem die hussitische Reformationsbewegung, aus dem Werden in's Sein übergegangen, von einem ganzen Volke vertreten, als ein Faktor in der Welt- und Kirchengeschichte auftritt. Vorher mußte man nicht, was die mit dem Staatskirchenthum des Mittelalters unzufriedenen Böhmen wollten, so wenig als man vor 1530 in der Welt recht wußte, was die sächsischen Reformatoren und ihre Anhänger verlangten; sie waren sich bei dem Widerstreite der Meinungen, der sich bei jeder größeren Bewegung ergibt und auch im 16. Jahrhundert bekanntlich nicht ausgeblieben ist, selbst noch nicht recht klar geworden, auf welche bestimmte Ziele sie loszusteuern, mit welchen Mitteln sie dieselben zu erreichen hatten. Jetzt war dies geschehen, und zwar, wie wir deutlich wahrnehmen und die nachfolgenden Ereignisse beweisen, wenn auch nicht mit vollständiger Zustimmung aller mit dem früheren Stande der Dinge Unzufriedenen oder aller reformatorisch Gesinnten in Böhmen, doch auf eine solche Weise, daß man zwar noch über das Maß der Geltendmachung der in jenen Artikeln ausgesprochenen Grundsätze streiten konnte, über diese selbst aber kein Streit vorhanden war. Die Prager, die Utraquisten, hatten sie verfaßt, Žižka, Johann von Selau, die Taboriten im Allgemeinen, ihnen beigestimmt. In ihrer Vertheidigung sind auch beide Partheien fortan einig geblieben, so viele Zwistigkeiten sonst unter ihnen entstehen mochten.

Ihre Bedeutung wird zumeist nicht nach Gebühr gewürdigt, ja nicht selten im Hinblick auf ihren verhältnißmäßig geringen Erfolg tief unterschätzt. Ich glaube, eine bessere, höhere Meinung von ihnen haben zu dürfen; und es kann mich daran auch nicht der verhältnißmäßig geringe Erfolg derselben hindern (wiewohl er, recht betrachtet, keineswegs so gar gering war), weil mir derselbe sowohl aus den Verhältnissen Böhmens, als der Christenheit des 15. Jahrhunderts im Allgemeinen völlig erklärlich ist. Ich finde in den vier Prager Artikeln, wenn man sie nur ihrer etwas mittelalterlichen Fassung entkleidet, keimartig schon alle diejenigen Forderungen aufgestellt, welche der Protestantismus ein Jahrhundert später in Deutschland und in der Schweiz aufgestellt hat. Der erste Artikel faßt die zwei obersten protestantischen Grundsätze von der freien Predigt des Evangeliums nach der heiligen Schrift und von der Rechtfertigung des Menschen allein durch den Glauben an Jesum Christum in sich. Der zweite Artikel, wenn man seine Consequenzen zieht, ist die von den Protestanten aller Denominationen angenommene Präscription gegen alle diejenigen traditionellen Anordnungen und Einrichtungen in der Kirche, welche entweder direkt gegen die Befehle Christi und der Apostel gehen oder wenigstens in ihnen nicht begründet werden können. Der dritte Artikel bildet ein so gewaltiges Zeugniß gegen die Anmaßungen der römischen

Hierarchie und für die apostolische Einfachheit und Sittenreinheit, wie es seit 300 Jahren kaum jemals kräftiger wieder erhoben worden ist. Und der vierte Artikel, hat er etwas Anderes zu seinem In- halte, als die besonders von Calvin, aber auch von den übrigen Reformatoren geltend gemachte Forderung, daß nicht bloß der ein- zelne Mensch geheiligt, sondern auch die ganze menschliche Gesell- schaft durch die Macht des Christenthums in ein heiliges Gemein- wesen umgewandelt werden müsse, die ächt protestantische Forderung eines christlich freien und sittlichen Staats- und Volkslebens?

II.

Der Utraquismus und das Taboritenthum in ihrer ursprünglichen Einheit. Auswüchse. Erste Gegensätze.

1420—1424.

Wäre die Christenheit im 15. Jahrhundert zur Erwägung und Aufnahme der in den vier Prager Artikeln ausgesprochenen Wahrheiten schon so vorbereitet gewesen, wie sie es durch die Erfindung der Buchdruckerkunst, durch die Entdeckung der neuen Welt und besonders durch die Einwirkung des Humanismus ein Jahrhundert später für die 95 Thesen Luther's war, so hätte von ihnen die allgemeine Reformation der Kirche ausgehen können. Zu tief aber waren die christlichen Völker damals noch in Unwissenheit und Aberglauben geknechtet, als daß sie den an sie ergehenden kühnen Freiheitsruf verstanden und ergriffen hätten. Die Prager Artikel sind nicht nur in Böhmen und Mähren, sondern auch in vielen andern Ländern verbreitet worden; in dem großen Kreuzheere Sigismund's war wohl Keiner, der mit ihrem Inhalt nicht bekannt geworden wäre; die Kenntniß derselben wurde durch sie in alle Theile des Abendlandes verbreitet. Außer den Polen und einigen an Böhmen angränzenden Gegenden von Schlesien, Sachsen, Oberfranken und Oestreich nehmen wir jedoch, besonders in Deutschland, nur vereinzelte Beifallsbezeugungen [30]) wahr; die

---

30) So durch Friedrich Turnau von Speier, Friedrich Reiser aus Donauwörth, den unglücklichen, am 13. Februar 1424 zu Worms verbrannten Jo-

Hierarchie mußte die Völker überall mit einem fanatischen Hasse gegen die ketzerischen Hussiten zu erfüllen, ja nahezu mit einer abergläubischen Furcht vor ihnen.

Aber auch in Böhmen und Mähren selbst sind die großen Wahrheiten der Prager Artikel, leider, nicht zur vollen Entfaltung gekommen. Die Taboritenchronik des Nic. von Pelhřimov bemerkt bei der Mittheilung derselben [31]): „Diese Artikel und ihre heiligen Wahrheiten gedachten die Böhmen in aller Ruhe und Ordnung mit den Schriften des Gesetzes Gottes zu begründen und ohne alle kriegerischen Veranstaltungen zu vertheidigen. Aber das ihnen deshalb gebührende friedliche und öffentliche Gehör konnten sie viele Jahre lang in keiner Weise erhalten. Da der Feind der Wahrheit und des Menschenwohles, der Teufel, solch ein Gut nicht aufkommen lassen wollte, so erregte er seine Glieder, den Papst mit seinen Prälaten, Sigismund, den König von Ungarn, die Deutschen und viele andere fremde Nationen, auch einheimische Böhmen, um mit Gewalt und Grausamkeit das angefangene Werk sammt der böhmischen Zunge zu verdammen und zu vertilgen. Einig in der Vertheidigung der genannten vier Artikel, mußte das Volk hierauf, nicht aus freiem Willen, sondern aus Nothwehr mit Zustimmung der Prager Magister und anderer das Volk damals regierender Priester einen Krieg anfangen, damit die antichristlichen Irrthümer zerstört und der Christenglaube, Zucht, Ordnung, Gerechtigkeit und Wahrheit mit den durch das Gesetz Gottes erlaubten Mitteln ohne alle Unordnungen gefördert würde. Und es wurde dieser Krieg auch mit großer Sorgfalt begonnen und nach dem Vorbilde und den Regeln der alten guten Krieger mit Macht und Kraft fortgeführt; leider aber mit der Zeit durch Viele, welche sich demselben aus selbstsüchtigen Interessen anschlossen, zu einer Quelle großer Unordnungen, ganz wider die Meinung und Absicht der Gläubigen, die sich treu und recht für besagtes Gut zur Wehre setzten.“

hannes Dürndorf u. A.; vgl. Ullmann, Reff. vor der Ref. I, 311 ff.; Vierordt, Geschichte der evangelischen Kirche Badens I, 57 ff.; Theol. Stub. u. Krit. 1869, S. 430 ff.

31) Höfler, Geschichtschr. II, 481.

So der Taborite. Aehnlich lautet die Klage des Utraquisten Laur. von Brezowa [32]), nur daß er seinem antitaboritischen Standpunkte gemäß die Schuld jener Unordnungen hauptsächlich auf die Taboriten wälzt. Er sagt: „Während so der größte Theil des Adels und des Volkes beiderlei Geschlechts mit Hintansetzung aller weltlichen Eitelkeiten auf die Erfüllung des Gesetzes Gottes allen Fleiß verwendete, streute der Teufel, der Feind des Wohles des Menschengeschlechtes, durch verschiedene falsche Brüder, die Priester waren, den manchfaltigen Samen der Irrthümer und Ketzereien unter den Weizen des Gesetzes Gottes, so daß sich 1 Tim. 4, 1 ff. zu erfüllen schien. Denn da zu jener Zeit kein König und Fürst in Israel war, dem die Untergebenen Gehorsam leisten mochten, so that ein Jeder, was ihm recht däuchte. Und sehr viele, und gerade die einflußreichsten Taboritenpriester, verließen die von der Kirche gebilligten Lehrmeinungen der heiligen Väter Ambrosius, Hieronymus, Augustin, Gregor u. A., erklärten das alte und neue Testament lediglich nach ihrem eigenen Kopf und Sinn und wußten, Falsches mit Wahrem vermischend, die Herzen der Einfältigen für ihre Meinungen zu gewinnen. Der letzte Grund aber aller nachfolgenden Unglücksfälle war der irrthümliche Schriftverstand. Denn ihre Führer und Lehrer behaupteten, man bedürfe der Meinungen der Kirchenlehrer nicht, da sie bloße Menschen gewesen und der Gottmensch Christus im neuen Testamente in völlig genügender Weise kundgethan habe, was einem Jeden zum Heile nothwendig sei und daß das alte Testament das neue auslege, und umgekehrt."

Zum Beweis führt er dann folgende Behauptungen der Taboritenlehrer an: man dürfe nur das glauben und halten, was offen und klar (explicite) in dem Kanon der Bibel gelehrt werde; die Bücher der Kirchenlehrer seien nichts als List und Trug des Antichrist und deshalb zu verwerfen und zu vertilgen [33]); weltliche

---

32) Ebendas. I, 390 f.

33) Hus hatte hierüber (De eccles. 8) Folgendes gelehrt: „Jeder Christ ist gehalten, alle diejenige Wahrheit anzunehmen, welche der heilige Geist, sei's direkt, sei's indirekt (explicite vel implicite), in der heiligen Schrift niedergelegt hat; den Aussprüchen der Kirchenlehrer dagegen und den Bullen der

Wissenschaften studiren oder darin graduiren, sei heidnische Eitel=
keit und Sünde wider das Evangelium Christi; als menschliche,
von Christus und den Aposteln nicht gebotene Satzungen und Ord=
nungen seien zu verwerfen: das heilige Salböl, die Weihung kirch=
licher Gefäße und Gewänder, die kanonischen Horen, die Meß=
ornate und was sonst zum kirchlichen Prunk gehöre („es wäre
besser, wenn den armen Bauern Jacken und Röcke daraus gemacht
würden"), der Exorcismus, das geweihte Wasser und die Pathen
bei der Taufe („die Kinder können überall und in jedem frischen
Wasser getauft werden"), die Ohrenbeichte, die Quadragesimat=
und andere Fasten („es esse jeder, was er hat oder was ihm taug=
lich scheint"), alle Festtage außer dem Sonntag, jeder besondere
priesterliche Ornat („nach dem Vorbilde Christi und der Apostel
darf die Messe im gewöhnlichen Kleide mit Bart und ohne Haar=
tonsur an jedem Orte, auch ohne Altar gefeiert werden, und das
Sakrament der Eucharistie soll nur mit lauter Stimme als solches
erklärt, aber nicht auch in die Höhe gehoben oder auf den folgen=
den Tag aufbewahrt werden"), der Besitz weltlicher Güter des
Klerus, das Fegfeuer und die Fürbitten und Opfer für Verstor=
bene, die Anrufung der Heiligen und die Verehrung der Bilder.

Wir sehen aus diesen Urtheilen: das Fundament eines ächt
reformatorischen Baues war gelegt, den Auf= und Ausbau desselben
hinderte jedoch ein Doppeltes, erstens die demoralisirenden Wir=
kungen des fürchterlichen und langwierigen, eine Menge rein poli=
tischer Fragen mit den religiösen vermengenden Krieges, in welchem
die böhmische Nation durch immer von Neuem wieder gegen sie
erregte Kreuzzüge fast mit der ganzen damaligen Welt verwickelt
wurde, und zweitens die immer größere Dimensionen annehmenden
Meinungsdifferenzen zwischen den von Anfang an vorhandenen huf=
sitischen Partheiungen. Beides haben wir näher darzustellen.

Als Sigismund im März 1421 mit geringen Resten seiner
einst so großen Armee aus Böhmen geflohen war, gelang es den

Päpste ist nur insoweit zu glauben, als sie mit der Schrift stimmen oder auf
einfache Weise in ihr gegründet sind." S. Krummel, Geschichte der böh=
mischen Reformation, S. 362.

Pragern und Taboriten, wie schon bemerkt, rasch mit Güte und
Gewalt fast sämmtliche Stände des böhmischen und mährischen
Reiches für die Sache des Hussitismus zu gewinnen. Um die
durch den Krieg und den Mangel eines gesetzmäßigen Regimentes
zerrütteten Verhältnisse wieder in Ordnung zu bringen, beschlossen
die Führer der Bewegung, auf den Monat Juni einen allgemeinen
Landtag in Caslau auszuschreiben. Die Stände erschienen, selbst
viele katholisch gesinnte, und man einigte sich in wenigen Tagen
zu einem großen Schutz = und Trutzbündnisse zur Vertheidigung der
vier Prager Artikel, zur feierlichen Lossagung von dem ungarischen
König Sigismund, als der sich der böhmischen Krone unwürdig
gemacht habe, zu der Erwählung einer Regentschaft von 5 Männern
aus dem Herren =, 5 aus dem Ritterstande, 4 aus der Prager,
2 aus der Taboriten = Gemeinde und 4 aus den übrigen Städten
und Gemeinden, welche, bis ihnen Gott wieder einen König geben
würde, die Angelegenheiten des Reiches besorgen sollten, und end=
lich zu dem Beschlusse, die religiös=kirchlichen Angelegenheiten durch
eine allgemeine Kirchenversammlung der angesehensten Priester des
Landes mit dem Erzbischofe und der Universität in Ordnung zu
bringen. Eine ruhige Entwicklung der Dinge schien sich anzu=
bahnen, um so mehr als Sigismund bei der Schuldenlast, die ihn
drückte, bei der Unzufriedenheit der Ungarn mit ihm und im
Kriege mit den Türken und Venetianern sich befindend, an keinen
ernstlichen Krieg mehr wider sie denken zu können schien.

Dies änderte sich jedoch schnell. Aufgestachelt von dem Papste
und den Churerzbischöfen von Mainz, Trier und Köln, hatten die
deutschen Reichsfürsten auf einem im April 1421 gehaltenen Reichs=
tage zu Nürnberg, bei welchem Sigismund nicht anwesend war,
den einstimmigen Beschluß gefaßt, mit aller Macht zur Ausrot=
tung der böhmischen Ketzerei zusammenzustehen und mit vereinten
Kräften dieses Land von verschiedenen Seiten anzugreifen. So
energisch und kriegerisch war die Stimmung, daß man sogar be=
schloß, es solle Jeder, der über 12 Jahre alt und männlichen Ge=
schlechtes wäre, eidlich geloben, treu gegen die Ketzer zu stehen.
Darauf fielen die schlesischen Fürsten und Städte mit etwa 20,000
Mann bei Polic, Nachod und Trautenau ein und das vom Cas=

lauer Landtag gegen sie abgesandte Prager Heer mußte am 5. August 1421 bei Brüx eine empfindliche Niederlage erleiden. Zizka, der nie Besiegte, hatte nicht dabei sein können; er hatte kurz zuvor bei der Belagerung des Schlosses Rabi im Prachiner Kreis einen Pfeilschuß in sein einziges noch gesundes Auge erhalten, und die Prager Aerzte mußten ihn mit aller Kunst nicht vor gänzlicher Erblindung zu schützen; was ihn aber nicht hinderte, noch nicht ganz geheilt, zur Rache für die Niederlage bei Brüx herbeizueilen und die Schlester wieder zu verjagen.

Bald zeigte sich das gegen 200,000 Mann starke Reichsheer, der zweite große Kreuzzug gegen die Böhmen, zu dessen Leitung sich der päpstliche Cardinallegat Branda, fünf Churfürsten und über 100 regierende Fürsten eingefunden hatten. Sie hatten mit Sigismund ausgemacht, daß er mit dem Herzog Albrecht von Oestreich zu gleicher Zeit in Böhmen einrücken solle. Doch Sigismund hielt sein Wort nicht. So konnten die Hussiten alle ihre Streitkräfte gegen das mit der Belagerung des festen Saaz beschäftigte Reichsheer richten und das Unerhörte geschehen, daß dasselbe schon auf die Nachricht, daß der gefürchtete Zizka heranrücke, sein Zeltlager verbrannte und in totaler Unordnung mit großem Schaden sich zur Flucht wandte. „Man darf sich", sagt der östreichische Zeitgenosse Thom. Ebendorfer von Hasselbach spöttisch, „über diese Flucht der Churfürsten nicht wundern, denn sie haben das nicht aus Furcht gethan, sondern aus Zorn, um so gottlose Menschen nicht einmal ansehen zu müssen, wie Christus den Herodes. Denn so waren ihnen die Böhmen ein Gräuel, daß sie sie nicht nur nicht zu schlagen, sondern nicht einmal anzublicken vermochten."

Einen Monat später, im October, rückten König Sigismund und Herzog Albrecht mit einem in ganz Ungarn, Serbien, Kroatien, Siebenbürgen und Oestreich gesammelten Heere von gegen 100,000 Mann im südlichen Böhmen und Mähren ein. Anfänglich waren ihre Unternehmungen alle glücklich; überall siegreich, drang das von dem ausgezeichneten Florentiner General Pipo befehligte Heer bis Kuttenberg vor und setzte sich durch Verrath in den Besitz dieser Stadt. Zizka hatte sie vergeblich zu schützen gesucht. Als sich die Soldaten aber hierauf zur Plünderung und

Verproviantirung über die benachbarten Städte und Dörfer ver=
breiteten, so stürzten sich die Hussiten unversehens mit solcher
Macht über sie, daß der König mit seinem ganzen Heere in jähem
Schreck in der Richtung nach Deutschland entfliehen mußte. Ohne
Rast und mit Entfaltung einer bewundernswerthen Energie und
Geschicklichkeit folgte ihnen der blinde Žižka auf dem Fuße nach,
schlägt sie, wo sie Halt machen, siegreich aus dem Feld und bringt
ihnen am 9. Januar 1422 mitten im strengen Winter vor und
innerhalb der Mauern von Deutschbrod eine solche Niederlage bei,
daß Sigismund keine andere Wahl blieb, als in eiligster Flucht
mit Schmach und mit Zurücklassung unermeßlicher Beute an die
Sieger sich nach Ungarn zu retten.

Böhmen war zum zweiten Mal aus der Hand seiner Feinde
errettet. Gewaltiger Schrecken erfaßte die gesammte Christenheit.
Der Ruhm gebührte unstreitig keinem Andern als Žižka. Er hätte
seine Siege dazu benutzen sollen, die Alleinherrschaft von Böhmen
an sich zu reißen und, wie die äußeren Feinde, so auch die wider=
strebenden Elemente im eigenen Lande mit kräftigem Arme nieder=
zuhalten. Dazu aber war er der Mann nicht; er verstand, wie
einst Hannibal, zu siegen; den Sieg zu benutzen aber verstand er
nicht. Er ließ es geschehen, daß die zu Časlau eingesetzte Regent=
schaft der Zwanzig im Einverständniß mit der Mehrheit des Adels
und der Aristokratie Prags, seinem Freunde, dem Priester Johann
von Selau, die zuvor fast unumschränkt besessene Oberherrschaft
der Hauptstadt aus den Händen riß und ihn am 9. März 1422
verrätherischer Weise ermorden ließ. Er hinderte es nicht, daß die
zu Časlau beschlossenen Unterhandlungen mit dem Prinzen Sigis=
mund Korybut, dem Neffen des Großfürsten von Litthauen, weiter=
geführt und dieser Prinz, nachdem er die vier Prager Artikel zu
vertheidigen geschworen hatte, am 16. Mai 1422 von der aristo=
kratisch=utraquistischen Parthei zum Reichsregenten aufgenommen
wurde. Er unterwarf sich ihm selbst schließlich und war es zu=
frieden, daß man ihn mit seinen kriegsgeübten Taboritenschaaren
die Rolle eines freibeuterischen Vaterlandsvertheidigers spielen ließ,
in welcher Eigenschaft er den unter dem Markgrafen Friedrich von
Brandenburg im September 1422 in Böhmen einbrechenden dritten

Kreuzzug zurückschlug, im Jahr 1423 zahlreiche Raubzüge nach Mähren, Oestreich und Ungarn machte.

Daß Zizka, in dessen Händen die Geschicke Böhmens von 1420—1424 lagen, keine rettende That gewagt hat, aus der Stellung eines „Bruders" unter „Brüdern" nicht heraustreten wollte und, mit der Befreiung seines Vaterlandes vom äußeren Feinde zufrieden, die inneren politischen Verhältnisse desselben gehen ließ, wie sie gehen mochten, das ist nach dem Tode Hussens als die zweite Hauptursache des Mißgeschickes der hussitischen Reformation zu bezeichnen. Denn eben dadurch wurde die religiös=kirch=liche Einigung, deren Böhmen, um sich einer ihm feindseligen Welt gegenüber zu halten, absolut bedurfte, verhindert und den vom Anfang der Bewegung an vorhandenen Meinungsverschiedenheiten Raum gegeben, sich zu großem Schaden der ganzen Sache unge=hindert entwickeln zu können. Wie es damit zugegangen ist und welche traurige Folgen daraus sich entwickelt haben, dies zu wissen, ist für die richtige Beurtheilung des Hussitismus von der größten Wichtigkeit.

Die vorhandenen Geschichtsurkunden berichten uns hierüber Folgendes. Kaum hatten sich die Prager und Taboriten im Juli 1420 zu den vier Prager Artikeln vereinigt, so fingen die unter Zizka's Leitung in Prag befindlichen Taboriten an, über die Zu=stände, die sie in der Hauptstadt vorfanden, ihre Unzufriedenheit zu äußern, da sie mit denjenigen ihres Tabor nicht übereinstimmten. Ihre Priester und Hauptleute legten der Prager Gemeinde am 5. August 1420 ihre Meinung in 12 Artikeln [34]) vor, in welchen sie, auf eine strengere Durchführung der Prager Artikel dringend, verlangten, daß gegen jegliche Art von Laster und Unzucht, Gaste=reien und Trinkgelage, Kleiderpracht und sonstigen Luxus, Betrug und Wucher, Fluchen, Schwören u. dergl. mit strengen Strafen eingeschritten werden solle, daß man „die heidnischen und deutschen Gesetze", welche mit dem Gesetze Gottes nicht übereinstimmten, abschaffe und Alles „nach dem göttlichen Rechte" richte und an=ordne, daß die Priester zu einem musterhaften Wandel nach dem

---

34) Höfler, Geschichtschr. I, 386.

Befehle Gottes und dem Vorbilde der Propheten und Apostel angehalten und auch die Magister dem göttlichen Rechte unterstellt
und dazu verpflichtet werden sollten, ihre Ordnungen und Gesetze
nach Gottes Gebote einzurichten und der Gemeinde zur Prüfung
vorzulegen, daß die Einkünfte der Kirchengüter, mit Ausnahme
dessen, was zur Unterhaltung der Kleriker nothwendig sei, für den
gemeinen Nutzen verwendet, daß die erklärten Feinde der evangelischen Wahrheit verbannt und endlich daß alle Klöster und über-
flüssigen Kirchen und Altäre sammt ihren reichen Bildern und
Ornaten zerstört werden sollten; denn das Alles sei nichts als
antichristliches Wesen, Götzendienst, Simonie und nicht von Gott,
dem Vater im Himmel; dieses abzuschaffen und die göttliche Wahrheit einzuführen, dafür hätten schon manche ihrer Brüder ihr
Leben gelassen, dafür seien sie auch ferner bereit, Gut und Blut
einzusetzen.

Diese Forderungen waren stark und weitgehend, sie waren aber
nichts mehr als eine nothwendige Consequenz der vier Prager Artikel und hätten von den Pragern und insbesondre von der Universität ohne Widerstreben angenommen werden sollen, wenn es
ihnen mit der Reform der Kirche wirklich Ernst gewesen wäre;
wie sich denn im 16. Jahrhundert überall ganz dieselben Forderungen geltend gemacht haben und geltend machen mußten, wo man
die in Constanz vergeblich angestrebte Reformation der Kirche an
Haupt und Gliedern durchführen wollte. Aber nur die Neustädter
gingen darauf ein; die Altstädter und vor Allem die Universität
weigerte sich beharrlich, so daß Žižka, diesen Widerstand zu überwinden entweder zu schwach oder nicht geneigt sich fühlend, schon
am 22. August 1420 Prag verließ, um in anderen Landestheilen
für seine Ansichten — wie wir wissen, mit Erfolg — Propaganda zu
machen.

Hätten die Prager seiner nicht mehr bedurft gegen die auswärtigen Feinde, so hätte wol schon dieses Vorkommniß zu einem
unheilbaren Bruche, wie er später eintrat, führen können. Die
beiden Theilen gleichmäßig drohende Gefahr hinderte es damals,
und da es natürlich nicht an Männern fehlte, welche einen so verhängnißvollen Bruch zu verhüten bemüht waren, so suchte man

zu vermitteln und sich gegenseitig zu überzeugen. Aus diesen Ver=
mittlungsversuchen, über die uns meist sehr ausführliche Berichte
aufbewahrt sind, lernen wir das unterscheidende Wesen des Utra=
quismus und Taboritenthums am Besten kennen.

Der erste derartige Versuch wurde auf Anregen der Herren
Ulrich von Neuhaus, Peter und Bernhard von Janowic und Peter
Zmrzlik von Swojschin im Hause des Letztern zu Prag am
10. December 1420 gemacht, und es war die utraquistische Par=
thei dabei insbesondre durch die Magister Procop von Pilsen (da=
mals Rector der Universität), Jacobell von Mies und Peter von
Mladenowic vertreten, die taboritische durch ihren kurz zuvor er=
wählten Bischof Nicolaus von Pelhřimov, die Priester Martin
Hauška (Loquis) und Markold von Zbraslawic und die Hauptleute
Žižka, Chwal Řepicky von Machowic und Johann Rohač von
Duba [35]).

Der Verabredung gemäß sollte nur über die äußeren Kirchen=
gebräuche und besonders den Ornat beim Gottesdienste, den die
Taboritenpriester verwarfen, indem sie ohne Tonsur, mit Bart
und in grauen Gewändern celebrirten, disputirt werden. Aber
kaum hatte die Besprechung begonnen, so trat Procop von Pilsen
auf und sagte, es seien noch ganz andere Anstände in Betreff
mehrerer dem ganzen Reiche schädlicher Lehren vorhanden, und
diese müßten zuerst erledigt werden. Er befahl dem Peter von
Mladenowic in 76 Artikeln vorzulesen, was von den Taboriten=
priestern Irriges und Ketzerisches gelehrt würde. Diese Artikel
bezogen sich hauptsächlich auf die uns bekannten chiliastischen Lehren
Hauška's und seiner Anhänger; doch war am Schlusse beigefügt,
man wolle damit keine einzelne Person namentlich angreifen, son=
dern nur alle getreuen Böhmen vor solchen Irrlehrern warnen.
Sobald jedoch Mladenowic seine Vorlesung beendigt hatte, rief der
Hauptmann Chwal: „ich bekenne mich zu allen diesen Artikeln",
ebenso Hauška und Markold, und Herr Rohač klagte, in Constanz
habe man ihnen nur 45 Ketzereien vorgeworfen, hier aber mehr

---

35) Ueber diese Verhandlung f.: Höfler, Geschichtschr. I, 433 ff.; II,
488 ff. Prochaska, Miscell., p. 279 sqq. Palacky III, 2. p. 188 sqq.

als 70. Darauf erklärten sich die Magister bereit, die Falschheit der vorgelesenen Artikel aus Gründen der Vernunft, wie der heiligen Schrift zu erweisen. Nicolaus von Pelhřimov aber erklärte, die vorgelesenen Artikel halte er mit Ausnahme dessen, was ihnen Giftiges beigemischt sei, für durchaus wahr; sie seien aber nur wegen der Ceremonien bei der Messe daher gekommen, und in dieser Beziehung müsse er von den Taboritenpriestern sagen, daß sie sich nur nach dem Vorbilde Christi und seiner Apostel hielten, wenn sie das heilige Abendmahl ohne kirchliche Kleider feierten; es sei sehr unrecht von den Pragern, daß sie gegen die Uebertreter der menschlichen Traditionen so sehr eiferten; ihr Grundfehler sei, daß sie der konstantin'schen Schenkung und der weltlichen Macht der Kirche noch nicht entsagt hätten und sich nicht einfach nach der heiligen Schrift halten wollten. Jacobell erwiederte darauf, man könne sich beim Gottesdienst und bei der Sakramentsfeier nicht nur gerade nach der heiligen Schrift halten, da man letztere alsdann auch nur Abends, nach der Mahlzeit und mit Fußwaschung der Abendmahlsgenossen abhalten müßte; die menschlichen Institutionen der Väter, die nicht wider das Gesetz Gottes seien und dasselbe nicht hinderten, seien nicht zu verwerfen, da sie wegen ihrer mystischen Bedeutung dem Seelenheile auch förderlich seien.

Man kam zu keiner Einigung, beschloß jedoch, die strittigen Punkte in Wort und Schrift weiter zu erörtern, was denn auch von beiden Seiten nach den oben angegebenen Gesichtspunkten geschah [36]). Insbesondre veranlaßte Koranda im Januar 1421 in Johann von Selau's Kirche in der Neustadt eine Disputation mit dem Magister Peter von Mladenowic, bei welcher er darauf hinwies, daß die Apostel nicht durch äußere Ceremonien, sondern durch die Predigt des göttlichen Wortes die Menschen für das Evangelium gewonnen hätten, und wenn man aus der heiligen Schrift in keiner Weise darthun könne, daß die ersteren wegen ihrer mystischen Bedeutung festgehalten werden müßten, so solle man sie auch wegen der Mißbräuche und Unordnungen, die daraus ent-

---

36) Höfler, Geschichtschr. II, 488 ff.

ständen, abschaffen [37]). Und mit diesen Ansichten machte er und seine Anhänger, leider, so bitteren Ernst, daß sie in ihren Bezirken einen Jeden, der die ohne priesterlichen Ornat Gottesdienst halten=den Priester anfeinden würde, auch wenn er ein Hussite wäre, zu verbrennen befahlen; was zu vielen Unordnungen und Gräuelthaten Anlaß gab.

Die Taboriten kamen damals überhaupt in Gefahr, so sehr sie mit den erwähnten Forderungen im Rechte waren, durch einen übertriebenen Purismus und die chiliastischen Ideen, welche unter ihnen aufgekommen waren, auf eine abschüssige Bahn zu gerathen, die ihrer Sache den Todesstoß hätte geben können, die gefährliche Bahn, auf welche im 16. Jahrhundert die Wiedertäufer gerathen und verdienter Maßen untergegangen sind. Laur. von Březowa berichtet in seiner Chronik zum Jahr 1420 [38]):

„Zu jener Zeit entstand die höchst schädliche, alle christliche Religion untergrabende Irrlehre, daß unter der Gestalt von Brod und Wein das durch den Priester rechtmäßig Consekrirte nicht der wahre Leib und das wahre Blut Christi, sondern bloß gesegnetes Brod und gesegneter Wein sei, was von den Gläubigen zum Gedächtniß des Leidens Christi gegessen und getrunken werde, weil Christus, als er bei der letzten Mahlzeit das Brod nahm, dankete, es segnete und brach, gesagt habe: das ist mein Leib, der für euch gegeben werden wird (tradetur); dabei habe er bei dem Wort ,das‘ (hoc) nicht auf das Brod, noch auf seinen Leib, als unter dem Zeichen des Brodes gegenwärtig, sondern mit seinem noch sterblichen Finger auf seinen vor den Jüngern gegenwärtig stehenden Leib hingewiesen und ge=sagt: ,das ist mein Leib‘, weil derselbe für die Erlösung Aller dahingegeben werden sollte; und da er hinzugefügt: ,nehmet hin und theilet's unter euch‘, habe er ihnen das gesegnete Brod gegeben, damit sie das, so oft sie auf eine ähnliche Weise das Brod seg=neten und nähmen, zu seinem Gedächtniß thäten. Auf dieselbe Weise träumen jene vom Kelche, daß Christus hier nur auf sein am Kreuze zu vergießendes Blut hingewiesen habe, nicht aber auf

---

37) Ebendas. I, 445 ff.
38) Ebendas. I, 412 ff.

den Wein oder das unter der Gestalt des Weines vorhandene Blut, da hievon gar keine Rede sei [39]).

„Von dieser ketzerischen, aller Schrift zuwiderlaufenden und schändlichen Lehre ließen sich eine große Menge Männer und Weiber, vornehmlich in dem Saazer, Pilsener und Prager Gebiete, welche zuvor das heilige Sakrament mit großer Andacht, Ehrfurcht und Rührung fast täglich genossen hatten, auf eine klägliche Weise anstecken. Und gemäß dieser verderblichen Lehre kamen sie ohne alle Scheu und Furcht, wie wenn es sich um eine gewöhnliche Mahlzeit handelte, zu dem Priester und sagten: ‚Gib mir das Sakrament, d. h. geheiligtes Brod und Wein, und nicht den Leib und das Blut des Herrn.‘ Wenn dann der Priester antwortete: ‚Du willst, daß ich dir den Leib Christi unter der Gestalt des Brodes und sein Blut unter der Gestalt des Weines darreiche‘, dann schüttelten sie den Kopf und sprachen: ‚Du hörst doch, was ich verlange, nichts als das Altarssakrament!‘ Sie wollten dem Sakramente und Christo, dem wahren Gott, der in dem Sakramente enthalten ist, auch keine Kniebeugung oder sonstige Verehrung mehr bezeugen, verspotteten vielmehr, die Solches thaten und warfen auch, wo sie konnten, die Hostie aus den Monstranzen, um nur ihre Verehrung zu verhindern. Ein Edelmann, Namens Sigismund aus Repan, zeichnete sich hierin besonders aus und nannte jeden Magister und Priester, der unter den Gestalten von Brod und Wein den wahren Leib und das Blut Christi annehme, einen Betrüger und Verführer.“

„Der Ursprung aber“ — sagt er dann weiter (und dies ist von besonderer Wichtigkeit) — „dieser Ketzerei kam in das Königreich Böhmen durch etliche Pikkarden, welche im Jahr 1418, etwa 40 Männer mit Weibern und Kindern, nach Prag kamen und sagten, daß sie, von ihren Prälaten um des Gesetzes Gottes willen vertrieben, daher gekommen seien, weil sie gehört, daß hier große Freiheit der evangelischen Wahrheit sei. Sie wurden deshalb mit

---

39) Karlstadt hat später bekanntlich dieselbe Ansicht vom Abendmahl vorgetragen, und es wäre möglich, daß er dieselbe, gerade was die exegetische Begründung betrifft, von den Böhmen überkommen hat.

Freuden aufgenommen und selbst von der Königin und ihren Hof=
leuten besucht und versorgt. Sie besuchten jedoch die Gottesdienste
selten und man sah sie das Sakrament nicht unter beiden Gestalten
nehmen, sie hatten auch keinen besondern Priester bei sich, sondern
nur einen gewissen Lateiner, welcher ihnen in ihrer eigenen Sprache
die Schriften vorlas. Sie waren reißende Wölfe unter dem
Schafspelze; denn als jener Sigismund seinen Irrthum öffentlich
vortrug, so erfand sich, daß er denselben eben von jenen Pikkarden
eingesogen hatte; sie zogen deshalb schleunigst von Prag wieder
weg, ihr ansteckender Same aber war in Böhmen zurückgeblieben." [40])

Ueber die Nachwirkung dieses von den Pikkarden ausgestreuten
Samens berichtet sodann die Chronik Březowa's zum Jahr 1421:
„Am letzten Februar kam in Prag ein Brief des erwählten Bi=
schofs der Taboriten (Nicolaus von Pelhřimov) und des Magisters
Johann von Jičin an, welcher klägliche und in der christlichen
Religion bisher unerhörte Dinge hinterbrachte, nämlich wie auf
Tabor in Folge der verkehrten Lehre einiger Priester und insbe=
sondre eines gewissen mährischen Priesters Martin (des Hauska)
mehr als 400 Personen beiderlei Geschlechts von der pikkardischen

---

40) Was für Leute diese „Pikkarden" gewesen seien, darüber sind schon
verschiedene Vermuthungen ausgesprochen worden. Lenfant (Hist. de la
guerre des Hussites (Utr. 1731) I, 86—95 hält sie für eine sonst unbekannte
Sekte, Palacký (Geschichte von Böhmen III, 2. S. 228) für Begharden, aus
den Niederlanden stammend, gesteht jedoch zu, daß dieser Name auch andern
Sekten, und besonders den Waldensern, beigelegt worden sei; neuestens hat er
seine Ansicht geändert und sie direct als Waldenser bezeichnet, s. Verh. der
Waldenser zu den Sekten in Böhmen (Prag 1869), S. 20 ff. Und daran
scheint mir nicht gezweifelt werden zu dürfen, nicht nur weil ihr Vorleser,
ein vir latinus, auf einen romanischen Barben schließen läßt, wie sie die
Waldenser hatten, und weil wir gewisse Nachrichten haben, daß sich im Regens=
burgischen und Oestreichischen damals Waldenser vorfanden, sondern auch und
besonders aus folgendem Grunde: nach Herzog (Realenc. XVII, 514) hatten
die Waldenser die Gewohnheit, das Abendmahl nach dem Ritus und in Ge=
meinschaft mit der katholischen Kirche, also nicht sub utráque zu nehmen; aber
Einige unter ihnen bekannten sich, wie der Dominikaner Stephanus angibt,
zu der tropischen Erklärung der Einsetzungsworte; das oben angegebene Ver=
halten dieser „Pikkarden" stimmt damit ganz überein.

Häresie angesteckt worden seien und hartnäckig behaupteten, daß im Altarsakrament nicht der wahre Leib und das Blut Christi sei, sondern nur Brod und Wein, als Zeichen desselben; darum dürfe man auch die Kniee nicht davor beugen, noch dasselbe aufbewahren oder ihm eine andere Verehrung erweisen. Sie hätten deshalb die Monstranzen zerstört und wie die Heiden und Juden das Sakrament verbrannt oder mit Füßen getreten, auch die silbernen Becher zusammengeschlagen und verkauft und die Theilnehmer an der heiligen Eucharistie mit den Worten verspottet: ‚Wollt ihr denn immer noch nicht von diesen Schmetterlingen lassen!' — Sie baten deshalb, Jacobell und Johann Přibram möchten ihnen Anweisung geben, wie sie diesen Irrlehren Widerstand thun könnten, und zugleich darüber wachen, daß das Prager Volk nicht auch davon angesteckt würde.

„In Folge dessen wurde auf Befehl der Magister und Rathsherren am Sonntag Lätare in allen Kirchen gegen diese Irrlehre gepredigt und Befehl gegeben, daß Niemand solche Irrlehrer aufnähme und, wenn solche kämen, sie dem Rathe anzeige. Gleichwohl wurden Viele in Prag angesteckt, unter Anderen auch ein Schuster, Namens Wenzel, welcher sodann nach dem Maria-Magdalenentage verbrannt wurde. In Tabor aber theilten sich die Einwohner in zwei Theile, und die gläubigere Parthei vertrieb hierauf mehr als 200 Personen beiderlei Geschlechts, welche, in den Wäldern und Gebirgen umherschweifend, in solche Tollheit verfielen, daß sie, Männer und Frauen, ohne alle Kleider und nackt umherliefen, indem sie sagten, daß sie sich im Stande der Unschuld befänden und daß die Kleider nur wegen des Sündenfalles der ersten Eltern angenommen worden seien. Aus demselben Wahnsinn meinten sie auch, sie sündigten nicht, wenn sich Bruder und Schwestern mit einander vermischten; und wenn Eine empfangen hatte, so sagten sie, es sei vom heiligen Geiste, und viel Anderes geschah bei ihnen, was den Nachkommen zu überliefern nicht geziemend ist. Einer von ihnen predigte öffentlich, daß es eine Ketzerei sei, vor dem Altarsakramente die Kniee zu beugen, da es doch nur aus gesegnetem Brod und Wein bestehe, das man zur Stärkung im Kampf wider geistliche Feinde nehmen solle; Christus

selbst aber sei mit seinem ganzen Leibe in den Himmel aufge=
fahren. Er lehrte auch, die Frau müsse dem Manne zu jeder
Zeit und an jedem Ort, selbst in der Kirche, die schuldige Pflicht
leisten; der Mann dürfe ein altes und unfruchtbares Weib ver=
lassen und ein junges nehmen, um Kinder zu bekommen; des=
gleichen, die Laien dürften sich auch selbst communiciren, da die
Hand des Priesters nicht würdiger sei, als die eines jeden frommen
Laien."

Man sieht aus diesen völlig glaubwürdigen Angaben, daß durch
diesen „pikkardischen Irrthum" an dem sonst gesunden Baume des
Taboritenthums ein böser Auswuchs hervorgekommen war. Die
Gefahr desselben wurde jedoch, wie von Nicolaus von Pelhřimov
und Johann von Jičin rasch erkannt, so von Žižka rasch beseitigt.
Sobald er davon hörte, eilte er im April 1421 von Beraun, das
er eben erobert hatte, nach Tabor, überfiel diese Pikkarden und ließ
ihrer etwa 50 zu Klokot verbrennen, darunter den Priester Peter
Kanisch. Sie sollen den Scheiterhaufen lachend bestiegen und ge=
sagt haben: „Heute noch werden wir mit Christo im Himmel herr=
schen dürfen." Noch 25 Andere verbrannten die Taboriten, als
Žižka wieder abgezogen war. Dasselbe Schicksal traf auch den
mehrgenannten Martin Hauška, indem er auf der Flucht nach
Mähren gefangen, auf Befehl der Prager und Žižka's grausam
gefoltert und in Raudnitz öffentlich verbrannt wurde. Der Rest
flüchtete in die Gegend von Wessely und Neuhaus, machte die
Gegend durch Räubereien unsicher, wurde aber bald durch einen
Hauptmann der Taboriten nach tapferer Gegenwehr überwältigt
und die Gefangenen ohne Gnade und Barmherzigkeit verbrannt.
Žižka befahl nur Einen zu verschonen, damit man ihr Glaubens=
bekenntniß erfahre, und nach dessen den Prager Magistern über=
sandten und noch vorhandenen [41]) Angaben hätte man über ihre
Lehre und ihr Leben etwa Folgendes anzunehmen: Sie hätten das
christliche Glaubensbekenntniß und den Glauben an einen dreieinigen
Gott ganz und gar verworfen; sie hätten die pantheistische Lehre

---

41) Bei Laur. von Březowa, s. Höfler, Geschichtschr. I, 500 f.

verbreitet, daß Gott nicht im Himmel, sondern in guten Menschen, und die Teufel nicht in der Hölle, sondern in bösen Menschen wohne; daher hätten sie das Vaterunser so gebetet: „Vater unser, der du in uns bist, erleuchte uns; es geschehe dein Wille u. s. w." Jesum Christum nannten sie nur ihren Bruder und zwar einen solchen, dem man nicht trauen könne, da er gestorben sei; dafür hießen sie ihren Lehrer Peter (Kanisch) Jesum, den Sohn Gottes und ihren Häuptling Nicolaus (einen Bauern, der nach Hauska's und Kanisch's Tod ihr Führer war) Moses, dem das Regiment über die ganze Welt übertragen sei; um Bücher und Gesetze kümmerten sie sich nichts, da sie sagten, daß das Gesetz Gottes in ihren Herzen geschrieben sei. Sie verwarfen die Feier der Sonn- und Festtage, das Fasten, die Messe, die Anrufung der Maria und der Heiligen, die Firmelung, das Bischofsamt und Papstthum, allen Bilderdienst, Processionen, Absolution, Fegfeuer u. dergl. Ausgeschmückte Gotteshäuser nannten sie Räuberhöhlen; mit den Kahlköpfen der Priester, sagten sie, werde einst die Hölle gepflastert sein; das Crucifix nannten sie einen Galgen für Bösewichter, den Frohnleichnam einen Schmetterling, eine Fledermaus, die große ephesische Diana, den Baal, einen Götzen, eine Bestie; den Empfang des Leibes Christi nannten sie nichts als eine Brodfütterung, und die Universitäten Hochschulen heidnischer Lehren, welche zur Verdammniß führten. Ihr Leben wäre ein durchaus unzüchtiges gewesen, Männer und Weiber hätten nackt um Feuer getanzt und gemeinschaftlich unter Einem Zelte geschlafen, es hätte vollständige Güter-, ja auch Weibergemeinschaft bei ihnen geherrscht und die Raubzüge und Mordthaten, die sie verübt, hätten sie für etwas Erlaubtes, ja Heiliges erklärt.

Ihre Gegner nannten sie von ihrem Ursprunge zuerst Pikarditen, dann Adamiten, weil sie nackt gingen, und schließlich von ihrem Häuptlinge Nicolaus auch Nicolaiten. Man kann sie mit den von Amalrich von Bena und David von Dinanto Ende des 12. Jahrhunderts herstammenden Brüdern und Schwestern des freien Geistes und deren Abzweigungen, den Turlupinern und Luciferianern, die einem gleichen Libertinismus verfallen sind, zusammenstellen. Es war gut, daß sich Zizka beeilte, dieser frivolen

Secte ein Ende zu machen [42]) — womit die Barbarei, mit der er
gegen sie verfuhr, nicht gerechtfertigt werden soll —; man hätte in
der übrigen Christenheit ihre Schändlichkeiten dem gesammten Hussitismus zur Last gelegt, wie man im 16. Jahrhundert auf katholischer Seite bezüglich des Bauernkrieges und des Münster'schen
Anabaptismus mit ähnlichen Urtheilen bei der Hand war.

Durch ihr Auftreten wurden auch die Einigungsversuche
zwischen den zwei großen hussitischen Hauptpartheien beschleunigt
und gefördert. Gerade mit Rücksicht darauf wurde auf dem Tas-
lauer Landtage vom Juni 1421 der Beschluß gefaßt, zur Bekämpfung und Beseitigung dieser und anderer Unordnungen und
zur Feststellung einer allgemeinen nach Gottes Gesetz eingerichteten
kirchlichen Ordnung, der sich im Königreich Böhmen Alle zu unterwerfen hätten, eine Versammlung aller die vier Prager Artikel
anerkennenden Priestersenioren einzuberufen.

Diese Versammlung trat schon am 4. Juli 1421 im Karolinum
zu Prag zusammen und war sehr zahlreich besucht; der durch
Krankheit verhinderte Erzbischof Conrad hatte die Magister Procop
von Pilsen und Johann Přibram als seine Stellvertreter bezeichnet.
Man theilte die Geistlichkeit, nach Art der Nationen auf dem Constanzer Concil, in vier Sektionen, deren einer sich ein Jeder an-
zuschließen hatte, die Prager, die Königgrätzer, die Saazer und die
taboritische. Es zeigte sich aber bald, daß zwischen den Pragern,
d. h. der Universität und deren Anhang, und den Taboriten keine
Einigung zu erzielen war. Die Letzteren boten Alles auf, eine
allgemeine Reformirung der böhmischen Kirche, etwa im Sinne
dessen, was wir nun Protestantismus nennen, durchzusetzen, wobei
man freilich sowohl bezüglich der Sakraments- und Gottesdienst-
feier, als des gesammten kirchlichen Lebens und der Kirchengüter
insbesondere radikale Aenderungen vorzunehmen gehabt hätte. Die
Prager Magister und die Mehrzahl der Versammlung wollten
unter keiner Bedingung so weit gehen, und so entschied sich die

---

42) Ihre Vernichtung war eine fast vollständige; man findet später nur
noch ganz vereinzelte Spuren von ihr, s. Höfler, Geschichtschr. I, 455. 492
n. 515.

Mehrzahl für 23 von Přibram proponirte Artikel, in welchen lediglich die Prager Lehrmeinung, wiewohl in gemäßigter Form, ausgesprochen war. Man bekannte sich [43]) zu der heiligen Schrift alten und neuen Testaments, zu dem apostolischen, nicänischen und athanasianischen Glaubensbekenntniß und zu den Satzungen und Dekreten der alten Kirche; zur Aufrechterhaltung der kirchlichen Ordnung wurde ein Consistorium von vier Administratoren in der Altstadt Prag eingesetzt [44]); das mit jedem andern Sakramente, also auch mit der Kindertaufe, zu verbindende Abendmahl soll unter einer oder beiden Gestalten empfangen werden können; Bußdis- ciplin, letzte Oelung und Exorcismus soll verbleiben, wie bisher; die Kirchengüter dürfen von den weltlichen Herren nicht wegge- nommen, von letzteren auch die Kleriker nicht gegen ihre geistlichen Gerichte in Schutz genommen werden; der Gottesdienst soll ohne jede überflüssige Pracht gefeiert werden; insbesondre wird den Priestern eingeschärft, das Wort Gottes rein und lauter zu lehren, ein apostolisches Leben zu führen, fern von Unzucht, Trunkenheit und anderer Unordnung, sie sollen bei dem geistlichen Ornate, den kanonischen Horen und der Tonsur verbleiben und ihre Amtshand- lungen umsonst verrichten, dagegen freie Liebesgaben annehmen dürfen.

Nach dem Caslauer Landtagsbeschlusse hätten sich die Taboriten diesen Artikeln zu unterwerfen gehabt. Sie thaten es nicht, und wer konnte sie damals dazu zwingen und noch eine Reihe von Jahren hindurch, da sie mit ihren stets siegreichen Kriegsheeren übermächtigen Feinden gegenüber die alleinigen Retter des Huffi- tismus waren? Wäre Žižka, wären die Taboriten im Allgemeinen scharfblickender gewesen, als sie wirklich waren, so hätten sie ihre materiell so günstigen Verhältnisse dazu benützen müssen, ihren Ansichten mit Gewalt Geltung zu verschaffen, wie so mancher protestantische Fürst später im 16. Jahrhundert gethan hat. Daß

---

43) Höfler, Geschichtschr. I, 486 ff.

44) Man nannte es, zum Unterschied von dem „oberen" katholischen Con- sistorium auf dem Hradschin, das „untere" utraquistische; im Jahr 1509 kam es in das Stift Emmaus von Prag, s. Hist. persec. XIII, 2.

sie dies nicht thaten, daß Zizka, der dem auswärtigen Feinde
gegenüber einen so unerschütterlichen Heldenmuth besaß, sich nicht
dazu entschließen konnte, bis es zu spät war, auch dem nicht min=
der gefährlichen Feinde im Innern gegenüber mit Entschiedenheit
aufzutreten und, wenn es nicht anders ging, „Arche gegen Arche"
kämpfen zu lassen, das war sein großer, wenn auch verzeihlicher
Fehler, das war die Klippe, an der das hussitische Schiff geschei=
tert ist. Zu zwecklosen Disputationen die Hand bietend und in
der Meinung, die Gegner überzeugen und gewinnen zu können,
verloren sie, bei allem Kriegsruhm, den sie nach Außen hin ärn=
teten, im eigenen Lande ihren Einfluß immer mehr. Und der An=
fang dazu wurde schon im Jahr 1422 gemacht, indem ihnen durch
einen List= und Gewaltsstreich die Hauptstadt Prag unwiederbring=
lich verloren ging.

Dort hatte Zizka's Freund, der Demagog Johann von Selau,
seit lange zum großen Aerger wie des Adels, so der Universität
eine fast unumschränkte Herrschaft ausgeübt. Da nun der von
dem Caslauer Landtage für die böhmische Königswürde in Aus=
sicht genommene Fürst Sigmund Korybut von Polen dessen Ent=
fernung als Bedingung für die Uebernahme derselben gestellt hatte
und man diesen so überaus einflußreichen Mann in keiner Weise
zu beseitigen vermochte, so faßte die Adels= und Universitätsparthei
den Entschluß, durch einen Gewaltsstreich seiner sich zu entledigen.
Er wurde am 9. März 1422 zu einer Berathung auf das Alt=
städter Rathhaus geladen und, als er sich arglos dort einfand, ohne
Urtheil und Recht enthauptet. Seine Anhänger rächten die an
ihm verübte Blutthat, vermochten aber ihren früheren Einfluß
nicht wieder zu erlangen. Der Utraquismus hatte dem Taboriten=
thum in der Hauptstadt den Vorrang abgewonnen und behauptete
ihn dort nicht nur so lange Sigmund Korybut die Landesregent=
schaft führte (16. Mai 1422 bis 21. März 1423), sondern auch
für alle Folgezeit.

Sein Einfluß stieg aber auch im Lande draußen, indem sich,
besonders unter dem Adel, in immer weiteren Kreisen die Ansicht
verbreitete, daß Böhmen, wenn es trotz seiner Siege schließlich
nicht doch unterliegen solle, mit der übrigen Christenheit sich ver=

söhnen müsse und daß dies auf Grund der taboritischen Lehren und Grundsätze nimmermehr geschehen könne. Man wurde allmählig auch des anarchischen Zustandes müde, in welchem sich das Land nun schon seit dem Jahr 1416 befand und welchem, wie gesagt, auch Zizka nicht zu steuern vermochte. Zum früheren Katholicismus zurückkehren, das wollten die Wenigsten; für die gemäßigten Forderungen des Prager Utraquismus aber hoffte man, wie auf dem Basler Concil denn auch geschehen sollte, Anerkennung zu erlangen.

Im Jahr 1423 führten die beiden Partheien offenen Krieg mit einander, und schon drohte bei Konopischt eine Schlacht, als es einigen einflußreichen Personen gelang, zu vermitteln und eine friedliche Besprechung herbeizuführen. Die dabei gepflogenen Verhandlungen sind uns in aller Ausführlichkeit aufbewahrt [45]), und da sie für die genauere Kenntniß der unterscheidenden Lehren und Ansichten des Utraquismus und Taboritenthums von der größten Wichtigkeit sind, so wollen wir das Wichtigste derselben hier mittheilen. Die Hauptvertreter der Prager waren die Magister Přibram, Jacobell, Johann Kardinalis und der von da an, wie wir später hören werden, eine so ganz besonders hervorragende Rolle spielende Magister Johann von Rokycan; die der Taboriten: Nicolaus von Pelhřimov und der Engländer Mag. Peter Payne. Als unpartheiische Schiedsrichter waren bestellt, von jener Seite: Herr Holicky von Sternberg und Simon vom weißen Löwen in Prag; von dieser: Chwal von Machowic und Matthias Landa von Chlumcan.

In der Abendmahlsfeier und in den Kirchengebräuchen hatten sich die am meisten abweichenden Ansichten und Gewohnheiten gebildet. Bevor man aber darauf einging, machten die Taboriten darauf aufmerksam, der Grund, auf den sie sich stellten und von welchem aus sie alle strittigen Fragen erledigt wissen wollten, sei einzig und allein die heilige Schrift oder was durch den Herrn Jesum Christum, die Propheten und Apostel geoffenbart worden

---

45) Höfler, Geschichtschr. II, 576 ff.; vgl. Prochaska, Miscell., p. 267 sqq.

sei; die Aussprüche anderer heiliger Männer, der Kirchenlehrer, könnten sie nur dann annehmen, wenn sie mit den Worten Christi übereinstimmten oder deutlich in der heiligen Schrift begründet seien; sie würden lieber den Tod erleiden, als irgend Etwas sagen und behaupten, was dem Willen Christi und seiner ursprünglichen Kirche zuwider wäre. Auf diese ächt protestantische Forderung er- widerten die Prager Magister: an dem, was die Bibel lehre, ge- dächten auch sie, wie alle gläubigen Christen, festzuhalten; aber erstens nähmen sie als richtigen und irrthumslosen Text derselben die lateinische Uebersetzung des Hieronymus an, weil er wenigstens in Allem, was zum Glauben nothwendig sei, den Sinn der Schrift rein und fehlerfrei wiedergegeben habe; sodann hielten sie auch das für gewiß und zuverlässig, was in den von der Kirche aller Zeiten als ächt erkannten Schriften des Dionysius, Clemens, Origenes und Chrysostomus, sowie der vier großen Kirchenlehrer Augustinus, Hieronymus, Ambrosius und Gregorius gelehrt sei; und sie be- haupteten endlich, wenn die genannten Kirchenlehrer in irgend einem Glaubensartikel oder sonstigen Punkte eine übereinstimmende Lehrmeinung darböten, so sei es sicherer, nützlicher und gerathener, daran festzuhalten, als die neuen Erfindungen der Modernen an- zunehmen.

Man kann diesen Standpunkt mit dem Calixt'schen Consensus quinquesaecularis vergleichen. Die Taboriten entgegneten dar- auf — und ihre Antwort ist für ihren Standpunkt sehr bezeich- nend —, daß sie von der heiligen Schrift mit gleicher Verehrung redeten, wie sie, darüber freuten sie sich sehr, wiewohl schon hier die Unterscheidung zwischen kanonischen und apokryphischen Schriften von ihnen übersehen worden sei; was aber die andern Thesen be- treffe, so müßten sie zunächst daran erinnern, daß schon Nicolaus von Lyra darauf aufmerksam gemacht habe, so vortrefflich auch die Uebersetzung des Hieronymus sei, so habe er eben doch bei der Schwierigkeit und Zweideutigkeit vieler hebräischer Wörter nicht immer den richtigen Sinn getroffen, wie er auch selbst (im Pro- logus galeatus der Vorrede zu den BB. Samuel und der Könige) bekenne: „ich bin mir zwar nicht bewußt, am hebräischen Texte geändert zu haben; sollte aber Jemand Zweifel daran haben, so möge er die griechischen und lateinischen Handschriften durchlesen und mit meinem Werke vergleichen"; sie könnten die Uebersetzung des Hieronymus nur annehmen, soweit sie mit dem Urtexte wirklich übereinstimme. Noch viel weniger könnten sie dem über die Kirchenlehrer Gesagten beistimmen, man wisse ja nicht einmal, welche und wie viele Schriften ihnen zuzuschreiben seien; sie wollten z. B. nur an Origenes erinnern, dem bekanntlich viele Schriften fälschlich zugeschrieben würden; wie könne man sie also zum Maßstabe für die Beurtheilung theologischer Fragen nehmen? Gesetzt aber, man wollte sich nur an die Aussprüche der vier großen Kirchenlehrer halten, wäre nicht leicht möglich, daß sie, auch wo sie in irgend einer Lehre übereinstimmten, alle vier sich gemeinsam geirrt haben könnten? „Den heiligen Doctoren glauben wir nur, soweit sie selbst wollen, daß man ihnen glaube, nämlich soweit sie wahrhaftig in der Schrift begründet sind. Was die neuen Erfindungen der Modernen betrifft, so halten wir dafür, wenn Jemand heutzutage durch Offenbarung oder ernstliches Studium einen besseren Schriftsinn herausfindet, so muß ihm mehr als den Kirchenlehrern Glauben geschenkt werden; denn nach Daniel 12 ist noch Vieles bis auf die zuvor bestimmte Zeit versiegelt. Im Uebrigen glauben wir den Heiligen und ihren Büchern nur, soweit Gott in ihnen die Wahrheit spricht."

Die Verhandlung über diese Fragen nahm den ersten Tag in Anspruch und führte zu keinem Resultat. Am zweiten brachten die Taboriten die Feier der Messe zur Sprache und verlangten, sie müsse vereinfacht werden, das Volk werde durch die vielen damit verbundenen Ceremonien um die ihm so nöthige Predigt des göttlichen Wortes verkürzt (Matth. 15, 3), es komme dabei viel Unwahres und in der heiligen Schrift nicht Begründetes vor; es sei insbesondre eine Tollheit (nach 1 Cor. 14), daß man dem Volke Vieles in einer ihm fremden Sprache vorsage und vorsinge; dadurch werde die tägliche und fortlaufende Lesung des göttlichen Wortes, wie sie in der ersten Kirche stattgefunden habe (nach Luk. 12, 42 und Matth. 13, 52), verhindert; außerdem würden Witwen und Waisen durch die Menge der wider den Gebrauch der apostolischen Kirche eingeführten Messen ihres Vermögens beraubt, die Priester

zum Geiz verführt (wider 2 Kor. 11, 12—13) und das Volk
dazu verleitet, sich am bloßen Anblick des Sakramentes genügen
zu lassen und den Empfang des heiligen Leibes und Blutes gering
zu achten; auf erschreckende Weise werde dadurch der Aberglaube
befördert, indem man dem Zeichen des Kreuzes und andern
Ceremonien magische Wirkungen zuschreibe; dem sollte in der
Christenheit endlich gesteuert und insbesondre die erst durch
Papst Pelagius I. (a. 568) eingeführten Seelenmessen abbestellt
werden, da die heilige Schrift nichts von einem Fegfeuer
wisse und auch die apostolische Kirche an ein solches nicht ge=
glaubt habe.

Doch die Prager wollten dieses Alles nicht gelten lassen, und
da sie für ihre Behauptungen weder die Bibel, noch die doch von
ihnen .selbst als Schiedsrichter angenommenen Kirchenlehrer mit
Erfolg geltend zu machen vermochten, so verschanzten sie sich nach
langem Hin= und Herreden endlich hinter den von der katholischen
Kirche von jeher aufgestellten Satz, daß man den Befehlen und
Anordnungen auch der verderbten Kirche gehorchen müsse, wenn
dieselben nur vernünftig und dem Gesetze Gottes nicht geradezu
widersprechend seien, und das bei Strafe der ewigen Verdammniß.
Worauf die Taboriten darauf hinwiesen, daß in diesem Falle wohl
nur Wenige selig würden, da doch nur Wenige alle diese Gebote
der Kirche kenneten und hielten, und die nachfolgenden vier Pro=
testationen zu Protokoll gaben: 1) daß die Gottesdienst= und Meß=
ordnung der Prager weder mit der heiligen Schrift, noch mit den
Gebräuchen der apostolischen Kirche übereinstimme, vielmehr erst
viele Jahrhunderte später durch die römischen Bischöfe eingeführt
worden sei und den Gläubigen zu großem Schaden gereiche;
2) daß dieselbe deshalb in sehr vielen Punkten verbessert werden
müsse; 3) daß die Magister sich in einem Widerspruche befänden,
indem sie sich für ihre Gebräuche auf viele Kirchenlehrer beriefen,
deren Ansichten und Gebräuche sie im Uebrigen nicht annähmen,
noch anzunehmen vorhätten; 4) aus diesem Grunde fühlten sie sich
auch der für diese Konopischter Versammlung übernommenen Ver=
pflichtung entbunden, ihre Messe fernerhin im Ornate zu feiern,
da die Prager den von ihnen versprochenen Beweis nicht geliefert

hätten, daß sich ihre Kirchengebräuche auf das Gesetz Gottes und die Lehren der Kirchenväter gründeten.

In der nunmehr zur Verhandlung kommenden Abendmahls= frage ging es besser und man konnte sich zu folgenden Sätzen ver= einigen: 1) alle gläubigen Christen sollen glauben und bekennen, daß sowohl unter der Gestalt des Brodes als des Weines der ganze Herr Jesus Christus, wahrer Gott und Mensch, mit seinem eigenen Leibe und Blute in realer Gegenwart mit uns ist; 2) in dem sichtbaren Sakramente ist Christus nach seiner körperlich=natür= lichen Substanz, wie er sie von der Jungfrau Maria angenommen hat; 3) in der Eucharistie oder in der sichtbaren geweihten Hostie wohnt die Fülle der Gottheit leibhaftig; 4) die Substanz des Leibes Christi ist in dem Sakramente der Eucharistie als Körper und Substanz (in quantum corpus et substantia), doch nicht in räumlicher Ausdehnung (dimensive); 5) die Substanz des Leibes Christi ist nur als Substanz an und für sich (in quantum substantia est in se) zugegen; 6) sie ist es jedoch, wenngleich ohne räumliche Ausdehnung, substanziell und körperlich; 7) denn Christus, wahrer Gott und Mensch, ist nach seinem wahren natür= lichen und substanziellen Körper, mit dem er im Himmel wohnt, zugleich und das zu einer und derselben Zeit in jeder rechtmäßig geweihten Hostie an vielen verschiedenen Orten und in allen Com= munikanten gegenwärtig, wiewohl nicht in räumlich meßbarer Aus= dehnung (non extensive dimensive); 8) deshalb ist auch eben derselbe Christus, wahrer Gott und Mensch, welcher in jenem heiligen Sakramente geglaubt wird, ebendaselbst durch Kniebeugung und jede andere Christo gebührende Ehre anzubeten.

Im Allgemeinen aber hatte die Kanopischter Versammlung keine conciliatorschen Wirkungen von Belang. Die Feindseligkeiten wurden für einige Wochen eingestellt, von Žižka aber bald wieder eröffnet, als die Prager auf den Landtagen zu Kolin und Prag (September und October 1423) mit König Sigismund und der katholischen Parthei wegen einer Versöhnung mit der allgemeinen Kirche Unterhandlungen versuchten. Er sah darin Verrath an der heiligen Sache oder mindestens große Gefahren für dieselbe. Und man kann ihm darin in keiner Weise Unrecht geben. Es war eine große Täuschung, wenn die Prager die in den vier Prager Artikeln verlangten Reformen, auf welchen sie übrigens mit aller Entschiedenheit bestanden, auch ohne einen förmlichen Bruch mit der römischen Kirche erreichen zu können glaubten und sich deshalb in Lehre und Leben so wenig als möglich von ihr zu entfernen suchten. Ohne sich selbst aufzugeben und mit seiner ganzen Vergangenheit zu brechen, konnte Rom die vier Prager Forderungen nicht bewilligen, gleichviel ob man seine Sakramentenlehre, seine gottesdienstlichen Gebräuche und Anderes dieser Art beibehielt oder nicht. Das hatte Žižka's scharfblickendes Auge längst erkannt, und so war bei ihm auch die von den Pragern mit so großem Eifer verhandelte Frage über das Mehr oder Weniger von Reformen dahin entschieden: entweder Alles oder Nichts, entweder Rückkehr zu der Vergangenheit oder offener Bruch mit der gesammten Entwicklung der Kirche seit fast einem Jahrtausend. Nur Schade, daß es ihm, dem rauhen Kriegsmann, an der nöthigen geistlichen Ausrüstung und bei dem völlig zerrütteten politischen Zustande Böhmens und der Kürze seines Lebens an der ebenso nöthigen materiellen Macht fehlte, seine taboritischen und im Ganzen ächt protestantischen Reformen mit kräftiger Hand durchzuführen!

Den Pragern könnte man ihre vorsichtige und zurückhaltende Stellung verzeihen; sie hielten ja doch an der Hauptsache, den Prager Artikeln, unerschütterlich fest, besonders ihr damaliger Hauptsprecher Magister Johann von Rokycan; und sie hatten die Erfahrung noch nicht gemacht, die sich uns seitdem in unwiderleglicher Weise ergeben hat, nämlich daß Rom niemals und in gar keinem Punkte nachgibt; sie hofften immer noch, wenn sie nur selbst nicht zu weit gingen, die ganze Christenheit oder wenigstens größere Theile derselben auf ihre Seite bringen und den Bruch mit der allgemeinen abendländischen Kirche vermeiden zu können. Das Festhalten an diesem Gesichtspunkte werden wir nicht allzu sehr tadeln können; es hat auf dem eben dadurch zu Stande gekommenen Basler Concil auch seine guten Früchte getragen, und nicht nur für Böhmen, sondern auch für die ganze Christenheit.

Auf der andern Seite aber ist doch aufs tiefste zu beklagen, daß sich der Utraquismus durch seine conservativen und conciliatorischen Bestrebungen immer mehr auf eine rückläufige Bahn zum Katholicismus zurücktreiben ließ. Das Jahr 1424 liefert dafür einen merkwürdigen Beweis. In einer auf den St. Gallustag zu Prag abgehaltenen Disputation wagten es die Prager Magister, den taboritischen Priestern die nachfolgenden Sätze [46]) vorzulegen: 1) alle Christgläubigen müssen an den sieben Sakramenten der allgemeinen Kirche festhalten und sie für nothwendig zu dem Heile der Seelen erklären; 2) es ist zu glauben, daß in dem sichtbaren Sakramente der Eucharistie Christus, wahrer Gott und Mensch, nach seiner eigenen Natur und in derjenigen Existenzform anwesend ist, welche er von der Jungfrau Maria angenommen hat und mit der er nun zur Rechten des Vaters sitzt; 3) das Sakrament der Taufe soll nach dem Ritus der Kirche verwaltet werden, d. h. mit Exorcismus, Pathen, Salböl und dreifacher Besprengung mit ge= weihtem Wasser; 4) die Getauften müssen von ihrem Bischofe nach der Weise und Anordnung der alten Kirche mit dem Chrisma gefirmt werden; 5) auch an der Ohrenbeichte ist festzuhalten und sind den ihre Sünden Bekennenden nach dem Maße ihrer Schuld Werke der Genugthuung in Fasten, Almosen, Gebeten u. dergl. aufzuerlegen; 6) das Sakrament der Priesterweihe kann nur von dem Bischof verwaltet und nur durch dieses die Schlüsselgewalt der Kirche oder die Macht, zu lösen und zu binden, die Sakramente zu verwalten und die heiligen Gefäße zu berühren, erlangt werden; 7) bezüglich der Ehe sollen alle bisher gültigen kirchlichen (kano= nischen) Gesetze auch fernerhin in Geltung bleiben, ausgenommen so exorbitante Bestimmungen, wie daß eine ohne Zustimmung der Eltern eingegangene Ehe wieder zu trennen sei u. dergl.; 8) das Sakrament der letzten Oelung soll nach den Bestimmungen der katholischen Kirche den Kranken gereicht und dessen Verächter, wie die der anderen Sakramente, kirchlich gestraft werden; 9) treu und fest soll ein Jeder daran halten, daß die zehn Gebote Gottes und was sonst die Evangelien gebieten, nach ihrem Sinne und der ein=

---

46) Bei Höfler II, 589 ff. (Chron. Nic. de Pelhřimov) und Pro-chaska, Miscellan., p. 271—279 (wo die Zeit dieser Versammlung jedoch irriger Weise in das Jahr 1420 verlegt wird).

trächtigen Auslegung der Kirchenlehrer, vornehmlich nach der Uebung und Gewohnheit der Urkirche erfüllt werden müssen; 10) man soll darüber wachen, daß bei Todtschlagfällen nicht die einzelnen Bestimmungen des alttestamentlichen Gesetzes oder die Blutrache zur Anwendung komme; man soll auch nur Solche hinrichten, und das mit Milde und durch die rechtmäßige Obrigkeit, welche auf keine andere Weise gebessert werden können und bei welchen es nach dem neutestamentlichen Gesetze erlaubt ist; 11) Kriege sollen nur aus zwingender Noth und gerechter Ursache von der rechtmäßigen Obrigkeit geführt werden, auch ohne Grausamkeit, Rachsucht, Herrschbegier und Räuberei; 12) als heilige Regel soll gelten, daß alles Rauben, Zerstören und Veräußern heiliger, Gott geweihter Gegenstände, wie Verzierungen, Gewänder und heiliger Gefäße, Tempelschändung und Gottlosigkeit ist; 13) keinem Priester ist erlaubt, Jemanden, und wenn es ein Ungläubiger wäre, zu tödten oder zu bekriegen, Andere zum Kriege aufzureizen oder, wenn sie es thun, zu entschuldigen und zu vertheidigen; 14) die Messe soll nach dem in der Kirche hergebrachten Ritus und in den bisher üblichen Gewändern gefeiert werden, so doch daß aller Pomp, Luxus, Geiz und sonstige Unordnung dabei vermieden werde; 15) von den Heiligen, die in der triumphirenden Kirche sind, ist zu glauben, daß sie den noch in der streitenden Kirche Lebenden mit ihren täglichen Fürbitten und Liebesdiensten, ein Jeder nach seiner Fähigkeit, Beistand leisten, und können sie deshalb mit Fug und Recht von einem Jeden nach seinem Bedürfnisse angerufen und um Unterstützung gebeten werden, so doch daß die Verehrung des einigen Gottes dadurch nicht beeinträchtigt werde; 16) desgleichen ist zu glauben, daß es einen Ort des Fegfeuers gibt für alle abgeschiedenen Seelen, welche in diesem Leben noch nicht hinreichend genugthuende Werke für ihre Sünden gethan haben, und daß die durch das Band der Liebe und des Geistes mit Solchen verbundenen Gläubigen mit Gebeten, Fasten, Almosen und Opferungen für sie eintreten können, so doch daß alles simonistische und gewinnsüchtige Wesen dabei ausgeschlossen werde; 17) sorgfältig muß auch darauf geachtet werden, daß die evangelischen Priester und sonstigen Gläubigen das heilige Gesetz Mosis, der Propheten und Evangelien nicht nach ihrer eigenen Einsicht und Verstand lesen, auslegen und lehren, sondern nach demjenigen Sinne, welchen die heiligen Kirchenlehrer darin gefunden haben und welcher von der gesammten Kirche angenommen worden ist; 18) alle Priester und Gläubigen sind gehalten, um der Einheit und katholischen Gemeinschaft willen und zur Erhaltung des kirchlichen Friedens auch den wunderlichen Bischöfen und sonstigen Vorgesetzten in allem Erlaubten und Ehrbaren Gehorsam zu leisten (Matth. 23, 3), sie müßten denn im Glauben irren; 19) von der letzten Oelung ist insbesondre noch zu bemerken, daß auch sie nach Mark. 6, 13 und Jak. 5, 14 als eine von Christus und den Aposteln zum Heil der Seelen eingesetzte Ordnung und in Folge davon als ein wirksames Zeichen eines verheißenen Heiles oder als ein Sakrament anzusehen ist, wie dies auch der heilige Dionysius, des Apostel Paulus Zeitgenosse (!), Chrysostomus, Beda u. A., ja die ganze christliche Kirche seit vielen Jahrhunderten angenommen hat.

Wir fühlen uns durch diese Sätze in eine ganz katholische Luft versetzt, und wenn wir nicht wüßten, daß die Männer, die sie aufgestellt, zur Vertheidigung der vier Prager Artikel gerade ebenso, wie die Taboriten, Gut und Blut gewagt haben (und der Kampf drohte gerade damals wieder mit neuer Heftigkeit, da Papst Martin V. und die Kirchenversammlung von Pavia und Siena, 1423—1424, trotz der früheren Mißerfolge wiederum die ganze Christenheit zum Kampfe gegen die Böhmen aufforderte, Bannfluch auf Bannfluch über sie schleuderte und jeden Gläubigen mit den schwersten Strafen bedrohte, der nur den geringsten Verkehr mit ihnen pflegte), so müßten wir an ihnen irre werden. Zizka war darüber auch mit solchem Zorn erfüllt, daß er damals damit umging, die „heuchlerische und treulose" Stadt Prag, als das Haupthinderniß der Ausbreitung und Herrschaft des Gesetzes Gottes, dem Erdboden gleich zu machen. Er rückte mit seinen Schaaren schon bis Lieben, unweit Prag, vor, als ihn der beredte Johann von Rokycan mit einer Gesandtschaft der Prager und des Prinzen Korybut dazu vermochte, den bedrängten Mähren zu Hülfe zu ziehen; und schon nach vier Wochen mußte er dort (am 11. October 1424) vor der Burg Přibislau sein thatenreiches Leben an der Pest beschließen. Sein Leichnam wurde erst in Königgrätz und später in der Peter- und Pauls-Kirche zu Caslau beigesetzt.

Seine Anhänger trauerten, als ob ihnen Allen ihr Vater gestorben wäre, und nahmen deshalb den Beinamen der „Waisen" an, der sich, leider, bald in einen neuen Partheinamen verwandelte, da sie in Kurzem eine für die ganze Sache des Hussitismus verderbliche Mittelstellung zwischen den Pragern und den extremen Taboriten einnahmen. Von Zizka ist zu rühmen, daß er wie ein Pompejus Legionen aus dem Boden gestampft und durch das Beispiel seines Muthes aus einfachen, schlechtbewaffneten Bauersleuten die kriegsgeübtesten Soldaten Europa's gemacht hat, daß er durch eine neue, seinem schöpferischen Geiste entsprungene Kriegskunst (Taktik und Wagenburg), nicht nur einäugig, wie Hannibal und Sertorius, sondern zuletzt noch blind, in zahllosen Schlachten Sieger gewesen und niemals besiegt worden ist, daß er, wie ein Cato sittenstreng und unbestechlich, nie nach Reichthum, Herrschaft und Ruhm gestrebt, sondern stets nur ein „Bruder" hat sein wollen, wie jeder Andere in seinem Heere, und so arm gestorben ist, als er von Anfang gewesen war, daß er, von glühender Vaterlandsliebe beseelt, für die Freiheit und Selbstständigkeit der böhmischen und slawischen Nation jederzeit Alles zu opfern bereit war, weshalb ihn die Böhmen auch bis auf den heutigen Tag als einen Nationalhelden ersten Ranges preisen. Noch mehr ist von ihm zu rühmen, daß er bei aller Grausamkeit und Wildheit, wozu ihn sein puritanischer Eifer gegen jede Verachtung und Verletzung des göttlichen Gesetzes nach der Rohheit seiner Zeit bisweilen getrieben hat, wie Oliver Cromwell ein aufrichtig frommer Mann war, der sich nur vom Geiste Gottes treiben lassen und nach dem Worte der heiligen Schrift und den darin vorgeführten Vorbildern der Frömmigkeit, insbesondre den alttestamentlichen, leben wollte, und daß er, der allgemein als der Verfasser des so wunderbare Wirkungen hervorbringenden Kriegsliedes: „Ihr, die ihr Gottes Krieger seid" gilt, trotz seines kriegerischen Lebens auf die religiöse Unterweisung und die Belehrung seiner Leute so viel hielt, daß Aeneas Sylvius, der die Taboriten persönlich besucht und ihr Leben und Treiben genau studirt hat, sie als Liebhaber der Wissenschaften in großer

Zahl des Lateinischen kundig und selbst das von ihnen rühmen
konnte, man finde unter ihnen kaum ein geringes Weib, das des
neuen und alten Testamentes nicht kundig wäre.

Die vier Prager Artikel sind vielleicht unter seiner Mitwirkung,
jedenfalls mit seiner vollen Billigung verfaßt worden, und der
Durchführung der darin ausgesprochenen, ächt reformatorischen
Grundsätze hat er bis zu seinem Lebensende nicht nur seinen starken
Arm, sondern auch eine nicht zu unterschätzende geistige Kraft ge-
widmet. Er war kein Theologe, aber er wußte über jede theo-
logische Frage mitzureden und sie mit seinem Scharfsinn so zur Entscheidung zu bringen, daß seine Parthei von deren Wahrheit und
Richtigkeit überzeugt wurde; wobei ihm freilich auch in dem Bischof
Nicolaus von Pelhřimov, den Priestern Ambros, Markold, Procop
u. A. treue und geschickte Rathgeber zur Seite standen. So war
er nicht nur ein großer Heerführer, sondern in gewissem Sinne
auch ein Reformator und jedenfalls derjenige Mann, welcher die
von den Pragern immer und immer wieder versuchte Annäherung
an die katholische Kirche durch sein unerschütterliches Stehen zu dem
„Gesetze Gottes in der heiligen Schrift" am meisten verhindert hat.

Ganz allgemein wurde deshalb von katholischer Seite die Hoffnung gehegt, daß mit seinem Tode das Haupthinderniß der
Wiedervereinigung der Böhmen mit der allgemeinen Kirche hin-
weggeräumt sei. In wie weit diese Hoffnung berechtigt war, wie
sich die Verhältnisse der Hussiten von da an überhaupt gestaltet
haben, werden wir im nächsten Abschnitte sehen.

III.

Der Kampf zwischen dem Utraquismus und Taboritismus.
1424—1431.

In der ersten Zeit schien der Tod Zizka's heilsame Früchte
für Böhmen tragen zu wollen. Da derjenige gestorben war,
welcher bisher in allen drohenden Lagen der Retter in der Noth
und der Beschützer des Vaterlandes gewesen war, die drohende
Haltung Sigismunds, des Papstes, des deutschen Reiches und der
gesammten Christenheit aber sich nicht verändert hatte, so sahen
alle Partheien viel lebhafter als zuvor die zwingende Nothwendig=
keit ein, sich in Einigkeit zusammenzuschließen, wenn ihre Sache
nicht über kurz oder lang den mächtigen Angriffen ihrer Gegner
unterliegen sollte. Insbesondre erkannten dies die Prager und
Prinz Korybut, und da sie zugleich den Gedanken hegen mochten,
daß sie jetzt die durch Zizka ihnen so lange streitig gemachte Ober=
herrschaft über ganz Böhmen bei dem Mangel an einheitlicher
Oberleitung der Taboriten auf leichte Weise erringen könnten, so
veranlaßten sie eine Reihe von Landtagen und Zusammenkünften,
in welchen sie eine politische und religiöse Einigung aufs lebhaf=
teste anstrebten. Und es gelang ihnen im Spätjahr 1425 sowohl
mit der taboritischen, als der katholischen Parthei vorübergehend
Frieden zu schließen; dabei verstanden sich die Katholischen dazu,
auf ihren Besitzungen den vier Prager Artikeln vollkommene Frei=
heit zu gewähren. Daß die Taboriten sich damals in die zwei

Partheien der Waisen und eigentlichen Taboriten spalteten, hatte
vorläufig noch keinen besondern Einfluß auf den Gang der Ereignisse, da sie, obwohl sie sich in die ihnen zugehörigen Städte und
festen Plätze getheilt hatten, bei allen kriegerischen Unternehmungen
gegen ihre gemeinsamen Feinde treu zusammenhielten und in ihrem
Glaubensbekenntnisse nicht wesentlich verschieden waren.

Im Januar 1426 fand auf dem Prager Schlosse unter dem
Vorsitze des Prinzen Korybut ein von allen Partheien sehr zahlreich besuchter Landtag statt, auf welchem ähnliche Friedensbeschlüsse
gefaßt und unter Anderem auch zwischen dem inzwischen von dem
Papst Martin V. gebannten Erzbischof Conrad und der utraquistischen Geistlichkeit die Vereinbarung getroffen wurde, daß sie ihm
Gehorsam leisten, er aber die vier Prager Artikel treulich wahren
und schützen sollte. Zu einer dauernden Einigung auf solider
Grundlage kam es freilich nicht; doch ruhten die Fehden zwischen
den einzelnen Partheien und konnte die Prager und taboritische
Kriegsmacht, wo es Noth that, gegen die auswärtigen Feinde verwendet werden. Und zu Letzterem gab es noch im gleichen Jahre
Veranlassung genug, da die Sachsen im Juni mit einem Heere
von etwa 70,000 Mann zum Entsatz der von den Hussiten belagerten Stadt Aussig heranrückten. Obwohl ihnen die Böhmen
nur etwa 25,000 Mann entgegenstellten, erfochten sie dennoch
unter der Oberleitung des hier seinen ersten großen Kriegsruhm
ärntenden Priesters Procop (holý, der Kahle, später veliký, der
Große, genannt) einen so glänzenden Sieg, daß an 15,000
Deutsche dabei umgekommen sein sollen.

Aber eben dieser Sieg legte den ersten Grund zu der bald
unversöhnlich werdenden Zwietracht zwischen den Taboriten und
Pragern. Procop verlangte, daß man, um dem Feinde keine Zeit
zur Erholung zu lassen, den Krieg ohne Verzug in die feindlichen
Länder hinübertragen solle — vom militärischen Standpunkte gewiß ein höchst kluger Rath —; dem widersetzten sich jedoch die
Prager, besonders Prinz Korybut und die Herren von Poděbrad
auf's äußerste. Da kein Theil nachgeben wollte, so kam es dahin,
daß sich Procop in heftigem Zorne von den Pragern trennte und
in Allem je länger je mehr ganz nach seinem eigenen Kopfe handelte.

Sein Mißtrauen und seine Abneigung gegen die Prager fand bald darauf noch neue Nahrung. In Prag hatte sich damals der schon mehrgenannte Magister Johannes Přibram vermöge seiner Gelehrsamkeit und Beredsamkeit das größte Ansehen zu verschaffen gewußt. Auf seiner Seite standen Männer, wie die Magister Christann von Prachatic, Procop von Pilsen und Peter von Mladenowic; ihm war Prinz Korybut und viele vom Adel zugethan; er scheint mit dem Erzbischof Conrad in besonders gutem Einvernehmen gestanden zu haben. Hatte dieser Mann nun schon längst der gemäßigten Parthei angehört und bei jeder Gelegenheit den taboritischen Lehrmeinungen sich entgegengestellt, so ging er darin jetzt so weit, daß er sogar das bei allen Hussiten bisher stets in höchsten Ehren gehaltene Andenken Wycliffe's anzutasten und öffentlich eine Reihe Sätze desselben für irrthümlich, Aergerniß erregend und ketzerisch zu erklären wagte. Ob er dies aus innerer Ueberzeugung gethan und im Ernste geglaubt hat, daß er mit dem Preisgeben der radikaleren wycliffitischen und taboritischen Grundsätze der hussitischen Reformationsbewegung nicht hindernd in den Weg treten werde, oder ob er wirklich mit Prinz Korybut und seinen Anhängern, wie seine Gegner behaupteten, die Hussiten an die katholische Kirche und den Papst verrathen wollte, um sich bei einem Umschwunge der Verhältnisse für seine Person sicher zu stellen und Lohn zu erwerben, ist wohl nicht mehr zu entscheiden. Thatsache aber ist, daß auf einer unter seinem Einflusse stehenden Synode der utraquistischen Geistlichkeit im Juni 1426 Sätze aufgestellt wurden, welche den Forderungen Hussens schnurstracks zuwiderliefen [47]).

Man hielt zwar immer noch daran fest, daß dem Volke das Wort der heiligen Schrift treu und eifrig gepredigt, das heilige Abendmahl unter beiden Gestalten ausgetheilt, die Priester von weltlicher Gewalt und Herrschaft abgehalten und die öffentlichen Sünden mit Ernst gestraft werden sollten, wie in den vier Prager Artikeln bestimmt worden war. Aber man scheute sich nicht, die sieben Sakramente für zum Heil der Kirche nothwendig und un-

---

47) Sie finden sich bei Prochaska, Miscellan., p. 315—324.

entbehrlich zu erklären, desgleichen die Verehrung der Heiligen und
die Lehre vom Fegfeuer, die Eucharistie im specifisch-katholischen
Sinne aufzufassen, den Ritus bei der Messe und der Feier der
Sakramente nach katholischer Art und Weise festzusetzen, Fasten,
Gebete und andere Ceremonien im Einklange mit der Praxis der
allgemeinen Kirche anzuordnen und, was besonders wichtig ist, die
Auslegung der heiligen Schrift ganz von den in der Kirche aner=
kannten Kirchenlehrern abhängig zu machen. „Wir glauben", sagen
sie da, „und wollen von Allen geglaubt wissen, was das apostolische,
nicänische und athanasianische Symbol sammt allen andern in der
ältesten Kirche angenommenen Symbolen lehren, außerdem alle
heiligen, vernünftigen und katholischen Dekrete und Statuten der
Apostel und ältesten Kirche, die wir als die Mutter und Lehrerin
des katholischen Glaubens ehren und von welcher auszuscheiden wir
für Unrecht halten." „Wir wollen und beschließen auch, daß die
Priester und Gläubigen das göttliche Gesetz, und zwar Mosis und
der Propheten, wie auch der Evangelien, nicht nach ihrer eigenen
Einsicht und Erkenntniß lesen, auslegen und Andern lehren, son=
dern nach demjenigen Sinne, welchen die heiligen, von der allge=
meinen Kirche angenommenen Kirchenlehrer darin gefunden haben."
Man hört sogar über Diejenigen, welche dies nicht thun oder sonst
von ihrem Bekenntnisse abweichen wollen, das Anathema aus=
sprechen.

Auf den Weihnachtstag desselben Jahres wurde sodann, da
diese Ansichten nicht von allen Magistern getheilt wurden, in Gegen=
wart des Prinzen Korybut und einer großen Zuhörerschaft eine
öffentliche Disputation abgehalten, bei welcher sich der Engländer
Magister Peter Payne, Jacobell von Mies und Johann von Ro=
kycan des so hart beschuldigten Wycliffe mit aller Energie annahmen,
der Magister Johann Přibram aber seine Anklagen auf Ketzereien
desselben aufrecht erhielt.

Und es scheint, daß sich Prinz Korybut ganz und gar auf
die Seite des Letzteren geschlagen hat und sogar der Meinung
wurde, es werde ihm in Verbindung mit Přibram und seinen An=
hängern ein Leichtes sein, zunächst die Utraquisten, und dann mit
der Zeit auch die Taboriten, in den Schoß der allgemeinen Kirche

zurückzuführen. Er ordnete insgeheim eine Gesandtschaft an Papst Martin V. ab, um mit ihm deshalb Unterhandlungen anzuknüpfen. Das Geheimniß wurde jedoch verrathen und der Prinz sammt den ihm anhangenden Magistern (Christann von Prachatic, Johann von Přibram, Procop von Pilsen und Peter von Mladenowic) gefangen genommen und der Stadt verwiesen, Ersterer um nicht wieder dahin zurückzukehren; den Letzteren wurde die Rückkehr bald wieder bewilligt. Denn noch war man in Prag damals nicht so weit schon in der retrograden Bewegung gegangen, daß man sich der katholischen Kirche auf Gnade und Ungnade wieder zu ergeben Lust gehabt hätte; die Parthei jedoch, welche am Gründonnerstage, den 17. April, 1426 die Přibram'sche Parthei zu verdrängen das Glück hatte, war in ihrer Gesinnung viel weniger von ihr entfernt, als es damals den Anschein haben mochte, so daß jene ganze antikatholische Bewegung schließlich dennoch nur zu einer größeren und schärferen Trennung von den Taboriten führte.

An ihrer Spitze stand nämlich ein Mann, dessen Namen wir zwar schon einige Male genannt haben, der aber bisher, so groß auch sein Einfluß für die Zukunft werden sollte, mehr eine untergeordnete Rolle gespielt hatte, der Magister und Prediger an der Teyn Johann von Rokycan. Er war es, der beim Frühgottesdienst am Gründonnerstag den Verrath Korybuts offen in der Predigt aufdeckte und die dessen Sturz herbeiführende Revolution hervorrief. Wir müssen von ihm etwas Näheres mittheilen, da fast alle nun folgenden Ereignisse mit seinem Namen aufs innigste verflochten sind und ihr Gang als ein hauptsächlich von ihm geleiteter erscheint [48]).

Von armen Eltern aus dem Flecken Rokycan bei Pilsen abstammend und ohne daß sein Geburtsjahr bekannt wäre, konnte er, wie einst Hus, seine Studien nur durch die Unterstützung von Gönnern und Freunden machen. Da er sich jedoch schon frühe durch einen gelehrigen und aufgeweckten Geist auszeichnete, so wurde er in dem königlichen Collegium zu Prag unentgeldlich aufge-

---

48) Vgl. über ihn Joh. Oswaldi Dissert. inangur. de Joh. Rokycana, Altdorf 1718.

nommen und als eifriger Schüler Jacobell's ums Jahr 1418 mit dem Magistertitel beehrt. Ob er hierauf sogleich in ein geist= liches Amt eingetreten, ist nicht bekannt; man weiß nur, daß er zuerst bei St. Stephan in der Neustadt geistliche Functionen ver= richtete und im Jahr 1424 wegen seiner ausgezeichneten Redner= gabe trotz seiner Jugend der Gesandtschaft beigegeben wurde, welche den über den Prager Utraquismus erbitterten Zizka von einem Angriffe gegen die Stadt abhalten sollte und dieses Ziel auch glücklich erreichte. Im Jahr 1425 wird er sodann als Pfarrer der ersten und ältesten Kirche Prags, derjenigen an der Teyn (ad laetam Curiam) erwähnt, und als solcher erlangte er bald so ungeheuern Einfluß, daß man ihm schon im Jahr 1427 das Ephorat über alle Prager Pfarreien übertrug, daß er dann, wie wir später hören werden, zum Basler Concil abgesandt und im Jahr 1436 sogar zum Erzbischof von Prag erwählt wurde, welche Wahl bekanntlich zu langjährigen Kämpfen Anlaß gab.

Dies ist der äußere Gang seines Lebens. Auf seinem Grab= steine in der Teynkirche (er starb den 22. Februar 1471) waren einst die Worte eingegraben:

„Hic calicis celebris tutor, praesulque Pragensis,
Nobilis occubuit Johannes Rokycanensis
Supremum semper speravit is in Dominum, sed,
Hic placuit multis, placeat tibi rector Olympi.‟

In diesen Worten ist seine Gesinnung und Thätigkeit nach ihrer guten und schlechten Seite treffend gezeichnet. Er war, dies ist nicht zu läugnen, ein eifriger Hussite und hat sich als solchen, wie wir noch hören werden, unerschütterlich auch unter den größten Gefahren und Bedrohungen durch sein ganzes Leben hindurch be= wiesen. Auch die glänzendsten Versprechungen, die ihm von allen Seiten gemacht worden sind, haben ihn davon nicht abzubringen vermocht. Höfler[49]) theilt Bruchstücke und Auszüge aus seinen

---

49) Höfler, Geschichtschr. II, 836 ff. (aus einem Codex der erzbischöflichen Bibliothek zu Prag); doch ist das erste dort mitgetheilte Bruchstück nicht von Rohy= can, f. Palacky, Die Geschichte des Hussitenthums und Prof. C. Höfler (Prag 1868), S. 11.

mit so großem Beifalle aufgenommenen Predigten mit, aus welchen
wir ersehen, daß er die wesentlichen Grundzüge der hussitischen
Lehre nicht nur im Feuer jugendlicher Begeisterung aufgenommen,
weiter verbreitet und mit allen Mitteln einer gründlichen Gelehrsamkeit und glänzenden Beredsamkeit vertheidigt hat, sondern daß
er dies auch noch im Alter mit einer gleichen Ueberzeugungstreue
gethan, daß die oppositionelle Stellung gegen die römische Kirche
überhaupt bei ihm in Fleisch und Blut übergegangen ist. Er er-
greift jede Gelegenheit, gegen die römische Kirche mit ihren der
evangelischen Wahrheit zuwiderlaufenden Lehren und mit ihrer
tyrannischen Verfolgung aller wahrhaft Gläubigen zu Felde zu
ziehen und, wie Hus, die unsichtbare Gemeinde der Auserwählten
allein als die wahre allgemeine Kirche zu bezeichnen. Er wird
nicht müde, gerade den von dem Constanzer Concil verdammten
Hus in Lehre und Leben dem Volke als das Vorbild eines ächten
Glaubensmannes vorzuhalten. Mit unerbittlicher Schärfe polemi-
sirt er gegen die Sittenverderbniß des damaligen Klerus, wie sie
aus ihrer hierarchischen Machtfülle und aus ihrer weltlichen Herrschaft hervorgegangen war. Aufs eifrigste weist er immer, den
menschlichen Satzungen und Geboten der Päpste, Bischöfe und
Kirchenlehrer gegenüber, auf die heilige Schrift, als den einzig
rechten Schlüssel zur Erkenntniß des Gesetzes Gottes, hin. Mit
der größten Energie kämpft er insbesondre für die Hus'sche Lehre
vom Abendmahl und für den Laienkelch, in dem er eine unver-
brüchliche Institution Jesu Christi sieht, von welcher die Kirche
nimmermehr abgehen darf.

In allem diesem werden wir in das ihm von seinen Zeitgenossen in so hohem Grade gespendete Lob einstimmen dürfen und
begreifen können, warum die Katholiken auf ihn so besonders erbittert waren [50]). Auf der andern Seite müssen wir jedoch tadelnd

---

50) In einem Gedichte von den Urhebern des böhmischen Schisma's (bei
Höfler, Geschichtschr. I, 560) heißt es von ihm (v. J. 1457):

Horum jam novissimus
Rokycana pessimus
Panista scelestissimus
Ribaldus astutissimus
Hacresim defendit.

hervorheben, daß er sich, was seine theologischen Ansichten betrifft, über die doch immerhin eng gezogenen Schranken der vier Prager Artikel auch nicht einen Schritt breit hinausgewagt und, das Wesen einer reformatorisch fortschreitenden Bewegung gänzlich verkennend, sich zuerst den diesen Schritt wagenden und die Consequenzen jener Artikel ziehenden Taboriten und später den böhmischen und mährischen Brüdern mit derselben Heftigkeit, ja Tyrannei und Grausamkeit, wie der katholischen Kirche entgegengestellt hat. Wir werden in dem Nachfolgenden die Beweise dafür in manchfaltiger Weise beizubringen Gelegenheit finden. Er hat der hussitischen Sache dadurch unendlich und mehr als alle Auswüchse und Extravaganzen, die sich ihr angehängt, mehr auch als alle Rohheiten und Barbarismen, die in ihr zu Tag getreten, geschadet; denn eine jede Bewegung, die nicht vorwärts schreitet, muß, besonders auf religiösem Gebiete, rückwärts gehen, wie stagnirendes Wasser in Fäulniß versumpft. Noch tadelnswerther erscheint diese seine Stellung, wenn wir die Motive erwägen, die ihn dazu gebracht und die ihn darin geleitet haben. Placuit multis! Wir wollen zwar nicht annehmen, daß ihn Eitelkeit, Gefallsucht und Haschen nach Volksgunst dem Hussitismus überhaupt in die Arme getrieben hat. Aber nachdem er in demselben einmal durch seine Kanzelberedsamkeit eine hervorragende Stellung eingenommen hatte, so geht aus seinen Handlungen vor der Zeit des Basler Concils unverkennbar hervor, daß er, von einem ungemessenen Ehrgeiz getrieben, sein ganzes Bestreben dahin richtete, die erste geistliche Stellung in Böhmen zu erringen. Er wollte dieselbe aber nicht in der bescheidenen Weise, wie sie ein Taboritenbischof haben konnte, welcher trotz einer Superintendentur über die übrigen Geistlichen dennoch nicht aus der Reihe der „Brüder" heraustrat (wie sich ja auch Zizka stets nur als ein einfacher „Bruder" angesehen wissen wollte), sondern er wollte sie, wenn auch ohne weltliche Macht und Herrschaft, so doch mit der geistlichen Gewalt und Machtbefugniß, wie sie nach dem katholischen, von den Utraquisten nicht geradezu verworfenen Systeme einem Erzbischofe eingeräumt wurde. Darum wollte er von Anfang an von den Taboriten nichts wissen, darum bot er je länger je mehr (und, wie wir wissen, bald mit Erfolg)

allen seinen Einfluß auf, ihre Machtstellung in Böhmen zu unter=
graben und zu zerstören. Darum steifte er sich mit so großer
Entschiedenheit auf die von allen Hussiten angenommenen vier
Prager Artikel und wollte keinen Finger breit von ihnen abge=
wichen wissen; sie traten ja, nach der Auffassung, die er ihnen
gab, seinen persönlichen hierarchischen Tendenzen nicht hindernd ent=
gegen. Er mochte, als scharfblickender Geist, auch so viel Be=
rechnungsgabe besitzen, daß das Feuer, das im Taboritismus
in so übermäßiger Weise aufgeflammt war, in Bälde wieder er=
löschen werde.

In der Zeit endlich nach dem Basler Concil sehen wir ihn
die am meisten tadelnswerthe Stellung einnehmen. Er reizte die
utraquistische Kriegsmacht geradezu zur gewaltthätigen Unterbrückung
des Taboritenthums auf, und nachdem ihm dies durch die furcht=
bare Schlacht bei Lipan (im Jahr 1434) gelungen war, so geht
sein ganzes Streben dahin, den Utraquismus, wenn auch auf Grund
der bekannten Basler Compactaten, wieder in den Schoß der
katholischen Kirche zurückzuführen und seine gesammten kirchlichen
Einrichtungen, mit Ausnahme der in den vier Prager Artikeln be=
stimmten Punkte, denjenigen der gesammten katholischen Kirche mög=
lichst conform zu machen. Man könnte diesem seinem letzteren Be=
streben, das ihn bis an sein Lebensende erfüllt hat, noch eine
weniger tadelnswerthe Seite abgewinnen und dasselbe auf Rechnung
einer in jener Zeit begreiflichen Ueberzeugung schreiben, daß eine
von dem Verbande der allgemeinen Kirche losgelöste Kirchengemein=
schaft für sich allein sich keine dauernd blühende Existenz erringen
könne. Diese Auffassung wird jedoch durch Zweierlei unmöglich
gemacht — und durch Beides werden auf seinen Charakter gleich
tiefe Schatten geworfen —, nämlich dadurch, daß er bei seinen
Unionsversuchen mit der katholischen Kirche immer und überall die
Bestätigung seiner erzbischöflichen Würde als Grundbedingung auf=
gestellt, und daß er, nicht zufrieden damit, die politische Macht=
stellung der Taboriten vernichtet zu haben, auch noch die aus ihnen
hervorgegangenen, nach der reinen Lehre des Evangeliums ein
stilles und friedliches Leben führenden „Brüder" mit Feuer und
Schwert zu vertilgen gesucht hat.

Aus diesem Allem geht hervor, daß wir es bei Johannes Rokycana keineswegs mit einem aufrichtigen, ehrlichen, von der Liebe zu Christo und seinem Worte getriebenen Charakter zu thun haben, sondern mit einem ehrgeizigen und herrschsüchtigen Manne, welcher die hussitische Bewegung zu privaten Zwecken gemißbraucht und ihr dadurch einen nahezu tödtlichen Stoß versetzt hat. Wir werden dies im Nachfolgenden nachzuweisen haben.

Im Jahr 1427 nun, bei dessen Ereignissen wir stehen geblieben sind, hätte Rokycan durch sein entschiedenes Auftreten gegen die katholisirende Richtung Přibram's und durch die Präponderanz, die er sich eben dadurch errang, die ganze hussitische Bewegung in die Bahn eines gemäßigten und besonnenen Fortschrittes auf solider Grundlage einlenken können, wenn er es sich hätte angelegen sein lassen, mit den Taboriten in ein gutes Einvernehmen zu treten und ihren Ansichten, soweit sie es vom evangelischen Standpunkte aus verdienten, gerecht zu werden. Denn alle Partheien waren damals des langen, Land und Volk ruinirenden Haderns und Kämpfens müde und sehnten sich aufrichtig nach Versöhnlichkeit und Ruhe. Und er hätte bei einem solchen versöhnlichen Entgegenkommen sicherlich auch für seine eigene Person nur gewinnen können, wenngleich nicht ein Erzbisthum, wie er es sich wünschte, so doch eine oberhirtliche Stellung über die böhmische Kirche, wie sie seinem durch Gelehrsamkeit, Beredsamkeit und Scharfsinn hervorragenden Geiste gebührte. Er that es nicht und ließ sich durch sein exclusives Festhalten an den specifisch utraquistischen Grundsätzen zu einer allmählig in offene Bitterkeit und Feindschaft übergehenden oppositionellen Stellung gegen das Taboritenthum hintreiben. Nachdem Prinz Korybut und die mit Přibram verbundenen Magister Christann von Prachatic, Procop von Pilsen und Peter von Mladenowic vertrieben worden waren, wurde unter seiner und Jacobell's Leitung eine Versammlung abgehalten, bei welcher auf die taboritischen Lehren und Kirchenordnungen nicht nur keine Rücksicht genommen, sondern das utraquistische Glaubensbekenntniß in offenem Gegensatze zu jenen aufgestellt wurde. In der Lehre vom heiligen Abendmahle wurde dabei Folgendes festgesetzt: „In dem sichtbaren Altarssakramente, das Christus selbst, seine Apostel und andere Heilige in Wahrheit Brod nennen, ist auf wunderbare, vor den Augen unseres Sinnes und Verstandes verborgene Weise der wahre Leib unseres Herrn Jesu Christi, so empfangen ist von Maria, der Jungfrau, gestorben am Kreuze, auferstanden von den Todten und sitzet zur Rechten Gottes, des allmächtigen Vaters." Alle näheren Erklärungen und Auslegungen wurden für unnütz und unstatthaft erklärt.

Die Artikel dieses Bekenntnisses wurden in Prag, wie es hieß, zur Bewahrung der Eintracht und Ruhe Böhmens bekannt gemacht. Sie erreichten diesen Zweck nur vorübergehend und für kurze Zeit. Procop der Große, dessen Ansehen seit der Schlacht von Aussig aufs höchste gestiegen war, verbarg das Mißfallen, das er daran hatte, unter großartigen kriegerischen Unternehmungen, die er zu jener Zeit ins Werk setzte und die ihn bald zum Schrecken von ganz Europa machten. Er mag dieselben, seine kühnen Einfälle, Kriegs- und Raubzüge ins Oestreichische, Schlesische, Ungrische, Fränkische, Sächsische und bis an die Ufer der Nordsee wohl in erster Linie aus Rache für die vielen Unbilden unternommen haben, welche die Böhmen seit Jahren durch die großen Kreuzzüge, wie durch den in letzter Zeit gegen sie eröffneten sog. täglichen Krieg zu erleiden hatten; zugleich auch aus strategischen Gründen, um den Feind durch die Offensive in größeren Schrecken zu setzen und für seine Kriegsschaaren Beschäftigung zu haben. Es ist aber unverkennbar, er hat diese Kriegszüge auch mit dem Gedanken unternommen, der taboritischen Sache durch ihren im Kampfe mit dem Auslande errungenen Kriegsruhm das auf anderem Wege nicht zu erreichende Uebergewicht in Böhmen zu verschaffen. Procop mußte, daß seine und seiner Taboriten streng puritanische Grundsätze der Mehrzahl des böhmischen Adels und der Geistlichkeit, wie auch der Universität und Stadt Prag keineswegs genehm waren; sie konnten sich nur unter dem Eindrucke solcher Ereignisse Bahn brechen, wie sie einst unter Zizka geschehen waren. Darum schwieg er vorderhand zu den Rokycan'schen sog. Eintrachtsartikeln, so wenig er auch damit einverstanden war; aber er ließ es, so lange diese kriegerischen Unternehmungen dauerten, zu keinen ernstlichen Versöhnungsverhandlungen kommen. Als im

Sommer 1427 das vierte große Kreuzheer den böhmischen Grenzen
sich näherte, schloß er mit den Pragern einen politischen Freund=
schaftsbund, und sein ganzes Kriegsheer wurde sogar vom 15. bis 17.
Juli in der friedlichsten Weise in Prag einquartiert, um wenige
Tage später, mit den Pragern im Verein, das Kreuzheer bei Mies
und Tachau in die Flucht zu schlagen. Er verweilte nach diesem
Siege im September nochmals in Prag und half der utraquistisch=
rokycan'schen Parthei einen von den römisch gesinnten Anhängern
des Prinzen Korybut versuchten Aufstand unterdrücken. Und bei
jener Gelegenheit wurde auch auf den 29. December 1427 die
Abhaltung einer Disputation zwischen den utraquistischen und tabo=
ritischen Theologen verabredet. Diese hatte jedoch, so wenig als
die früheren, ein friedliches und versöhnendes Resultat; man
schied im Gegentheil in schlechterer Freundschaft von einander, als
man zusammengekommen war. So wenig sich Rokycan und
Peter Payne, der damals noch zu ihm hielt, mit den Römischen
vertragen mochten, so wenig konnten sie sich mit den Taboriten
vereinigen.

Nicht ebenso war es noch längere Zeit hindurch bei ihren
beiderseitigen Kriegsheeren. Diese machten ihre verheerenden Ein=
fälle in die benachbarten Länder meist gemeinschaftlich und meist
unter der Oberleitung Procop's. Ebenso wurden auch die poli=
tischen Verhandlungen mit dem Auslande von den Häuptern der
beiderseitigen Partheien gemeinschaftlich gepflogen. Eine sehr wich=
tige und folgenreiche dieser Art fand im Frühjahr 1429 zu Preß=
burg statt, indem Herr Mainhard von Neuhaus, einer der mäch=
tigsten und angesehensten Adeligen Böhmens zu jener Zeit, den
König Sigismund dazu vermochte, die Hauptvertreter der verschie=
denen hussitischen Partheien (Priester Procop, Mag. P. Payne,
einige Adelige und vornehme Prager Bürger) zu einer friedlichen
Unterhandlung zu sich einzuladen. Diese hatte zwar kein entschie=
denes Resultat, schon deshalb, weil die anwesenden Böhmen keine
förmliche Vollmacht von einem dazu berufenen Landtag hatten,
noch mehr, weil Sigismund durchaus verlangte, die Böhmen sollten
zu dem Glauben der allgemeinen Kirche zurückkehren oder sich
wenigstens dem Urtheilsspruche eines demnächst einzuberufenden

6*

allgemeinen Conciles unterwerfen, die Böhmen aber dieses Letztere
ebenso entschieden verwarfen, nur die heilige Schrift als den wahr=
haft unpartheiischen Richter in Glaubensjachen anerkennen wollten
und Sigismund sogar offen aufforderten, er solle sich mit ihnen
im Glauben einigen, dann würden sie seine getreusten Unterthanen
sein. (Worauf Sigismund in Zorn gerieth und bei Gott und
allen Heiligen schwur, er wolle lieber sterben, als im Glauben
irre gehen). Die Preßburger Unterhandlungen hatten jedoch in
doppelter Weise Folgen der wichtigsten Art.

Einerseits wurde Sigismund dadurch veranlaßt, nunmehr mit
aller Kraft und Macht auf die vom Papste durch allerlei Machi=
nationen hintertriebene Einberufung eines Conciles zu dringen.
Andererseits wurden die Böhmen genöthigt, da sie zu einem unpar=
theiischen Concile sich einzufinden versprochen hatten, ihre Forde=
rungen genauer und bestimmter zu fixiren, für den Fall, daß ein
solches wirklich zu Stande käme. Die verschiedenen Partheien
mußten also zusammentreten, um sich über ihr Auftreten auf dem
eventuellen Concile zu verständigen.

Sie thaten es. Aber eben da zeigte sich mehr als je, daß
zwischen den beiden Partheien der Taboriten und Utraquisten eine
Kluft vorhanden war, die nothdürftig und zu vorübergehendem Ge=
brauche überbrückt, niemals aber ausgefüllt werden, mit der Zeit
vielmehr Beide verschlingen konnte oder mußte. Die erste Ver=
ständigung wurde auf einem Landtage zu Prag (Ende Mai 1429)
versucht. Die Stände hatten sich, der Wichtigkeit der Sache ent=
sprechend, in großer Zahl eingefunden und mußten sich auch über
die allgemeinen Bedingungen des Concilsbesuches zu einigen. Sie
würden, gaben sie den Gesandten Sigismund's als Antwort mit,
nur unter den zwei Bedingungen sich daran betheiligen, erstens daß
auch die Griechen daran Theil nähmen, die das Abendmahl gleich
ihnen unter beiderlei Gestalt empfingen, und zweitens, daß man
sich auf dem Concil nicht nach dem Willen des Papstes, sondern
nach Gottes Gesetz richten wolle; unter diesen Bedingungen würden
sie gottesfürchtige, vernünftige und vorsichtige Männer geistlichen
und weltlichen Standes dazu absenden, um mit der gesammten
Christenheit bezüglich des Glaubens zu verhandeln. Procop reiste

deshalb selbst noch einmal mit anderen böhmischen und mährischen Herren zu König Sigismund nach Preßburg.

Als aber im September desselben Jahres die Theologen der beiden Partheien zur Ausgleichung der so lange schon zwischen ihnen obschwebenden Streitigkeiten im Karolinum zu Prag zusammentraten, so wurde bei einer dreiwöchentlichen Disputation nicht mehr ausgerichtet, als was man einen Waffenstillstand zwischen zwei kriegführenden Partheien nennen kann. Die Verhandlungen bestanden fast bloß aus einem endlosen Streite zwischen dem nach Prag zurückgekehrten und, wie wir wissen, fast ganz katholisch gesinnten Magister Johann Přibram einer- und dem entschieden wycliffitisch gesinnten Magister P. Payne, dem Engländer anderseits. Jener war in neuester Zeit so weit gegangen, nicht nur Wycliffe, sondern selbst auch Hus und den kurz zuvor verstorbenen Jacobell von Mies, den Haupturheber des Laienkelchs, öffentlich zu verketzern. Dieser vertheidigte die wycliffitisch-symbolische Auffassung des Abendmahles. Die Schiedsrichter der Disputation untersagten Beiden ihr Aergerniß gebendes Polemisiren. Zu einem Ausspruche über die obschwebenden Differenzen kam es nicht; dieser wurde auf Pfingsten nächsten Jahres vertagt. Und Přibram veröffentlichte noch im gleichen Jahre eine seiner heftigsten Invectiven gegen die Taboriten, worauf Letztere wiederum auf einer Synode zu Tabor (6. bis 13. Januar 1430) ihren Gemeinden den Befehl ertheilten, keinen Priester von der Přibram'schen Parthei unter sich zu dulden.

Die letztgenannten Streitigkeiten waren, wie die Taboritenchronik berichtet [51]), die Ursache, daß die auf Pfingsten 1430 angesagte Disputation unterblieb. Man unterließ dieselbe übrigens vielleicht auch deshalb, weil sich die zu Preßburg verabredeten Verhandlungen mit der römisch-katholischen Christenheit damals wieder zerschlagen zu wollen schienen. König Sigismund und Papst Martin V. hatten trotz der Preßburger Verhandlungen die ganze Christenheit von Neuem zum Kreuzzuge gegen die Hussiten aufgefordert und selbst die zu jener Zeit so hoch gefeierte Jungfrau von Orleans zu einem furchtbaren Drohbriefe wider sie ver-

---

51) Höfler, Geschichtschr. II, 596.

mocht. Der Churfürst Friedrich von Brandenburg hatte die im Winter 1429—1430 das Sächsische und Fränkische bis gegen Bamberg und Würzburg hin verheerenden hussitischen Kriegshaufen unter der Bedingung zur Rückkehr vermocht, daß auf Georgi 1430 in Nürnberg ein Zusammentritt beider Partheien stattfinden solle, bei welchem in friedlicher Weise über die vier Prager Artikel verhandelt und, was rechter christlicher Glaube sei, nach der heiligen Schrift und den mit ihr übereinstimmenden Kirchenlehrern, festgesetzt und beiderseits angenommen werden müßte. Als jedoch der Tag der Disputation herannahte, so untersagte Papst Martin V. dieselbe gänzlich, indem mit Ketzern und Schismatikern in keiner Weise verhandelt werden dürfe. Auch eine Verhandlung, zu welcher König Wladislaw von Polen die böhmischen Theologen (Procop, Payne u. A.) wegen der Beschickung eines allgemeinen Conciles auf den 18. März 1431 nach Krakau eingeladen, hatte kein Resultat ergeben.

Erst an Georgi 1431 wurden die im Jahr 1429 in Aussicht genommenen Vergleichsverhandlungen zwischen den utraquistischen und taboritischen Theologen wieder aufgenommen und auf alle die Gemüther bewegenden Fragen ausgedehnt. Da sie gewissermaßen den Abschluß der langjährigen Streitigkeiten bilden, und wir aus ihnen am genausten das Charakteristische der beiderseitigen Lehren und Grundsätze kennen lernen, so werden wir in ausführlicher Weise auf sie einzugehen haben [52]).

Die Verhandlungen wurden im Karolinum zu Prag abgehalten und dauerten durch mehrere Tage hindurch. Angeordnet waren sie durch einen im Februar zu Kuttenberg abgehaltenen Landtag, auf welchem eine aus zwölf Mitgliedern (worunter Procop, Herr Mainhard von Neuhaus und Wilhelm Koftka von Poftupic) bestehende Landesregentschaft eingesetzt und welcher die Aufgabe gestellt worden war, zwischen den streitenden Partheien und Personen Frieden zu stiften und Ruhe und Ordnung im Lande zu beschaffen. Welche Personen daran Theil genommen haben, ist nicht angegeben;

---

[52] Die Verhandlungen darüber finden sich in der mehrerwähnten Taboritenchronik, bei Höfler, Geschichtschr. II, 596—700. Vgl. auch B. Lydii Waldensia, p. I, 1—303.

wir dürfen aber annehmen, daß fast alle hervorragenden Persön=
lichkeiten beider Partheien anwesend waren.

Nach dem Berichte, welchen der Taborite Nicolaus von Pelhřimov
auf Befehl der zu Schiedsrichtern bestellten weltlichen Herren
über die Verhandlungen aufgenommen hat, wurden dieselben von
Rokycan mit der Vorbringung von sieben Klagen gegen die Ta=
boritenpriester eröffnet: 1) sie verachteten mehrere Sakramente und
klagten diejenigen, welche daran festhielten, einer Abweichung von
der Schriftlehre an; 2) sie seien im Unrechte, indem sie dem Ge=
setze Gottes und den Aussprüchen der Kirchenlehrer zuwider die
Fürbitten und Opfer für die Verstorbenen verwürfen; 3) noch
mehr dadurch, daß sie die Fürbitten der Maria und der Heiligen
nicht anriefen; 4) sie gäben den Menschen zur Ueppigkeit und zum
Bauchdienste Anlaß, indem sie die Fasten nicht hielten, welche die
Christen doch seit den ältesten Zeiten gehalten hätten; 5) sie fehlten
darin, daß sie ihre Anhänger das Kriegführen nicht verabscheuen
lehrten; 6) es sei gegen den dritten der Prager Artikel, daß einige
ihrer Priester weltliche Herrschaft unter ihnen ausübten (dies war
hauptsächlich gegen Procop gerichtet); und 7) hielten sie die Messe
nicht, wie sich gezieme, nach den guten alten Gebräuchen, welche
die Kirche angeordnet habe und auch von ihnen deshalb beibehalten
worden seien.

Auf diese Anschuldigungen antworteten die Taboriten zunächst,
daß sie in all ihrem Thun und Vornehmen nur die Ehre Gottes
und das Wohl seiner Kirche und aller ihrer einzelnen Glieder im
Auge hätten und nur solche Sätze behaupten wollten, welche mit
dem Gesetze und der Offenbarung des dreieinigen Gottes überein=
stimmten. Hierbei müßten sie jedoch von folgenden Voraus=
setzungen ausgehen: 1) Christus Jesus ist unser einziger wahrhaft
guter und vollkommener Gesetzgeber, Jac. 4, 12. Jes. 33, 22.
1 Kor. 3, 11. Matth. 17, 5; er ist allein der untrügliche Maß=
stab, nach welchem sich die Christenheit in Glauben und Leben zu
richten hat; 2) das Gesetz Jesu Christi, d. h. das evangelische,
welches das alttestamentliche, wie alle anderen Gesetze an Kürze,
Einfachheit und leichter Erfüllung übertrifft, ist für sich allein zum
Regimente der streitenden Kirche hinreichend, und bedarf der Mensch

zu seiner Wanderung in die obere Heimath keines neuen Gesetzes; 3) zu glauben aber und anzunehmen sind nur diejenigen Wahrheiten, welche in den kanonischen Schriften der Bibel aufgezeichnet sind und direct und ohne Umschweife aus ihnen abgeleitet werden können; was darin nicht geradezu angezeigt oder in der angegebenen Weise daraus abgeleitet werden kann, ist für menschliche Zusätze und Aufsätze zu erklären; 4) den Aussprüchen der heiligen Kirchenlehrer, welche nach den Aposteln gelebt haben, darf keine autoritative Geltung beigemessen werden, sie dürfen nur insofern zur Bestätigung kirchlicher Lehrsätze beigezogen werden, als Christus in ihnen redete und ihre Ansichten wahr und direkt in dem Gesetze Jesu Christi begründet sind; 5) obwohl der mystische Leib Christi in der Zeit des alten Gesetzes auf mancherlei Weise durch sinnenfällige Aeußerlichkeiten herangebildet werden mußte, so darf man doch jetzt in der Zeit der Gnade auf derartige Dinge kein Gewicht mehr legen und nur solche Ceremonien und äußerliche gottesdienstliche Gebräuche anwenden, welche Christus selbst approbirt hat, und ist dabei außerdem aller Luxus, alle Belastung des Volks und Alles, was dasselbe vom Gehorsam des Gesetzes Christi abführt, ernstlichst zu vermeiden; 6) man muß wohl unterscheiden zwischen Zeichen, Ceremonien und Gebräuchen, welche im Gesetze Gottes begründet und Mittel der Gnade sind, und solchen, welche, von Menschen erfunden, nur eine repräsentative und significative Bedeutung haben, ohne Mittel der Gnade zu sein; 7) letztere können von den Priestern beschränkt, verringert und beseitigt werden, ohne daß ihnen deshalb Vorwürfe gemacht werden dürften; 8) im Evangelium Jesu Christi ist Alles, was die Christen zu glauben, zu thun und von Sakramenten zu feiern haben, viel richtiger und maßvoller bestimmt, als in der jetzigen römischen Kirche, in welcher Vieles angepriesen und befohlen wird, was zu den im Evangelium angeordneten Sakramenten nicht gehört und dessen klaren und deutlichen Wahrheiten widerspricht; man muß bei diesen letzteren verbleiben.

Auf Grund dieser Voraussetzungen führten sie dann im Einzelnen Folgendes aus:

„Bezüglich des Sakramentes der Taufe glauben und be-

kennen wir, daß Gott durch dieselbe den Grund zu jeder sakra-
mentalen und geistlichen Gnade in dem Menschen legt, da sie das
Zeichen der geistlichen Geburt aus Gott ist (cum sit signum ge-
nerationis spiritualis in Deo). Zu ihrer richtigen Feier aber
gehören, wie schon Thomas: Aquinas angegeben, nur diese drei
Stücke: erstens die Beobachtung der von Christo vorgeschriebenen
Form, nämlich der Taufe auf den Namen des dreieinigen Gottes,
zweitens die Vornahme derselben durch einen ordentlich dazu berufenen Diener der christlichen Kirche und drittens die Besprengung
des Kindes mit Wasser. Für nützlich erachten wir außerdem noch
Gebet und Fürbitte, die Ablegung des Glaubensbekenntnisses und
die Entsagung von allem Bösen, nebst der Befragung und ernstlichen Ermahnung der Taufpathen. Alles Andere jedoch, was die
Kirche noch hinzugefügt hat, halten wir für unnöthig, überflüssig
und zu Irrthum und Aberglauben Anlaß gebend [53]). Eine Ausnahme macht allein die Handauflegung, da diese nach Marc. 10,
16; 16, 18. Luc. 22, 32. Act. 8, 17 u. 19, 6 als ein durch
das Vorbild Christi geheiligter apostolischer Gebrauch anzusehen
ist und sonach angewendet werden kann, wo man es gerne will,
ohne daß dafür jedoch eine Verpflichtung bestände (Nullibi tamen
in scriptura adhuc invenimus de faciendo ipsam ex obli-
gatione praeceptum).

„Was man jetzt das Sakrament der Firmelung nennt, die
Salbung eines Getauften mit vom Bischof geweihtem Oele unter
dem Zeichen des Kreuzes auf der Stirn mit den Worten: ich
zeichne dich mit dem Zeichen des Kreuzes, ich confirmire dich mit
dem Zeichen des Heils im Namen des Vaters, des Sohnes und
des heiligen Geistes, nebst dem Backenstreiche, dem weißen linnenen
Gewande und anderen Gebräuchen, halten wir für nicht von Christo
und seinen Aposteln angeordnet, wie schon Wycliffe in seinem
Trialogus ausführlich nachgewiesen hat. Es ist auch durch Act.
8, 17 nicht gerechtfertigt.

---

53) Sie berufen sich dabei auf die Verse:
    Sal, oleum, chrisma, cereus, chrismale, saliva,
    Flatus, virtutem baptismatis ista figurant;
    Haec cum patrinis non juvant esse, sed ornant.

„Von dem Sakramente des Leibes und Blutes des Herrn glauben und bekennen wir, daß es die durch die Taufe begründete Gnade nähre und mehre, indem es ein durch göttliche Institution hiefür verordnetes Zeichen ist, Joh. 6. Matth. 26. Marc. 14. Luc. 22. 1 Kor. 10—11; glauben und bekennen aber auch, daß das Brod, welches Christus bei seiner letzten Mahlzeit genommen und seinen Jüngern zum Essen dargereicht und in dessen würdigem Empfange durch die Hand treuer Priester er ein Gedächtniß seines Leidens hinterlassen hat, obwohl es, wie durch das Fürwort: dies (hoc) angezeigt wird, seiner Natur nach wahres Brod ist, wahrhaft und wirklich der Leib Christi ist, nicht der materielle, den er von der Jungfrau Maria genommen und für uns in den Tod gegeben, sondern der geistliche und verklärte, mit dem er im Himmel zur Rechten Gottes sitzet; die Sache ist geistlich zu verstehen und ist nicht zu glauben, daß die Substanz des Brodes aufhörte und substanziell in den Leib Christi verwandelt würde, so daß alle dessen wesentliche Eigenschaften und accidentelle Thätigkeiten auf dasselbe übergingen, sondern der Leib Christi ist nur als auf sakramentale und geistliche Weise anwesend zu denken; daher die Gläubigen auch nicht das gesegnete Brod oder das Sakrament, sondern den in den Himmel erhöhten Heiland anzubeten und zu verehren haben.

„Was das Sakrament der Beichte betrifft, so lehren wir, daß es für den in mannichfaltiger Weise sündigenden Menschen nach Matth. 3 u. 4. Luc. 13 u. Act 2 nothwendig ist, Buße zu thun, um wieder zu Gott zurückzukehren, bekennen aber, daß nach der Schrift hiezu nur die Zerknirschung des Herzens absolut nothwendig ist; die äußerlichen Zeichen der Reue, das Bekenntniß des Mundes und die Genugthuung durch Werke sind nicht geradezu zu verwerfen, aber auch nicht für unbedingt erforderlich zu erklären; jedenfalls ist die sog. Ohrenbeichte oder die Verpflichtung, einem Priester privatim seine Sünden zu bekennen, eine rein menschliche, in der Schrift nicht begründete und zur Beichte nicht nöthige Einrichtung der römischen Kirche, welche nicht sowohl das Heil der Seelen, als vielmehr die Simonie und den Uebermuth des Klerus befördert.

„Von dem Sakramente der Priesterweihe glauben und bekennen wir, daß es nach der Schrift allerdings ein geistliches Amt geben muß, welchem in dazu tauglichen Personen das Amt übertragen sein soll, den Laien die Sakramente der Kirche zu verwalten; für nicht schriftgemäß dagegen erklären wir es und nur im Gebrauche der Kirche begründet, daß dieses Amt nur von den Bischöfen übertragen werden könne, daß dabei eine Reihe äußerlicher Ceremonien beobachtet werden, und daß der Bischof eine von derjenigen des Priesters wesentlich verschiedene und höhere Machtbefugniß habe. Bei der Handlung der Priesterweihe selbst halten wir Gebet, Fasten und sorgfältige Prüfung der dazu Erwählten für nützlich und zweckmäßig.

„Von dem Sakramente der Ehe glauben wir, daß sie, von Gott eingesetzt und von Christo bestätigt, eine rechtmäßige Vereinigung tauglicher Personen zum Zwecke der Kindererzeugung ist, und ist deren feierliche Eingehung ein Zeichen, daß Solches nach Gottes Gesetz und ohne Sünde geschehen kann. Hierbei rathen wir den Unseren, daß sie allen Leichtsinn, allen Ungehorsam gegen die Eltern und sonstiges unordentliches Wesen vermeiden, wollen auch, daß die Feier der Ehe mit Gebet, Fasten, Ermahnung der Brautleute und öffentlicher Proklamation vorgenommen werde; das Zusammenlegen der Hände aber, die Umlegung eines besonderen Gewandes, und was sonst noch andere nicht in der Schrift begründete Ceremonien sind, halten wir für unnütz und überflüssig.

„Von der letzten Delung endlich oder der Salbung Kranker mit Oel geben wir gerne zu, daß solche zu Christi Zeiten, und nicht nur bei Kranken, sondern auch bei Gesunden ein heilsamer und nützlicher Gebrauch war und nicht nur von den Aposteln, sondern auch von anderen Gläubigen (Luc. 7. Joh. 12), sei's aus Noth, sei's zum Zeichen der Liebe und Dankbarkeit, angewendet wurde. Für ein Sakrament können wir sie jedoch nicht halten, da die Stellen Marc. 6, 13 u. Jac. 5, 14 keine gültigen und zureichenden Beweise enthalten, daß diese Salbung eine Institution Christi und der Apostel ist. Es hat auch Wycliffe mit Recht bemerkt, daß, wenn dieselbe wirklich ein Sakrament wäre, Christus und die übrigen Apostel dies klar und deutlich gesagt und durch ihr Beispiel zu erkennen gegeben hätten. Sie ist erst mit der Zeit in der christlichen Kirche aufgekommen, nämlich seit Papst Innocenz I.; darum unterlassen wir sie als eine rein menschliche Satzung und Anordnung.

„Aus dem Gesagten", fahren sie weiter fort, „mag Jeder erkennen, daß wir keine Feinde und Widersacher der besagten Sakramente sind, wie man uns zur Last legt, vielmehr treue Freunde und Liebhaber derselben; nur daß wir bei den Institutionen Christi und der Apostel verbleiben und nichts wider ihren Befehl und ihre Meinung thun wollen."

Was die Messe betreffe, sagen sie, wollten sie gerne bei allem dem verbleiben, was die älteste christliche Kirche zu einer wahrhaft erbaulichen Einrichtung des Gottesdienstes angeordnet habe, nämlich daß das Volk einen guten und gemäßigten Gesang pflege, daß die heiligen Schriften im Gottesdienste öffentlich vorgelesen werden, daß in erbaulicher Weise darüber gepredigt, daß das Sakrament der Eucharistie dabei ausgetheilt und sonst Alles beobachtet werde, was nach der Lehre Christi und der Apostel zur Förderung des Friedens und der Liebe dienen kann. Im Uebrigen aber müßten sie den dermalen eingeführten Ritus der katholischen Kirche verwerfen, weil er weder in der Schrift begründet, noch dem Volke von Nutzen sei, vielmehr nur zur Beförderung der Heuchelei und schädlicher Hoffarth diene und das Volk von Gottes Wort abziehe. Aus diesem Grunde hätten sie insbesondere auch die bisher üblichen priesterlichen Gewänder abgelegt, um allen Christgläubigen damit offen und klar anzuzeigen, daß sie sich von allem dem frei halten wollten, was in Gottes Gesetz für die Zeit der Gnade nicht mehr befohlen und angeordnet, sondern nur auf Anordnung der Päpste und weltlichen Fürsten meist aus dem alten Testamente in die christliche Kirche herübergenommen worden sei.

Ausführlich verbreiten sie sich sodann über die von den Prager Theologen noch beibehaltenen Lehren vom sog. Fegfeuer (de somniato purgatorio post hanc vitam et mendaciis sacerdotum super illo seminatis) und von der Anrufung der Heiligen und zeigen, daß beide in der Schrift nicht begründet sind, dem Volke zu Irrthum, Aberglauben und Sittenverderbniß

Anlaß geben und die Priester zur Habsucht und zur Simonie ver=
führen. Die Schrift, zeigen sie, weiß nur von zwei Orten, wohin
der Mensch nach diesem Leben gelangen kann: vom Himmel, in
welchen der in diesem Leben von seinen Sünden durch den Glauben
an Christum, durch die heiligen Sakramente und ein frommes
Leben Gereinigte eingeht, und von der Hölle, wo der Ungläubige
und Gottlose ewige Qualen zu erdulden hat; von einem dritten
Orte aber können wir durchaus nichts in ihr finden. Wer mit
Christo, sagt Augustinus, nicht zu herrschen verdient hat, wird
sicherlich mit dem Teufel verderben; und Johannes Hus in der
Predigt über Joh. 11: weder die Propheten, noch Christus mit
seinen Aposteln, noch die ersten Christen haben ausdrücklich für
die Verstorbenen zu beten gelehrt, sondern das Volk vielmehr ernst=
lich angehalten, die Sünden zu meiden und heilig zu werden.
Was aber die Anrufung der Heiligen betrifft, so lehrt die heilige
Schrift klar und deutlich, erstlich daß keine Creatur anzurufen,
zweitens daß Christus allein der Mittler zwischen Gott und den
Menschen und ihr alleiniger Fürsprecher ist, und drittens daß uns
die Heiligen oder Frommen nicht zur Verehrung, sondern zur
Nachahmung vorgestellt sind.

Zum Schlusse lassen die Taboriten noch eine eingehende Wider=
legung einzelner von Rokycan wider sie erhobener, meist auf die
oben erwähnten Punkte sich beziehender Vorwürfe folgen, die für
uns nur insofern von Interesse ist, als sie uns zeigt, daß sich die
Taboriten, wie übrigens schon aus dem Obigen hervorgeht, über=
all und in allen Punkten einfach auf die Schrift berufen und sich
aus dieser Festung weder durch die Aussprüche neuerer Kirchen=
lehrer, noch durch die Sophistereien und philosophischen Spitzfin=
digkeiten ihrer Gegner hinauswerfen lassen. Am schärfsten ist ihre
Entgegnung, wo sie von dem Sakrament der Priesterweihe und
vom geistlichen Amte reden; hier werfen sie den Pragern nicht nur
eine falsche, schriftwidrige Lehre, sondern auch das vor, daß sie mit
ihrem dermaligen Erzbischofe, dem Westphalen Conrad von Bechta,
den guten Namen und Ruf des ganzen Hussitenthums schändeten;
denn dieser Mensch habe einst der Verurtheilung von Hus und
Hieronymus zugestimmt, habe die Anhänger des Kelchs auf alle

Weise verfolgt, habe Zauberei und Simonie getrieben und keine
ernstlichen Beweise der Reue und Buße dafür an den Tag gelegt;
er habe auch den König Sigismund auf eine den Landesgesetzen
nicht entsprechende Weise (im J. 1419) gekrönt und sei als
Deutscher von Natur für einen Feind ihrer Nation zu erachten.

Auf die Anklage, daß sie die seit uralten Zeiten beobachteten
Fasten verachteten und die Christen zu einem weichlichen und
üppigen Leben verleiteten, antworten sie, diese Beschuldigung sei
unbegründet, auch sie hielten die sowohl im alten, als im neuen
Testamente empfohlenen Fasten und ermahnten ihre Untergebenen
dazu, ein Gesetz aber glaubten sie daraus nicht machen zu dürfen,
da die gesetzlich geordneten Fasten, wie die Erfahrung lehre, bei
den Reichen nur um so größere Ueppigkeit mit den erlaubten
Speisen erzeugen, die Armen aber in unnöthiger Weise belästigen
und bedrücken; Gottes Wort lehre, daß alle Creatur Gottes gut
und nichts verwerflich sei, was mit Danksagung empfangen wird,
daß nicht was zum Munde eingeht, den Menschen verunreinige,
sondern was aus demselben hervorgeht, und daß das beste Fasten
nicht das leibliche ist, sondern das geistliche, da sich ein Mensch
von Sünden enthält.

Wenn die Prager ihnen ferner zum Vorwurf machten, daß sie
die Ihrigen das Kriegen nicht verabscheuen lehrten, so müßten
sie darauf hinweisen, daß sie ja von Anfang an die zum Schutze
der evangelischen Wahrheit leider nothwendig gewordenen Kriege in
Gemeinschaft mit ihnen unternommen hätten; wenn nun unterdessen
im Drang der Umstände manches Unordentliche und der christlichen Liebe Zuwiderlaufende vorgekommen sei, so wollten sie das
zwar nicht vertheidigen oder auch nur entschuldigen, aber sie seien
sich auch bewußt, was in ihren Kräften gestanden, zur Verhütung
desselben gethan zu haben, und ob bei ihren Anklägern nicht viele
ähnliche Vorkommnisse zu beklagen seien?

So müßten sie in gleicher Weise auch den anderen Vorwurf
von der Hand weisen, als ob ihre Priester sich mehr, als Recht
sei, mit weltlichen Dingen, Kriegführen, Friedenstiften u. dergl. be-
faßten. Sie möchten freilich von Herzen wünschen, daß sie weniger
durch die Noth dazu gezwungen würden und ungehindert durch

weltliche Geschäfte ganz und ausschließlich ihrem geistlichen Amte leben könnten. Ob es aber nicht der Priester Pflicht sei, auch der Witwen und Waisen und des öffentlichen Wohles sich anzunehmen, Rath zu ertheilen, wo sie darum befragt würden, zwischen Streitenden Frieden zu stiften und was dergleichen mehr sei? Ob dies die Prager Magister seit Jahren nicht auch gethan hätten und noch thäten? Oder auf wessen Rath und Anstiften sei es denn geschehen, daß sie, die Taboriten, in Prag und an vielen anderen Orten wie Feinde behandelt und verfolgt, daß erst neulich Prinz Sigmund (Korybut) und seine Anhänger aus Prag vertrieben worden seien? Sie sollten doch an Röm. 2 denken und an das Sprüchwort: Zu tadeln hat kein Recht, wer selbst von Schuld gedrückt! [54]) —

Was die Prager und Rokycan auf diese Ausführungen der Taboriten geantwortet haben, ist uns nicht aufbewahrt worden. Wir können uns jedoch eine lebhafte Vorstellung davon machen, daß, wenn sie sich nicht vor der Macht der darin ausgesprochenen ächt evangelischen Wahrheiten beugen wollten, die gereizte Stimmung, die schon vorher bei ihnen gegen die Taboriten vorhanden war, neue Nahrung bekommen mußte. Und die Prager thaten Ersteres nicht, so flehentlich sie auch die Taboriten am Schlusse noch baten, zum Wohle und zur Erbauung der wahren apostolischen und katholischen Kirche anzunehmen, was sie in Uebereinstimmung mit Gottes Wort vorgetragen hätten. Die Verhandlungen wurden ohne eine endgültige Entscheidung (sine finali decisione) abgebrochen, um in freundschaftlicher Weise nicht wieder aufgegriffen zu werden, wie dies Mal noch geschehen war.

Die Existenz zweier grundsätzlich von einander geschiedener reformatorischer Partheien und Kirchengemeinschaften in Böhmen war nunmehr eine vollendete Thatsache. Sie konnten sich miteinander vertragen, wie später die lutherische und die reformirte Confession und jede an ihrem Theile als ein heilsames Salz der

---

[54] Turpe est doctori, cum culpa redarguit ipsum. Mit diesem Letzteren gaben sie Rokycan den Vorwurf zurück, den er gegen Procop erhoben hatte.

allgemeinen Kirche wirken. Noch viel zu viel fehlte es damals jedoch, im fünfzehnten Jahrhundert, und selbst unter den evangelisch und reformatorisch Gesinnten an demjenigen, was die Grundbedingung dazu war und der sächsischen und schweizerischen Reformation im sechszehnten Jahrhundert einigermaßen durch die Arbeit des Humanismus bereitet worden ist, an der Toleranz, an dem Grundsatze der Duldung abweichender Lehrmeinungen auf dem Einen Grunde, welcher gelegt ist und welcher ist Christus.

Wir haben in dem nächsten Abschnitte von einem nicht mit geistlichen, sondern mit fleischlichen Waffen geführten Kampfe der beiden Partheien zu reden und von dem Untergange, leider, gerade derjenigen Parthei, in welcher wir die kräftigste Stütze des Hussitismus und, was die Lehre betrifft, seine am meisten evangelische Gestaltung erkannt haben, der Taboriten.

IV.

Sieg des Utraquismus über das Taboritenthum. Die Verhandlungen der Böhmen mit dem Basler Concile.
1431—1434.

Zu der Zeit, in welcher die zuletzt erwähnten vergeblichen Einigungsversuche zwischen den Utraquisten und Taboriten stattfanden, hatten die Letzteren, Procop, die Volks- und Städtepartei das entschiedene Uebergewicht über die Ersteren, die Prager und die Adelspartei. Procop hatte sich durch seine großen Siege bei Aussig und Tachau und durch seine glücklichen Feldzüge in das Schlesische, Sächsische, Bairische und Oestreichische so viel Ruhm und Ansehen errungen, daß er, wenn auch nicht dem Namen, doch der That nach die Oberherrschaft Böhmens in seiner Hand hatte. Sein Ruhm stieg aufs höchste, als im Sommer 1431 das fünfte und letzte Kreuzheer von weit über 100,000 Mann unter der Oberleitung des Markgrafen Friedrich von Brandenburg und des ganz Deutschland zu diesem Zuge anfeuernden päpstlichen Kardinallegaten, des nachmaligen Vorsitzenden des Basler Conciles, Julian Cäsarini, in Böhmen einbrach und am 14. August bei Tauß auf die schmachvollste Weise aus dem Felde geschlagen wurde, als es in Folge davon gelang, fast ganz Böhmen und Mähren (die Stadt Pilsen und wenige andere Plätze ausgenommen) von den Feinden zu säubern und überall die siegreiche Fahne des Kelches aufzupflanzen.

Eben durch diese großartigen kriegerischen Erfolge aber wurde der Grund zum Untergange der taboritischen Parthei gelegt; in ihnen haben wir die hauptsächlichste Ursache davon zu suchen, daß der Hussitismus trotz der lebenskräftigen Elemente, die in ihm lagen, ein so tragisches Ende gefunden hat, und daß zunächst diejenige Erscheinung desselben, in der wir den relativ reinsten Ausdruck protestantischer Gesinnung gefunden haben, dem traurigen Schicksale seines Stifters, des in Constanz verbrannten Hus, nachfolgen mußte. Die großen Siege brachten großen Ruhm und noch größere Beute, so schaarten sich unter Procop's Fahne allmählig eine immer größere Menge Abenteurer oder Freibeuter zusammen, die nur aus Kriegslust und Beutegier für die hussitische Sache stritten, ohne ihren Geist in sich aufgenommen zu haben. Das hussitische und speciell das taboritische Kriegsheer sah sich unter Zizka als eine heilige Schaar oder, wie es in ihrem Kriegsliede hieß, als „Gottes Krieger" an und verhielt sich im Ganzen auch darnach, tapfer und muthig gegen den Feind, mild und schonend gegen den Wehrlosen. Unter Procop's, besonders aus Polen und Rußland zusammengelaufenen Kriegerschaaren entschwand dieses heilige und sie heiligende Bewußtsein je länger je mehr und trat eine Zügellosigkeit, Rohheit und Verwilderung der Sitten ein, daß sie Freunden wie Feinden zum Schrecken und den Böhmen selbst zur Last wurden, sobald die auswärtigen Feinde besiegt und über die Gränzen getrieben waren.

Es ist in Kirchen= und Weltgeschichte so oft von den „wilden" Taboritenschaaren und ihren „Gräueln" die Rede, und man glaubt, ihnen gegenüber sowohl die Katholiken, als die Utraquisten als verhältnißmäßig viel menschlicher und schonender bezeichnen zu können. Dieses Urtheil ist bezüglich der Letzteren gänzlich ungerechtfertigt; die Kuttenberger Bergleute, meist Deutsche, haben in den Jahren 1419 ff. Tausende von wehrlosen Hussiten in ihre Schachten gestürzt; der Katholik und Freund Sigismund's, Ulrich von Rosenberg, rühmt sich in einem noch erhaltenen Schreiben vom Jahre

1426 [55]), daß er jetzt, da er nicht mehr so viel Macht habe, die Hussiten offen anzugreifen, sich damit begnüge, Jeden, den er heimlich erhasche, zu ertränken oder zu Tode zu quälen; Kardinal Julian Cäsarini selbst ließ es bei dem Einmarsche des fünften Kreuzheeres in Böhmen vor seinen Augen geschehen, daß sämmtliche Einwohner des eroberten Städtchens Bruck und vieler benachbarter Dörfer ohne Barmherzigkeit niedergemetzelt wurden, — und in jener Gegend hatte sich die Mehrzahl dem Kelche gar nicht angeschlossen. Daß die Prager sich auch nicht viel menschlicher zu benehmen pflegten, haben wir schon mehrfach zu erwähnen Gelegenheit gehabt, und erinnern wir nur an die verrätherische Ermordung Johann's von Selau im Jahr 1422, an ihre Betheiligung an den in Deutschland am meisten berüchtigt gewordenen Procop'schen Raubzügen aus den Jahren 1429 ff. und an die ihnen im Jahr 1431 von den Taboriten gemachten und nicht widerlegten Vorwürfe von Kriegs- und Raubzügen gegen die Taboritenstädte Kostelec, Malesch, Königgrätz, Caslau und Kaurim [56]). Die Kriegführung war in damaliger Zeit im Allgemeinen eine überaus rohe und barbarische und ist es bekanntlich bis über die Zeit des dreißigjährigen Krieges hinaus geblieben. Man thut den Taboriten Unrecht, wenn man ihnen in besonderer Weise Rohheit und Unmenschlichkeit zur Last legt. Sie waren in dieser Beziehung nicht besser und nicht schlechter als ihre Zeitgenossen, so lange Zizka's energischer Geist sie in Zucht und Ordnung hielt und auch noch manches Jahr später, so lange die Noth sie nüchtern und wachsam zu sein lehrte.

Dagegen ist nicht zu läugnen, daß unter Procop's Oberleitung, mit und ohne seine Schuld, die Taboritenheere, je glänzendere Siege sie errangen und je reichere Beute sie von ihren Kriegszügen heimbrachten, einer immer größeren Zuchtlosigkeit und Verwilderung der Sitten anheimfielen und eben dadurch ihre ganze Sache in Verruf brachten, ja den Untergang ihr bereiten mußten. Ihr über-

---

55) Palacky, Gesch. von Böhmen III, 2. S. 405.
56) Höfler, Geschichtschr. II, 690.

mäßiges Glück verleitete sie zu Stolz und Uebermuth, und diese
Laster tragen immer den Keim des Berderbens in sich. Es fehlte
nicht an warnenden Stimmen. Aber sie wurden nicht gehört, bis
es zu spät war.

Das tragische Geschick des Taboritenthums erfüllte sich auf
ähnliche Weise, wie es zwei Jahrzehnte zuvor bei Hus der Fall
gewesen war, in Folge der Theilnahme der Böhmen an einem all=
gemeinen Concile der Christenheit, nämlich an dem seit 1431 er=
öffneten Basler Concile, von dessen allgemeinem Gange und
seinem Eingreifen in die Hussitenfrage im Besondern wir nun zu
reden haben, wobei wir auf allgemein Bekanntes jedoch nur, so=
weit es unumgänglich nöthig scheint, eingehen werden.

Da die Reformation der Kirche an Haupt und Gliedern auf
dem Constanzer Concile zwar angestrebt, aber nicht auch erreicht
worden war, so befaßte sich bekanntlich fünf Jahre später nach einem
Beschlusse desselben ein zu Pavia und bald darauf zu Siena sich
versammelndes Concil mit dieser Aufgabe. Aber auch dessen Be=
mühungen waren umsonst; Papst Martin V. und die römischen
Kardinäle vereitelten dieselben so vollständig, daß die Pariser Theologen
die größte Mühe hatten, das Zugeständniß zu erlangen, daß nach
sieben Jahren zu dem gleichen Zwecke ein neues Concil nach Basel
einberufen werden solle. Man erzählt von Martin V., daß ihm,
der doch selbst von einem Concile gewählt worden war, sogar das
Wort „Concil“ verhaßt gewesen sei; wahrscheinlich nicht nur deshalb,
weil es sich über den Papst zu stellen und ihm Gesetze zu diktiren
suchte, sondern auch und hauptsächlich, weil die aus der ganzen
Christenheit während der Dauer eines solchen in die päpstliche
Kammer fließenden Einkünfte für die Bedürfnisse desselben verwendet
werden mußten. Als deshalb nach Ablauf dieses Termines der
Magister und Dominikaner = Generalprokurator Johann Stojkowic
von Ragusa von der Pariser Universität nach Rom geschickt wurde,
um die Berufung des Basler Concils zu betreiben, so hatte er von
Anfang an einen schweren Stand. Die Curie wollte in keiner
Weise etwas davon wissen; denn von einer Anerkenntniß großer
Mißbräuche in der Christenheit, die einer dringenden Abhülfe be=
dürften, war keine Rede bei ihr, und mit den „ketzerischen“ Hussiten

hoffte man immer noch trotz vier verunglückter Kreuzzüge mit Gewalt
der Waffen fertig zu werden. Und ihre Ansicht hätte sicherlich
den Sieg davongetragen, wenn nicht gerade zu jener Zeit die
immer größere Dimensionen annehmenden Verheerungszüge der
Hussiten ihren Schrecken bis an die Thore des Vatikans verbreitet
hätten. Am 8. November 1430, an welchem Tage die Erhöhung
dreier Kardinäle, darunter des schon genannten Julian Cäsarini,
gefeiert wurde, wurden auf Veranstaltung mehrerer Fürsten (wahrscheinlich der durch die Hussitenzüge am meisten bedrängten Markgrafen Friedrich von Brandenburg, Herzog Albrecht von Oestreich
u. A.) in ganz Rom Plakate des Inhaltes angeschlagen, daß, wenn
der Papst und die Kardinäle das längst verheißene Concil nicht
bis März nächsten Jahres eröffneten, von der gesammten Christenheit ihnen der Gehorsam verweigert und sie für Gönner des Ketzer-
thumes gehalten werden sollten. Dadurch und durch die ernstlichen
Vorstellungen Sigismund's wurde Martin V. endlich veranlaßt,
im Januar 1431 den genannten Kardinal Julian Cäsarini, einen
durch Gelehrsamkeit, Beredsamkeit und Sittenstrenge ausgezeichneten
Mann, als Legaten nach Deutschland abzusenden und ihm Vollmacht
zu ertheilen, den Vorsitz und die Leitung des Basler Concils zu
übernehmen. Johann von Ragusa, derselbe, dem wir die wichtigsten
Mittheilungen über die Basler Verhandlungen verdanken, wurde
ihm als Gehülfe zur Seite gegeben.

Sie reisten sofort nach Deutschland ab, weil auf den 9. Februar
1431 ein Reichstag nach Nürnberg ausgeschrieben war und sie die
dort Versammelten, König Sigismund, die Kurfürsten und die meisten
übrigen Fürsten und Herren des deutschen Reiches für die Beschickung des Concils gewinnen wollten. Doch eben da hätte es
beinahe in unerwarteter Weise ein Hinderniß für dasselbe gegeben.
Die versammelten Fürsten zeigten einen so großen Eifer, nochmals
das Waffenglück gegen die Hussiten zu versuchen, daß der Kardinal
sich geneigt erklärte, das Concil zu verschieben und seine ganze Kraft
nur diesem Unternehmen zu widmen; er hatte den Fürsten sogar
versprochen, persönlich daran Theil zu nehmen und im deutschen
Reiche zur Annahme des Kreuzes wider die Hussiten aufzufordern.
Wenn die Abgeordneten der Pariser Universität nicht gewesen wären,

würde dieser Plan sicherlich ausgeführt und das den Römern ohnehin
verhaßte Concil in Deutschland nochmals auf unbestimmte Zeit, wo
nicht gar auf immer verschoben worden sei. Diese erließen jedoch
eine Proklamation, worin sie die gesammte Christenheit zum sofor-
tigen Besuche des Conciles aufforderten, und ihr wurde auch von
vielen Seiten bereitwillig entsprochen. Darauf hin konnte Julian,
wenn nicht Verwirrung und Zwiespalt entstehen sollte, nicht umhin,
mit den Parisern und den in Basel schon versammelten Vätern
Unterhandlungen anzuknüpfen, deren Resultat darin bestand, daß
sich die beiden Partheien dahin vereinigten, sowohl das Concil, als
auch den Kreuzzug gegen die Hussiten nach Kräften zu betreiben.
Er mochte zu dieser Nachgiebigkeit durch ein Doppeltes veranlaßt
worden sein: Martin V. war am 20. Februar 1431 gestorben,
und der nun gewählte Papst Eugen IV. bezeigte von Anfang keine
solche Abneigung gegen die Concilien, wie sein Vorgänger, er hatte
sogar den Plan kund werden lassen, sich selbst mit seinem ganzen
Hofe nach Basel zu verfügen; sodann konnte sich Julian nicht verbergen, es könnte doch wohl auch dieser Kreuzzug wieder fehlschlagen,
und in diesem Falle blieb ihm das Concil als letztes Refugium
übrig.

Doch begab er sich, nachdem diese Vereinbarung getroffen war
noch nicht selbst sogleich nach Basel, sondern reiste ferner voll Eifer
in Deutschland umher, um alle verfügbaren Streitkräfte gegen die
Böhmen in Bewegung zu setzen. Und er erreichte diesen Zweck
auch so vollständig, als bei der Zerrissenheit und Uneinigkeit des
deutschen Reiches jener Zeit möglich war. Ein wohlgerüstetes Heer
von etwa 130,000 Mann fing im Sommer genannten Jahres an,
an den Gränzen von Böhmen sich zu sammeln. Es gelang ihm
noch mehr, da König Sigismund, der Markgraf von Brandenburg
und andere deutsche Fürsten und Prälaten auf einem Congresse zu
Eger (24. bis 29. Mai 1431) in Friedensunterhandlungen mit den
Böhmen eintraten, so wußte er diese durch seinen Freund Johann
von Ragusa und eine Abordnung des Basler Concils damit zu
vereiteln, daß den Böhmen die völlige Unterwerfung unter den
Ausspruch des Concils zur Bedingung gemacht wurde.

Wäre ihm nun auch die Hauptsache, nämlich die so heiß ersehnte und so energisch angestrebte Besiegung der Böhmen, gelungen, so ist nicht zu zweifeln, das Basler Concil hätte das Schicksal dessen zu Pavia und Siena getheilt. Das war jedoch in einem höheren Rathe anders beschlossen. Man weiß, daß das mit der größten Siegeszuversicht in Böhmen einrückende Kreuzheer am 14. August bei Tauß nicht sowohl eine große Niederlage erlitt, sondern, was noch schmählicher war, vor den unter Procop heranrückenden Böhmen ohne Kampf und Schwertstreich in zügelloser Flucht den Rücken wendete und Geschütze, Wagen, Fahnen, Proviant, Geld, ja selbst des Kardinals goldenes Crucifix, Mantel und Rock nebst der päpstlichen Kreuzbulle in den Händen der Sieger ließ.

Durch diese Demüthigung ohne Gleichen, welche die Unüberwindlichkeit der Böhmen mit Waffengewalt zur unzweifelhaften Thatsache machte, erfuhren die Gesinnungen Julian's und mit ihm das ganze Basler Concil eine vollständige und gründliche Umänderung. War auch ihm zuvor, wie der römischen Curie, an dem Concile wenig gelegen, hätte er jedenfalls vor der Niederlage bei Tauß weder zu den nachmaligen friedlichen Verhandlungen mit den Böhmen die Hand geboten, noch auch den dieselben verbietenden und das Concil auflösenden Bullen Eugen's IV. die hernach bewiesene Festigkeit entgegengesetzt, so war er jetzt durch die persönlich gemachten traurigen Erfahrungen zu der Ueberzeugung geführt, daß die Rettung der Kirche aus ihren Nöthen einzig und allein durch das Concil herbeigeführt werden könne, und daß man sich auf demselben auch zu Zugeständnissen gegen die Hussiten herbeilassen müsse, von denen die Kirche bisher nichts hatte wissen wollen. Als Sigismund und viele deutsche Fürsten nach der Niederlage bei Tauß berathschlagten, was nun zu thun sei, erklärte er rückhaltslos, es sei keine andere Hoffnung und Hülfe mehr vorhanden, als Basel; dahin sollten sie deshalb ihre ganze Aufmerksamkeit lenken und allesammt mit Aufbietung aller Kräfte mitwirken, daß die Hussiten durch versöhnliche und friedliche Unterhandlungen wieder für die Kirche gewonnen würden.

Er begab sich sofort selbst dahin (9. September), um endlich nach den langen Irrfahrten, die er gemacht, das ihm übertragene Präsidium des Concils zu übernehmen, und eine seiner ersten Thaten war ein mit großer Milde und Freundlichkeit abgefaßtes Schreiben an die Böhmen, worin sie unter Hinweisung auf die großen Wohlthaten des Friedens und der Einigkeit der christlichen Völker aufs dringendste eingeladen wurden, an der zur Wiederherstellung der Einigkeit unter den christlichen Völkern zusammenberufenen Versammlung der gesammten Christenheit Theil zu nehmen; sie würden da in ungehinderter Weise das längst von ihnen gewünschte freie und öffentliche Gehör für ihre Ansichten finden, und der heilige Geist selbst werde ihr beiderseitiger oberster Richter sein, daß bestimmt werde, was mit gutem Grunde in der Kirche geglaubt und beibehalten werden solle.

Als dieses Schreiben in Prag anlangte, so wurde es von den des Krieges müden Pragern und Utraquisten sofort mit großer Freude aufgenommen und besonders von Rokycan nach seiner der katholischen Lehre längst zugeneigten Stellung dem Volke aufs angelegentlichste empfohlen. Auch von den Waisen, die ja immer noch als besondere Parthei bestanden, wiewohl sie in religiöser Beziehung zu den Taboriten hielten, wurde demselben keine Abneigung entgegengestellt; sie hatten sich gerade damals nämlich wegen der auf einem Kriegszuge nach Ungarn gemachten Beute mit Procop entzweit und begannen, sich von jener Zeit überhaupt mehr den Pragern zu nähern. Die Taboriten dagegen wollten von dieser Einladung nichts wissen. Sie hatten kurz zuvor, wahrscheinlich aus der Feder Procop's, wie schon früher öfter, wieder ein ausführliches Manifest erlassen und unter dem deutschen Volke verbreitet[57]), worin sie der ganzen Christenheit das gute Recht ihrer vier Prager Artikel darlegten, sie zum Beitritte dazu aufforderten und in zwanzig Artikeln die Hauptmängel und Gebrechen der Kirche aufdeckten. Bezüglich des bevorstehenden Conciles bemerkten sie, die Priester kämen dort nur zusammen, um unter dem Deckmantel der Für-

---

57) Wir theilen dasselbe im Anhange mit in wörtlicher Uebersetzung aus dem in Basel befindlichen Manuscripte von des Joh. de Ragusio „Tractatus, quomodo Bohemi reducti sunt ad unitatem ecclesiae" (A. I, 32). Es ist für die Kenntniß der Lehren und Grundsätze der Taboriten von der höchsten Wichtigkeit.

forge für das Wohl der Kirche ihre Laster und Gottlosigkeit zu verbergen; die Christenheit sollte sich aber doch endlich einmal aufmachen, ihre Täuschereien und Trügereien aufdecken und die Schandstätten der Simonie und des Ketzerthums, insbesondere die Klöster, zerstören; die Zeit sei gekommen, wo auch die Laien in kirchlichen und religiösen Dingen wieder mitzusprechen das Recht bekommen müßten, wie in der urchristlichen Kirche

Daß sie sich bei diesen Ansichten dennoch dazu verleiten ließen, an dem Concile Theil zu nehmen, darin haben wir die Hauptursache ihres Verderbens zu erkennen. Rom gegenüber muß man immer die Hand am Schwerte halten; das hat der Protestantismus seit drei Jahrhunderten erfahren. Ohne sich ihm zu unterwerfen, ist es unmöglich, mit ihm zu paeisciren. Die Geschichte des Hussitismus liefert den schlagendsten Beweis dafür.

Auf das erwähnte Einladungsschreiben des Basler Conciles erwiderten die Prager am 8. December 1431, sie könnten darüber keine Entscheidung treffen, es müsse zuerst der böhmische Landtag gehört werden. Als dieser hierauf an Neujahr 1432 in Prag zusammentrat, so erschienen auf demselben nur die utraquistischen Stände und einige geistliche und weltliche Vertreter der Waisen, welche letzteren sich damals wegen ihrer gereizten Stimmung gegen die Taboriten und wahrscheinlich auf das ernstliche Zurathen Rokycan's mit 15 von dem letzteren vorgeschlagenen, natürlich utraquistisch gehaltenen Glaubensartikeln einverstanden erklärten. Da die Taboriten jedoch nicht erschienen waren, und Procop, der in der Nähe von Prag mit seinem Heere kampirte, offen und laut gegen die Unterhandlungen mit den Baslern eiferte, so wurde den Basler Abgesandten (Dominikanerprior Johann Nider von Basel und Cisterciensermönch Johann von Geilhausen von Maulbronn), die sich in Nürnberg aufhielten, nur im Allgemeinen die Bereitwilligkeit, auf dem Concile zu erscheinen und Frieden zu schließen, mitgetheilt, alles Nähere aber auf den nächsten Landtag verschoben.

Dieser versammelte sich am 10. Februar 1432 und wurde diesmal von allen Partheien beschickt. Leider haben wir keine umständlichen Nachrichten über dessen für die ganze Folgezeit so entscheidende, 14 Tage in Anspruch nehmende Verhandlungen. Wir wissen nur, daß sich anfangs, obgleich nun auch Procop sich zu Friedensverhandlungen mit den Baslern geneigt zeigte, von Neuem wieder Zweifel erhoben, ob man darauf eingehen solle, jetzt aber aus anderen Gründen als früher; Papst Eugen IV. hatte nämlich in einer für alle Welt höchst unerwarteten Weise lediglich aus eigener Machtvollkommenheit am 12. November und 18. December 1431 das schon sehr zahlreich versammelte Concil für aufgelöst erklärt und dessen Versammlung in Bologna anderthalb Jahre später angeordnet. Man glaubte nun, der Papst werde sein Vorhaben durchsetzen und wie ihm, als einem mönchisch gesinnten Menschen, zuzutrauen war, Alles und Jedes verhindern, was zu einer Reformation der Kirche dienen könnte. Da aber sowohl von Sigismund, als von den Basler Bätern die bestimmtesten Zusagen eintrafen, daß das Concil trotz dem Widerspruche des Papstes dennoch fortgesetzt werde, wie denn auch der König von Frankreich sich aufs eifrigste dafür bemühte, so wurde nach langen und stürmischen Verhandlungen endlich ein gemeinsames Berhalten dem Concile gegenüber vereinbart und mit dessen Gesandten über die Art und die Bedingungen der Concilbeschickung in Eger zu verhandeln beschlossen.

Es ist überaus schade, daß die Akten über diesen so wichtigen Landtag verloren gegangen sind. Man hätte aus denselben gewiß die interessantesten Aufschlüsse über die Stellung der Partheien unter einander bekommen können. Mußte es ihnen doch gewiß ein Hauptanliegen sein, der als einheitlich geschlossene Macht auftretenden katholischen Kirche gegenüber auch als eine solche aufzutreten und zwischen ihnen selbst obwaltende Differenzen, wenn auch nicht zu verbergen, so doch für den Augenblick in den Hintergrund treten zu lassen. Aus den nachfolgenden Verhandlungen ersehen wir nur, daß sich die Taboriten und Waisen wieder versöhnten, da Procop den Letzteren wegen ihres Hinneigens zu menschlichen Erfindungen Vorwürfe machte, und wie früher als Eine Parthei darstellten.

Bis man sich in Eger übrigens mit den Abgesandten von Basel über die Beschickung des Conciles zu einigen vermochte, dauerte es noch geraume Zeit, während deren Procop mit den Taboriten und Waisen verheerende Kriegszüge nach Schlesien, Brandenburg und

Ungarn machten. Erst Anfangs Mai waren die beiderseitigen Abgesandten mit den hinlänglichen Instruktionen versehen, um mit
einander, diese im Namen des gesammten Hussitismus, jene der
ganzen katholischen Christenheit verhandeln zu können. Von den
Böhmen waren außer einer größeren Zahl weltlicher Herren die
hervorragendsten Theologen aller drei Partheien anwesend, Rokycan,
Peter Payne, Procop der Große, Nikolaus von Pilgram, der Taboritenbischof, Markold von Zbraslawic und Martin Lupač von
Chrudim. Auf der anderen Seite außer dem Markgrafen Friedrich
on Brandenburg, dem Herzog Johann von Baiern und anderen
Herren die schon genannten Theologen Johann Nider und Johann
von Geilhausen, sodann Abt Heinrich bei St. Aegidi und Pfarrer
Albrecht bei St. Sebald von Nürnberg, der Dechant Friedrich
Parsperger von Regensburg und der Kanonikus Heinrich Tote von
Magdeburg.

Die Verhandlungen wurden von dem Kanonikus Tote mit einer
sehr freundlich und liebevoll lautenden Ansprache an die Böhmen
über das Wort Christi: Friede sei mit euch! eröffnet. Worauf
Rokycan im Namen der Böhmen erklärte, daß sie an dem bisher
herrschenden Unfrieden nicht Schuld gewesen, nun aber sich freuten,
daß ihnen das Basler Concil mit Vorschlägen zum Frieden ent-
gegenkäme und ihnen freies und öffentliches Gehör für ihre Klagen
gewähren wolle; nur müßten sie, bevor sie darauf eingingen, wissen,
von welcher Art das ihnen zugesagte Gehör sein und welche Sicherheit
ihren Abgesandten gegeben werden würde. Eben dies aber gab zu
langen und schwierigen, 13 Tage dauernden Verhandlungen Anlaß.
Procop und die Taboriten warfen den Baslern vor, man könne
ihren Worten und Versicherungen ja nicht Treue und Glauben
schenken, sie hätten es zu Constanz durch die That bewiesen und auch
grundsätzlich festgestellt, daß ein den Ketzern gegebenes Versprechen
keine bindende Kraft habe, und daß man sie als Ketzer erklärt und
verdammt habe, hätten sie seit Jahren thatsächlich bewiesen. Da
die Basler zuerst ausweichend antworteten, so drohten die Verhandlungen mehrmals erfolglos zu bleiben. Doch gelang es den Pragern
und Egerern, welche um jeden Preis Frieden haben wollten, solche
Zugeständnisse zu erhalten, daß sich schließlich auch Procop und die

Taboriten damit zufrieden erklärten. Es wurde nämlich vereinbart: 1) daß die Gesandten von Böhmen und Mähren auf dem Concile, wie und so oft sie es verlangten, volles und freies Gehör haben sollten vor der ganzen Versammlung; 2) daß das Concil auf ihr Verlangen würdige und gelehrte Männer bestimmen solle, welche über die obschwebenden Streitfragen friedlich und brüderlich mit ihnen zu conferiren hätten; 3) daß ihnen ihrem Range und ihrer Stellung gebührende Plätze in der Versammlung anzuweisen seien; 4) daß ihnen jeweils gehörige Zeit eingeräumt werden solle, um zu erwägen, was sie dem Concile entgegnen wollten; 5) daß das gegen sie Vor-gebrachte ihnen immer auch schriftlich mitgetheilt werden müsse, wie sie es ihrerseits auch so halten würden; 6) daß keine Kirchengesetze, Bullen, Bannflüche und Concilienbeschlüsse, insbesondere die von Constanz und Siena, in irgend einer Art gegen sie geltend gemacht werden oder ihr freies Gehör und Geleit hindern dürften; 7) daß in der Streitfrage wegen der vier Artikel, für die sie einständen, das Gesetz Gottes und die Praxis Christi, der Apostel und Ur-kirche zusammt denjenigen Concilien und Kirchenlehrern, welche sich in Wahrheit darauf stützten, zur untrüglichen und unpartheiischen Richtschnur auf diesem Basler Concile dienen sollten [58]); 8) daß beiden Theilen gestattet sein solle, öffentlich vor dem Concile sich gegenseitig die Gebrechen und Ausschweifungen einzelner Stände vor-zuhalten, doch ohne Friedensstörung und Ehrenkränkung; 9) daß das Concil, wie sie in Böhmen schon gethan, nach Möglichkeit Sorge trage, daß die offenkundigen Sünden aus der Kirche und besonders am Orte des Concils ausgeschieden und heilsame Reformen allmählig und gehörig eingeführt werden möchten; 10) daß während

---

58) „Item, in causa quatuor articulorum, quam, ut praefertur, prose-quantur, lex divina, praxis Christi, apostolica et ecclesiae primitivae, una cum conciliis doctoribusque, fundantibus se veraciter in eodem, pro veracissimo et indifferenti judice in hoc Basileensi concilio admittentur." Vgl. Mansi, Coll. concil. XXX, 146; der wichtigste, von den Hussiten längst verkündigte Artikel, welchem die verhängnißvolle Erwähnung der Concilien und Kirchenlehrer jedoch erst in Eger und zweifelsohne auf Rokycan's Vorschlag beigefügt worden ist. Der hier erwähnte sogenannte „Judex compactatus in Egra" hat bei den Basler Verhandlungen eine überaus wichtige Rolle gespielt.

der ganzen Zeit, auf welche ihre Geleitsbriefe lauteten, an keinem Orte, wohin sie kämen, wo sie weilten oder von wo sie abgingen, der Gottesdienst aufhören oder das Interdikt beobachtet werden dürfe; 11) daß sie bei der Verrichtung des Gottesdienstes in ihren Herbergen auf keine Weise gestört werden dürften; 12) endlich setzten es die Böhmen noch durch, daß ihnen fürstliche und ausgezeichnete Personen als Geiseln für ihre Sicherheit gegeben werden mußten, und daß das Concil seinen ganzen Einfluß aufzubieten habe, König Sigismund zum persönlichen Erscheinen beim Concile zu vermögen. Dagegen vermochten die Basler mit ihrer Forderung eines vollständigen Waffenstillstandes während der Dauer der Verhandlungen nicht durchzudringen; diejenigen, welche einen solchen wünschten, entschied Procop, müßten sich deswegen an den böhmischen Landtag wenden.

Betrachtet man diese Artikel, so kann man nicht umhin, dieselben im Allgemeinen wie im Einzelnen als für die Böhmen sehr günstig zu bezeichnen. Man könnte sie geradezu als einen Akt der Demüthigung der ganzen Kirche unter den Hussitismus bezeichnen, seit vielen Jahrhunderten unerhört. Und dennoch lauerte in dem „Judex compactatus in Egra" die giftige Schlange unter den Rosen. Denn wenn nicht nur die heilige Schrift und die Praxis der Urkirche, sondern auch die Lehren und Beschlüsse der späteren Concilien und Kirchenlehrer zur Richtschnur der Beurtheilung dessen angenommen wurde, was in der Kirche zu glauben und festzuhalten sei, wo war da eine Gränze zu ziehen, bei welchem Concil, bei welchem Kirchenlehrer sollte da Halt gemacht werden? Es ist schwer begreiflich, daß sich Procop zur Annahme dieses für seine ganze Sache so verderblichen Zusatzes verstanden hat; man wird es nur daraus erklären können, daß er die Auslegung und Anwendung desselben nach seinem Sinne nöthigen Falles mit den Waffen ertrotzen zu können hoffte. Wie er denn auch gerade zu jener Zeit, im Sommer 1432, den Schrecken seiner Waffen durch neue Kriegszüge zu erhalten und zu mehren suchte.

Uebrigens dauerte es noch bis gegen Schluß des Jahres, bevor die in Eger beschlossene Beschickung des Concils von den Böhmen ausgeführt werden konnte. Es wurden von beiden Seiten noch verschiedene Schwierigkeiten erhoben, die wir füglich übergehen können. Erst im September wurden auf einem Landtage zu Kuttenberg diejenigen Personen gewählt, welche die Sache der Böhmen in Basel vertreten sollten, und sie reisten dahin erst am 6. December ab, nachdem sich zuvor noch zwei Böhmen an Ort und Stelle selbst darüber vergewissert hatten, daß es dem Concile mit seinen Friedensversicherungen ein aufrichtiger Ernst war. Die dahin zogen, waren, außer sieben angesehenen Herren weltlichen Standes und einer zahlreichen Begleitung von Berittenen und sonstigen Dienern: Mag. Johann von Rokycana, Mag. Peter Payne, der Engländer, Priester Procop der Große, Bischof Nicolaus von Pilgram (Pelhřimow), und die Priester Markold von Zbraslawic, Martin Lupač von Chrudim und Peter Němec von Saaz.

Der Empfang, der ihnen in Deutschland und besonders in Basel selbst zu Theil wurde, war, wie nach den vorausgegangenen Verhandlungen nicht anders zu erwarten war, ein überaus ehrenvoller und freundlicher. Kardinal Julian bot Alles auf, ihnen den Aufenthalt in Basel so angenehm als möglich zu machen, die in Eger eingegangenen Bedingungen zu erfüllen und Alles zu beseitigen, was eine Mißstimmung hervorrufen konnte. Hierin fehlte es fast an nichts von Allem, was die Böhmen gewinnen konnte. Julian ließ es sich sogar aufs eifrigste angelegen sein, auch privatim mit den einzelnen Gliedern der Gesandtschaft, insbesondere mit Procop dem Großen, auf einen freundschaftlichen Fuß zu kommen. In den öffentlichen Verhandlungen jedoch gab es viele harte Auftritte und schwere Kämpfe, bis der Weg zu dem unter dem Namen der „Basler Compaktaten" bekannten Vergleiche geebnet war.

Als die Böhmen am 10. Januar 1433 zum ersten Male in die allgemeine Versammlung im Dominikanerkloster (in der Vorstadt) eingeführt wurden, redete sie Julian mit einer zweistündigen, nicht nur sehr schönen, sondern auch sehr herzlichen und gewinnenden Rede über Phil. 2, 1—3 an, suchte sie mit allen Mitteln der Beredsamkeit von der Liebe der Kirche zu allen ihren einzelnen Gliedern und von der Nothwendigkeit, in Gemeinschaft und Einigkeit mit ihr zu leben, zu überzeugen; keine größere Freude für die Mutter = Kirche, als wenn sie ihre Söhne, die sich nun von ihr getrennt, wieder in ihren Schooß zurückkehren würden. Ihm antwortete sofort Rokycan in einer ebenso ausführlichen Rede über Matth. 2, 1—2, dankte dem Concile für die liebevolle Aufnahme, die es ihnen erwiesen, zeigte aber auch, die allgemeine Christenheit habe ihnen Unrecht gethan, daß sie sie als Ketzer angesehen und verfolgt habe, sie hätten nie etwas Anderes gewollt und erstrebt, als die Kirche von der Verunstaltung zu reinigen, die sie in der letzten Zeit erfahren habe, und sie in den guten und löblichen Zustand zurückzuführen, in dem sie sich in der Zeit der Apostel und ersten Christen befunden habe; das hofften sie dem Concile mit klaren und deutlichen Gründen nachweisen zu können und sie baten deßhalb um die Festsetzung bestimmter Tage, an welchen sie dieses thun könnten.

Man bestimmte den 16. Januar dafür, und nachdem an diesem Tage zuerst die Egerer Verträge vorgelesen und neu bestätigt, auch die Vollmachten der böhmischen Gesandten geprüft worden waren, so trat dann Peter Payne auf und hielt eine Rede über Pf. 104, 22 („Wenn die Sonne aufgeht, so versammeln sie sich wieder", nach der Uebersetzung der Vulgata), worin er die hussitische Lehre mit der Sonne verglich und die Hoffnung aussprach, dieselbe werde noch von allen Menschen als richtig erkannt und angenommen werden. Das war die Einleitung zu den fast 14 Tage in Anspruch nehmenden Darlegungen und Auseinandersetzungen der böhmischen Theologen; und man konnte schon aus ihr entnehmen, in welchem Geiste und Sinne dieselbe erfolgen würden. Sie sollten nicht nur eine Rechtfertigung ihrer Sache und insbesondere der vier Prager Artikel enthalten, sondern auch eine offene und freimüthige Aufforderung an das Concil und die ganze Christenheit, die Wahrheit und Berechtigung derselben anzuerkennen und gemäß denselben allenthalben solche Reformen vorzunehmen, wie sie in Böhmen durchgeführt worden waren.

Die Böhmen hatten die Vertheidigung und Empfehlung ihrer Artikel so vertheilt, daß zuerst Rokycan über die Communion unter beiden Gestalten sprechen sollte (Art. II), dann der Taborite Nicolaus von Pilgram über die Verhütung und Bestrafung der öffentlichen Sünden und Unordnungen in der Kirche (Art. IV), hierauf der

Waisenpriester Ulrich von Znaim über die freie Predigt des göttlichen Wortes (Art. I), und schließlich der sich damals auch zu den Waisen haltende Mag. Peter Payne über die weltliche Herrschaft der Geistlichen (Art. III). Procop hatte für sich keine besondere Rolle in Anspruch genommen, er wollte gelegentlich in die Verhandlungen eingreifen.

Rokycan begann noch am 16. Januar seine mit großem Aufwande von Scharfsinn und Gelehrsamkeit abgefaßte, dazu auch ohne besondere Leidenschaftlichkeit vorgetragene Rede. Da der Abend jedoch hereinbrach, so konnte er an diesem Tage nur noch im Allgemeinen ausführen, daß die Böhmen nichts mit Eigensinn und Hartnäckigkeit zu behaupten vorhätten, was der Lehre der Mutterkirche, d. h. nicht der dermaligen, sondern der wahren, apostolischen, zuwider sei; für ihre Wiedereinführung der Communion unter beiden Gestalten aber könnten sie sich auf die heilige Schrift, auf die Aussprüche aller älteren Kirchenlehrer, auf die Praxis der Urkirche und die Anordnungen und Dekrete der Concilien beziehen; sie entspräche daher in jeder Hinsicht derjenigen Richtschnur des Glaubens und Lebens der Kirche, welche man in Eger beiderseitig angenommen habe. Die ausführliche Darlegung, die Begründung des ganzen Artikels mußte auf den folgenden Tag verschoben werden. Rokycan dehnte sie aber so weit aus, daß er auch an diesem Tage noch nicht fertig wurde, sondern noch Montag den 19. Januar dazu in Anspruch nehmen mußte. Es galt eben nachzuweisen, daß das Concil von Constanz einen verkehrten Beschluß gefaßt hatte, indem es am 15. Juni 1415 die Communio sub utraque für irrthümlich, häretisch und skandalös erklärt hatte. Und da das Concil seinem höchst interessanten und geistvollen Vortrage bis zum Ende mit der gespanntesten Aufmerksamkeit folgte (in der Lehre von der Eucharistie im Allgemeinen war ja, wie wir wissen, keine wesentliche Differenz zwischen ihm und der katholischen Kirche), so schöpfte er daraus allmählig so großes Vertrauen auf den Sieg seiner Sache, daß er zuletzt das Concil aufforderte, ihm auch nur einen einzigen Kirchenlehrer zu nennen, der zu ihren Gunsten spräche, so wolle er von seiner Ansicht zurücktreten. Als er geendet hatte, benutzte auch Procop diese Stimmung und ermahnte die versammelten Väter in der ernstesten Weise, sie möchten doch der Wahrheit Gottes nicht widerstehen, sondern, zum Gastmahle des Herrn eingeladen (Luc. 14, 16—24. Matth. 22, 2—14), dazu kommen und an dessen Segnungen Theil nehmen. Seine in dem Tone eines Propheten und Bußpredigers gehaltene Rede wurde jedoch mit ziemlichem Unwillen, zum Theil sogar mit lautem Gelächter aufgenommen, wie einst was Hus dem Constanzer Concile vorgehalten hatte.

Dieser Unwille und diese feindselige Stimmung mehrte sich, als an den zwei folgenden Tagen der Taboritenbischof Nicolaus von Pilgram von der Verhütung und Bestrafung der öffentlichen Sünden in der Kirche sprach und, wie es theils die Natur der Sache, theils sein taboritischer Standpunkt mit sich brachte, oft in scharfer und heftiger Rede die Sünden der damaligen römischen Kirche und die sie hervorrufenden verkehrten, unevangelischen Ordnungen und Einrichtungen tadelte, der Kirche auch offen und ungescheut zum Vorwurf machte, daß sie die gröbsten Laster und Verbrechen ungestraft hingehen lasse, so fromme und gerechte Männer aber, wie Hus und Hieronymus, ohne Gnade und Barmherzigkeit dem Scheiterhaufen überantwortet hätte. Die Punkte, auf welche er dabei im Einzelnen einging, waren hauptsächlich folgende: In der römischen Kirche herrsche im Allgemeinen eine laxe Moral, sie achte nicht darauf, die Gemeinde als eine heilige darzustellen; sie lasse insbesondere ihre Priester in den offenkundigsten Lastern dahinleben, ohne ernstlich dagegen einzuschreiten, was vor Allem dadurch befördert werde, daß sie sie der Jurisdiction der weltlichen Gerichtsbarkeit entzogen hätten; sie habe sich im Papstthum und den übrigen geistlichen Kirchenämtern eine weltliche Machtfülle angemaßt, welche ganz gegen das Vorbild Christi und seiner Apostel sei; sie suchten diese Herrschaft, was wiederum dem Worte Gottes und der christlichen Liebe zuwider sei, durch die Schrecken der Todesstrafe zu erhalten und zu befestigen [59]); sie überträten Gottes Wort und gäben zu den ver-

---

59) Die Taboriten waren Gegner der Todesstrafe. Der Opponent des Taboritenbischofs Prof. Aeg. Carlier von Paris vertheidigte sie in seiner Replik damit, daß sie durch die Gerechtigkeit und die Nothwendigkeit, verbrecherischen Menschen Schrecken und Furcht einzuflößen, gefordert werde.

schiedensten Unordnungen Anlaß durch ihre zwangsweise erhobenen Zehnten, durch ihre Ablaß- und Bruderschaftsbriefe, durch ihre Wallfahrten, Processionen, Bilderverehrungen u. dergl. Je tiefer diese Anklagen in das ganze Leben der Kirche eingriffen, je mehr der Taboritenbischof damit, um ein Wort von Erasmus über Luther anzuwenden, dem Papste an die Tiara und den Mönchen an die fetten Bäuche griff, um so heftiger wurden die versammelten Concilsherren von Zorn und Wuth erfüllt. „Einige lachten, Andere knirschten mit den Zähnen, noch Andere fingen laut an zu murren, Julian blickte mit gefalteten Händen zum Himmel empor." Er mußte mit seiner Rede einhalten und fragen, ob man ihn nach den Egerer Verträgen weiter reden lassen wolle oder nicht? Worauf Julian erwiderte: „Haltet nur dann und wann ein, damit man sich etwas räuspern könne; im Uebrigen sollt ihr volle Freiheit haben." Es ist bezeichnend, daß Rokycan, während die meisten Böhmen des Nicolaus Rede billigten, ihm ernstliche Vorwürfe machte, daß er die Prälaten so schonungslos angegriffen habe.

Am 23. und 24. Januar sprach der Waisenpriester Ulrich von Znaim über die freie und ungehinderte Predigt des göttlichen Wortes nach dem Vorbilde Christi und der Apostel in Treue und Wahrhaftigkeit. Seine Rede war etwas ruhiger gehalten und wurde darum, obwohl auch ihr eine den Baslern unliebsame Apologie Hussens eingeflochten war, mit größerer Ruhe und weniger feindseliger Stimmung angehört. Er zeigte darin, daß Gottes Wort allein das rechte Mittel zur Erbauung der streitenden Kirche sei, da in ihm allein das untrügliche Wort der Wahrheit enthalten sei, daß die Kirche es eben deshalb stets für ihr erstes und oberstes Werk halten müsse, auf alle Weise die freie, treue und eindringliche Verkündigung desselben zu befördern und solche Priester heranzubilden, welche dazu geschickt seien. Leider sei dies in jetziger Zeit meistens nicht der Fall, und sei die Mehrzahl der Priester herrschsüchtig wie die Priester Pharao's, üppig lebend und ehrgeizig wie die Baalspfaffen, habsüchtig wie die Dagonspriester, unwissend und ununterrichtet wie die falschen Propheten und Lehrer im Reiche Israel, und mit dem Schandflecke der Simonie behaftet wie Gehasi und der Zauberer Simon; die treuen und frommen Prediger aber, die in Wort, Schrift und Wandel der Kirche Zierde und Ruhm seien, würden überall und gerade von den Prälaten und Mönchen gehaßt und verfolgt, wie an dem trefflichen Lehrer Böhmens zu ersehen, den sie zu einem grausamen Tode geführt, und doch wisse ein Jeder, der mit ihm bekannt gewesen, daß er ein Mann von reinem und heiligem Wandel und von ausgezeichneter Gelehrsamkeit und Beredsamkeit war.

Um so heftiger regte sich der Unwille wiederum, als schließlich der Engländer Mag. Peter Payne vom 26. bis 28. Januar wider die weltliche Herrschaft der Geistlichen eiferte und sie als die Haupturfache der Geringschätzung von Gottes Wort und der geistlichen Studien, als die Hauptquelle der so überaus gefährlichen Geld- und Weltliebe des Clerus, seiner Sittenverderbniß, seines Stolzes und seiner Hoffarth bezeichnete. Der Grund davon lag nicht nur in dem Inhalte dessen, was er sagte, sondern auch und ganz besonders in der Art und Weise, wie er es vortrug. Mußte es nämlich den meist große weltliche Herrschaften besitzenden Concilsherren schon ärgerlich und anstößig genug sein, den Grundsatz aussprechen zu hören, daß solch weltliches Herrschen mit den Lehren und dem Vorbilde Christi und der Apostel in Widerspruch stehe, und daß die Laien die Erlaubniß, ja die Pflicht hätten, den Geistlichen solches selbst mit Gewalt wegzunehmen, wenn es ihrem geistlichen Amte Eintrag thue und sie zu einem üppigen, stolzen oder tyrannischen Verhalten verleite, so ärgerte sie noch mehr, daß Peter Payne sich offen und frei als einen Schüler Wycliffe's bekannte und dessen von der Kirche seit lange mit so großem Eifer verdammte Lehrsätze bis ins Einzelnste zu vertheidigen und als christlich und recht darzustellen wagte.

Nachdem die Böhmen nun so ihre Reden und Ausführungen über die vier Prager Artikel beendet hatten, ergriff Rokycan am 28. Januar nochmals das Wort, dankte dem Concil, daß es sie so lange Zeit hindurch geduldig angehört habe, bat um Verzeihung, wenn sie auf irgend eine Weise durch ihre Worte beleidigt worden seien, und erklärte sich im Namen aller Böhmen bereit, in den von ihnen vorgetragenen Artikeln zu verbessern, was man ihnen mit guten Gründen als dem rechten Glauben und der Wahrheit zuwiderlaufend nachweisen würde. Aehnlich sprach sich auch Herr Wilhelm

Kostka von Postupic dem Protector des Concils, Herzog Wilhelm
von Baiern, gegenüber aus, worauf der Letztere erklärte, daß, wenn
ihnen dieses Gehör noch nicht genügte, er ihnen gerne noch weiteres
zu verschaffen bereit sei, er werde überhaupt Alles thun, was zur
Eintracht und zum Frieden führen könnte, wie er dazu auch von
König Sigismund besondere Weisung empfangen habe. Dann aber
ergriff Julian das Wort und leitete in der nachfolgenden Weise
das auf den Grundsatz: Divide et impera! basirte, mit großer
Sorgfalt überlegte und durchgeführte Verfahren des Concils ein,
welches die Böhmen mit der Zeit, wenn auch nicht geradezu wieder
zu der katholischen Kirche zurückführen, doch wenigstens ihre Wider=
standskraft brechen und ihre so hoffnungsreiche Reformationsbewegung
unschädlich und unwirksam machen sollte.

Er fragte zuerst, ob sich alle Gesandten zu dem bekannten, was
ihre vier Redner vorgetragen hätten. Als dies bejaht worden war,
so fing er in längerer Rede an, zuerst auszuführen, wie ihn in
diesen zehntägigen Vorträgen gar Manches mit Freude erfüllt habe
und zu der Hoffnung berechtige, es werde die von beiden Theilen
gewünschte Eintracht noch zu Stande kommen; die rauhen Worte,
die sie bisweilen zu hören bekommen, wollten sie auch keineswegs
auf die Goldwage legen, sondern vielmehr alle Mittel ergreifen,
die zum Frieden und zur Einigung führen könnten. Auf einmal
aber sagte er [60]:

„Wenn wir dauernde Einigung und Frieden eingehen und in
einem und demselben Geiste wandeln wollen, so müssen wir alle
und jede Verschiedenheit der Meinungen und Ansichten beseitigen
und, wie der Apostel sagt, einerlei Rede führen und keinerlei
Spaltungen dulden. Darum ist es überaus nothwendig, daß wir
uns Nichts gegenseitig verbergen, sondern ohne Rückhalt Alles, was
wir glauben und denken, offenbaren. Dies heilige Concil ist ein
Feuerofen des heiligen Geistes, in welchem Gold und Silber von
den Schlacken, d. h., was zum Glauben und Leben gehört, von allem
Unreinen gereinigt werden muß. Es ist ja auch Sitte und Gebrauch,

---

60) Monum. Concil. General. Saec. XV, tom. I. Concil. Basil. Vindeb.
1857, p. 272 sqq. (Joh. de Ragusio tractatus, quomodo Bohemi reducti
sunt ad unitatem ecclesiae, ed. Fr. Palacky).

daß, wo man nach langem Streite eine Einigung einzugehen wünscht, zumal alle Streitpunkte beigelegt werden, da sonst, wenn auch nur Einer unerledigt bleibt leichthin neue Streitereien und Gehässigkeiten entstehen. Ein Feuer muß gänzlich gelöscht werden, daß auch kein einziger Funke mehr übrig bleibt, er könnte sonst leicht wieder ein ganzes Haus in Brand stecken. So müssen auch wir das ganze Feuer unserer Zwieträchtigkeiten so auslöschen, daß kein Funke mehr davon übrig bleibt.

„Ihr habt uns in den letzten Tagen nur vier Artikel vorgelegt; wir haben aber vernommen, daß ihr außer diesen noch viele andere Lehren habt, in welchen ihr von uns abweichet. Wenn eine wahre brüderliche Einigung unter uns erfolgen soll, so müssen diese alle besprochen werden, damit man durch die Gnade des heiligen Geistes Friede und Einigkeit darin erlange. Wir gründen diese Behauptung nicht auf bloße Vermuthungen, sondern wir haben das theils von glaubwürdigen Personen vernommen, theils sind Personen hier, die dies mit eigenen Augen in Böhmen gesehen haben, theils auch dürfen wir dies aus eueren eigenen Aussagen entnehmen. Denn der Magister Nicolaus (von Pilgram) hat unter Anderem den Johann Wycliffe einen evangelischen Doktor genannt. Wenn ihr ihn nun einen evangelisch gesinnten Mann nennet, so ist nothwendig, daß ihr auch seine Aussprüche für wahr und annehmbar haltet; wenn aber nicht, so wäre es doch wohl billig und recht, daß ihr uns darüber Aufschluß gäbet. Wir haben zu diesem Behufe eine Reihe von Artikeln zusammengestellt, von denen wir euch bitten, daß ihr uns Auskunft ertheilet, ob ihr sie annehmet oder nicht; wir verlangen nicht, daß ihr alle Gründe, die ihr dafür habt, auseinandersetzet, sondern nur daß ihr bei jedem einzelnen Artikel mit einem einfachen Ja oder Nein antwortet; wobei jedoch nicht ausgeschlossen sein soll, daß ihr darüber Fragen stellen und wir euch wieder Antworten ertheilen mögen.

„Diese Artikel sind folgende:

1) Im Altarsakramente verbleibt die materielle Substanz des Brodes und Weines auch nach der Consekration.

2) Die Accidentien des Brodes und Weines können darin nicht ohne das Subjekt sein.

3) Christus ist darin nicht wahrhaft und wirklich in körperlicher Anwesenheit gegenwärtig.

4) Niemals darf bei der Segnung des Kelches Wasser unter den Wein gemischt werden.

5) Das Sakrament der Firmung ist unnütz und überflüssig.

6) Ebenso das äußerliche Bekenntniß vor dem Priester in der Beichte, wenn die Zerknirschung des Herzens vorhanden ist.

7) Ebenso das Sakrament der letzten Oelung. (Man berichtet uns sogar, daß das heilige Oel von Manchen in Böhmen auf schändliche Weise verunehrt und zum Salben von Stiefeln verwendet wird.)

8) Man darf die Täuflinge nicht mit heiligem Oele salben.

9) Man darf überhaupt bei den Sakramenten weder was Gewänder und sonstigen heiligen Schmuck, noch was Schriftlesung, Gebete, Kreuzeszeichen und dergleichen Ceremonien betrifft, an dem festhalten, was die Kirche bisher beobachtet hat.

10) Es gibt kein Fegfeuer, sondern jede Seele geht sofort nach dem Tode entweder zur ewigen Seligkeit des Paradieses oder zur ewigen Verdammniß der Hölle ein.

11) Für Verstorbene zu beten ist thöricht.

12) Man darf nicht zu den Heiligen Gottes beten und ihre Fürbitten nützen den Menschen nichts.

13) Die Bilder und Reliquien Christi und der Heiligen dürfen nicht verehrt, sondern müssen zerstört und verbrannt werden.

14) Die Quadragesimal = und sonstigen kirchlichen Fasten, wie auch die zu Ehren der Heiligen eingeführten Feste sind abzuschaffen.

15) Desgleichen, was bezüglich der Kleidung und Tonsur der Cleriker und der kanonischen Stunden eingeführt ist; man darf überhaupt nur solche kirchliche Vorschriften beobachten, welche ausdrücklich und wörtlich im Gesetze des Evangeliums geboten sind.

16) Ein Priester oder Bischof in Todsünde ordinirt, weiht, segnet und tauft nicht.

17) Keiner ist bürgerlicher Herr oder Prälat, so lange er in Todsünde lebt.

18) Das Volk und die Untergebenen können nach Willkühr ihre Herren, wenn sie Verbrechen begehen, strafen, zurechtweisen und absetzen.

19) Alle Brüderschaften sowohl der besitzenden, als der Bettelmönche sind verwerfliche und teuflische Einrichtungen, und die sie gemacht, sind teuflische Menschen; insbesondere sind alle Bettelmönche Häretiker, und sündigt, wer ihnen Almosen giebt.

20) Alles geschieht aus absoluter Nothwendigkeit.

21) Die Gebete der Präsciten nützen Nichts.

22) Wenn der Präscite auch vollkommenen Glauben und Liebe hat, so steht er doch nicht in der Gnade Gottes, ist kein Glied der Kirche und kann kein Amt in ihr verwalten; der Prädestinirte dagegen ist, auch wenn er eine Todsünde begeht, doch kein Glied des Teufels, noch außer der Gnade Gottes.

23) Universitäten, höhere Schulen, Magisterwürden, Doktorgrade u. dergl. sind aus dem Heidenthum in die Kirche herübergekommen und nützen derselben nicht mehr, als der Teufel.

24) Kein Bann des Papstes oder sonst eines Prälaten ist zu fürchten.

25) An den Ablaß des Papstes und der Bischöfe zu glauben ist thöricht.

26) Jede Eidesleistung ist verboten.

27) Die heilige allgemeine Kirche ist nur die Gemeinschaft der Prädestinirten.

28) Der kirchliche Gehorsam ist nur eine Erfindung der Priester und in der Schrift nicht ausdrücklich geboten.

„Außerdem wünscht das heilige Concil von den böhmischen Gesandten noch zu erfahren, welcher Worte sich ihre Priester bei der Consekration des Leibes und Blutes des Herrn bedienen; ob man das Kirchengesetz beobachte, das die Ehe zwischen Verwandten bis zum vierten Grade verbietet; ob die Böhmen legitim versammelten allgemeinen Concilien Vollmacht und Entscheidungsrecht in der Kirche Gottes zuerkennen; ob sie den Papst für den Stellvertreter Christi auf Erden und für den Nachfolger des Apostel Petrus halten, und welche Macht sie den Bischöfen und Priestern in der Kirche zuweisen; weiter ob sie glauben, daß der heilige Geist vom Vater

und Sohne ausgehe, und den für einen Ketzer halten, der dies
nicht glaubt, und endlich ob sie den für einen Ketzer halten, welcher
den vier Concilien von Nicäa, Constantinopel, Ephesus und Chalcedon,
welche die allgemeine Kirche wie die vier Evangelien ehrt, hartnäckig
zu widersprechen wagt?"

Man mag diese Zwischenfrage Julian's und des Concils an=
sehen, wie man will, so wird man nicht umhin können, schon im
Hinblick auf den verletzenden Ton derselben, darin statt des in
Eger bedungenen „friedlichen und brüderlichen" Conferirens über
die obschwebenden Differenzen einen scharfen und fein berechneten
Angriff auf die Böhmen zu erkennen. Die Abweichung von den
Egerer Verträgen liegt auf der Hand; die Böhmen hatten dort nur
in eine Berathung über die vier Prager Artikel eingewilligt und
ihren Gesandten in Folge davon zu keinen weiteren Verhandlungen
Vollmacht ertheilt; hier aber waren Artikel proponirt, welche mit
jenen zum Theil nur in ganz entferntem Zusammenhange standen
und in keiner Weise zur Erörterung zwischen zwei großen, sich auch
im Kriege begegnenden Partheien geeignet waren. Das fein Be=
rechnete oder Hinterlistige lag darin, daß diese Artikel eine Reihe
von Punkten berührten, über welchen zwischen den verschiedenen re=
formatorischen Partheien in Böhmen selbst seit langen Jahren große
Mißhelligkeiten und Streitigkeiten obgewaltet hatten. Es ist klar,
das Concil wollte damit zwischen den diese Artikel fast ohne Aus=
nahme bejahenden Taboriten und Waisen und den sie meist ver=
werfenden Pragern den Samen der Zwietracht ausstreuen und durch
Anziehen dieser und Abstoßen jener beide Theile unschädlich machen.
Und es sollte seine Absicht mit der Zeit nur allzu gut erreichen.
Procop hätte besser gethan, auf seinem ersten Vorsatze zu bestehen
und, wie er sich bald darauf äußerte, ein Concil gar nicht zu besuchen,
auf welchem er und seine Anhänger trotz aller Liebes = und Frie=
densversicherungen doch nur als Ketzer angesehen waren.

Wenn wir die Beziehungen betrachten, welche die Abgesandten
der verschiedenen böhmischen Partheien in Basel zu einander ge=
pflogen haben, so können wir aus dem interessanten, erst neuer=
dings von Palacky im Druck veröffentlichten Tagebuche des
Waisenpriesters und Baccalars der Theologie Peter Nĕmec von

Saaz [61]) entnehmen, daß dieselbe bis dahin im Ganzen höchst freund=
schaftliche waren. Sie hielten bald in der Herberge dieser, bald
jener Parthei [62]) fleißige Zusammenkünfte; was sie dem Concil durch
ihre Redner vortragen ließen, geschah stets in Aller Namen; auch
der persönliche Verkehr mit den einzelnen Herren vom Concil war
meist ein gemeinschaftlicher. Nur ein einziges Mal hören wir von
Mißhelligkeiten, indem Rokycan am 13. Januar zuerst zustimmte,
daß der Waise Ulrich von Znaim die Vertheidigung des Artikels
von der freien Predigt des göttlichen Wortes übernehmen sollte,
dieselbe aber noch am gleichen Tage und wieder am 22. Januar,
angeblich mit Berufung auf einen Auftrag der böhmischen Barone,
für sich in Anspruch nehmen wollte und sogar wider ihren Willen
an sich zu reißen drohte; worauf ihm Procop schließlich erwiderte,
er wollte lieber sterben, als einen solchen Standal dulden, und sie
würden dies nöthigen Falles selbst durch eine Botschaft an das Concil
verhindern. Von dieser Zeit an sehen wir das einträchtige Zu=
sammengehen der Böhmen mehr und mehr verschwinden und ins=
besondere Rokycan immer mehr eine reservirte Haltung annehmen,
die sich endlich nach der Rückkehr in die Heimath zu einer offen
feindseligen Haltung gegen die Taboriten gestaltete; die im Concil
repräsentirte Macht der allgemeinen Kirche hatte ihm imponirt, das
Verlangen nach einer Einigung mit ihr überwog bei ihm allmählig
die Liebe zu dem reinen und lauteren Worte Gottes und zur Be=
freiung der Kirche von den in ihr aufgekommenen falschen Lehren
und unevangelischen Einrichtungen; dabei hoffte er für sich selbst
große persönliche Vortheile zu erlangen, wenn er, selbst auch mit
Preisgebung der Taboritenbrüder, die Wiedervereinigung der Böhmen
mit der katholischen Kirche zu Stande brächte; es dürfte auch kaum
einem Zweifel unterliegen, daß ihm in Basel, als dem Gelehrtesten

---

61) Monum. conc. gen. saec. XV, tom. I, conc. Basil., p. 289—357
(nach einem Manuscript der erzbisch. Bibl. zu Prag).

62) Sie hatten sich nämlich vier Häuser in Basel gemiethet; in einem wohnten
die Häupter der Gesandtschaft, Herr Wilhelm Kostka und Procop; im zweiten
die Prager: J. Rokycan, M. Lupač, Joh. Welwar und Beneš von Mokrowans;
im dritten die Taboriten: Nic. Biskupec von Pilgram, Markold von Zbrasla=
wic, Matth. Lauda und Laurin; im vierten die Waisen: P. Payne, Ulrich von
Znaim, Peter Němec von Saaz und Georg von Řečic.

und Beredtesten unter den Böhmen, insgeheim der erzbischöfliche Stuhl von Prag zum Lohn dafür angeboten worden ist.

In Basel selbst wagte es Rokycan freilich nicht, bezüglich der vorgelegten 28 Artikel seinen Dissens von den Lehren und Grundsätzen der Taboriten und Waisen offen kund werden zu lassen und auf diese Weise seine und der Prager Sache von der ihrigen zu trennen. Als Julian die genannte Anfrage an sie stellte, zogen sich die böhmischen Gesandten für einige Augenblicke aus der Versammlung zurück, und der einmüthige Beschluß, den sie bei ihrer Berathung faßten, ging zunächst dahin, sich diese Artikel zu weiterer Erwägung schriftlich geben zu lassen; welcher Anforderung Julian auch sofort entsprach. Als sie hierauf am 21. Februar wieder daran erinnert wurden, erwiderten sie am 23ften durch Rokycan, daß sie gemäß den Egerer Verträgen nur über die vier (Prager) Artikel zu verhandeln Vollmacht hätten und sich, damit keine Verwirrung entstehe, über die letzteren erst nach Erledigung dieser aussprechen wollten; was dann unterblieb, als man sich über jene nicht zu einigen vermochte.

Während dessen ließ das Concil die ausführlichen Reden der Böhmen durch noch viel ausführlichere von ihrer Seite beantworten und wurden dieselben mit kurzen Unterbrechungen vom 31. Januar bis 28. Februar ausgedehnt. Rokycan erwiderte der mehrgenannte Mag. Johann Stojkowic von Ragusa, ein Slave dem Slaven, und suchte in achttägiger Rede alle für die Nothwendigkeit der Communion unter beiderlei Gestalt vorgebrachten Gründe zu widerlegen und die von der Kirche angenommene Gewohnheit als eine in jeder Hinsicht berechtigte und heilsame darzustellen [63]). Vom 13. bis 17. Februar antwortete der Pariser Professor Aegidius Carlerius (Carlier) dem Taboritenbischof Nicolaus von Pilgram bezüglich des Artikels von der Abstellung und Bestrafung der öffentlichen Sünden [64]). In seiner Beweisführung suchte er den Böhmen nachzuweisen, daß

---

63) Die ganze weitschweifige Rede s. bei Mansi, Coll. conc., tom. XXIX, p. 699—868. Sie ist aufs reichlichste mit Citaten älterer und neuerer Kirchenlehrer gespickt und verbreitet sich zugleich über eine Menge in näherer und entfernterer Beziehung zu dem Thema stehender Nebenfragen.

64) Mansi l. l., p. 869—971.

sie mit ihrer rigorosen Forderung in dem Irrthum der Donatisten befangen seien; man müsse in der Kirche nach dem Gleichnisse vom Unkraut im Waizen verfahren und, Gott das Gericht überlassend, sich damit begnügen, die groben und gemeinschädlichen Todsünden oder Verbrechen zu bestrafen; was sodann die Sünden der Cleriker betreffe, so müsse man, wenn nicht Verwirrung, Aufruhr und Empörung entstehen solle, mit größter Weisheit und Mäßigung verfahren; allen gläubigen Christen stehe allerdings das Recht zu, in Todsünden gefallene Cleriker brüderlich zurechtzuweisen, desgleichen müßten auch die weltlichen Obrigkeiten gegen die Verbrechen von Laien mit Strafen einschreiten; über die Geistlichen aber sei denselben nun einmal nach einem unverbrüchlichen Kirchengesetze keine Jurisdiction zustehend, und wenn einzelne Prälaten oder auch der Papst gegen die ihnen untergebenen Geistlichen nicht einschreiten wollten, so habe man ja noch das Institut der allgemeinen Concilien, auf welchen, wie auf dem jetzt versammelten, nach reiflicher Erwägung und Berathung durch die Vertreter der gesammten Christenheit, was zu ihrer Reformation nöthig sei, beschlossen und ausgeführt werden könne. Er bezeichnete das Verfahren der Böhmen im Ganzen als ein revolutionäres und wollte auch in keiner Weise gelten lassen, daß die katholische Kirche mit den von ihr seit Jahrhunderten anerkannten Lehren und Einrichtungen (Ablaß, Bann, Heiligen-, Bilder- und Reliquienverehrung, Wallfahrten, Mönchswesen u. dergl.) zum Schaden und Verderben der Geistlichkeit und Laienwelt Anlaß gebe; wiewohl er nicht in Abrede stellte, daß sich dermalen mancherlei Mißbräuche und Unordnungen in die Kirche eingeschlichen hätten, welche einer Abbestellung bedürften. Als er auf das Constanzer Concil zu reden kam, so scheute er sich nicht, die Verurtheilung des Hus und Hieronymus als eine ganz gerechte und jener Versammlung nur zur Ehre gereichende darzustellen.

Vom 18. bis 21. Februar mühte sich der Dominikaner und Kölner Inquisitor Heinrich Kalteisen in einer überaus langweiligen und inhaltsleeren Rede ab, die von Ulrich von Znaim für die freie Predigt des Wortes Gottes vorgebrachten Gründe zu widerlegen [65].

---

65) Mansi l. l., p. 972—1104.

Seiner langen Rede kurzer Sinn war im Wesentlichen nichts Anderes als eine Verherrlichung des Meßopfers, daß die Feier desselben viel wichtiger sei als die Verkündigung von Gottes Wort; wie denn auch Christi Opfer am Kreuz unendlich viel mehr werth gewesen sei als seine Predigt des Evangeliums; daß nicht jeder Priester diese letztere zu pflegen habe; daß Bischöfe und Päpste dieselbe einem Priester wohl verbieten könnten, und daß ein solcher alsdann (er spielte damit auf Hus an) zu gehorchen habe, auch wenn das über ihn gefällte Urtheil ein ungerechtes sein sollte. Vom 23. bis 28. Februar endlich vertheidigte der päpstliche Auditor und Archidiakonus von Barcelona Johann von Palomar die weltliche Herrschaft der Geistlichen [66]). Er suchte die Berechtigung derselben sowohl aus der Schrift alten und neuen Testamentes und den Aussprüchen älterer und neuerer Kirchenlehrer, als auch und insbesondere durch eine längere und nicht uninteressante kirchenhistorische Ausführung aus der Praxis der Kirche seit den ersten Tagen ihres Bestandes darzuthun.

Unter diesen, wie schon bemerkt, zum Theil scharfe Ausfälle gegen Wycliffe, Hus und die Böhmen enthaltenden Reden erregte diejenige des Johannes von Ragusa den Unwillen der Böhmen am meisten. Es kam vielleicht auch von den heftigen Deklamationen und Gestikulationen her, womit er dieselbe begleitete. Als er zwei Tage in diesem Tone fortgemacht hatte, erhob sich Procop und sagte, zugleich mit Bezugnahme auf eine Rede, welche am 31. Januar von einem Cistercienserabt gehalten worden war, und worin er die Böhmen ohne Weiteres zur Unterwerfung unter das Concil aufgefordert hatte [67]): „Ihr verletzet die Verträge von Eger, denn ihr greifet unsere Personen an und verlangt, daß wir uns dem Concil unterwerfen sollten; wenn ihr dem von uns angenommenen Richter gemäß die Wahrheit habt, so werden wir sie gerne annehmen; wenn wir sie aber haben, so hoffe ich, daß ihr sie auch annehmet; es ist nicht an dem, daß wir, wie ihr sagt, zu der Kirche zurück=

---

66) **Mansi** l. l., p. 1105—1168.

67) **Petri Zatecensis** Lib. diurnus ad 4. Febr. 1433 in Monum. conc. gen. saec. **XV**, p. 300.

kehren müßten, ich glaube, wir sind gar nie von ihr abgewichen, sondern wünschen auch Andere zu ihr zurückzuführen, so zum Beispiel Euch!" Da erhob sich ein allgemeines Gelächter. Doch entschuldigten sich sowohl der Cistercienser, als Johann von Ragusa, sie hätten nicht die Absicht gehabt, sie zu beleidigen, wiewohl sie es hätten thun können, da sie von ihnen auch hart beschuldigt worden seien. Rokycan bemerkte, sie könnten ihre Sache vorderhand dem Schiedspruche des Concils nicht unterwerfen, weil es gegen die Egerer Verträge wäre; sie wüßten auch recht gut, was der Papst Eugen IV. von ihnen dächte [68]); übrigens achteten sie auf dessen Aussprüche nicht und hätten bis jetzt gute Hoffnung, daß die Einigung zu Stande käme, wegen deren sie hierher gereist seien. Darauf erwiderte der Protector des Concils, Herzog Wilhelm von Baiern, er werde dafür Sorge tragen, daß die Verträge von Eger, die auch von ihm unterzeichnet worden seien, in ihrem ganzen Umfange gehalten würden, sie sollten so viel Gehör erhalten, als sie verlangten; und Julian, sie müßten auch ein wenig Geduld tragen, wie das Concil solche ihnen gegenüber bewiesen, und Einer vom Anderen eine gute Meinung haben. Ein Carmelitermönch aber meinte, Johann von Ragusa habe ganz Recht gehabt, wenn er den Wycliffe einen verdammten Ketzer genannt habe, er sei es auch gewesen, und man könne die ihm von dem Constanzer Concil zur Last gelegten Irrlehren überall in seinen Schriften finden, was der Engländer Peter Payne bezüglich der Lehre vom Abendmahl in Abrede stellte.

Höchst interessant und ein lebendiges Bild von dem Gange der Verhandlungen gebend ist, was uns vom 6. Februar berichtet ist. Da Rokycan dem Johann von Ragusa vorgeworfen hatte, er citire öfter die Kirchenlehrer und sonstigen von ihm angeführten Schriftsteller falsch, verstümmelt oder wenigstens nicht in dem Sinne, in dem sie die betreffenden Aussprüche gethan, so hatte der spanische

---

68) Dieser hatte das Basler Concil, welches er im Jahre 1432 für aufgelöst erklärt, damals zwar auf dringende Vorstellungen Sigismund's wieder anerkannt, arbeitete jedoch dessen Reformationsbestrebungen auf alle Weise entgegen und erließ gerade damals (16. Febr. 1433) eine Bulle, worin er dem Concil nur über die Zurückführung der Böhmen und den Frieden unter den Christen zu verhandeln erlauben wollte.

Dominikaner Johann von Turrecremata einen ganzen Haufen Folianten in das Concil tragen lassen, um die einschlägigen Stellen im Original nachschlagen und vorlesen zu können. Als nun Johann von Ragusa unter Anderem sich auch auf Nicolaus von Lyra als Gewährsmann für die Communion unter Einer Gestalt berief, so fiel ihm Rokycan in die Rede und behauptete, das sei nicht die Ansicht Lyra's gewesen. Der Ragusaner hatte sich auf die Bibelstelle Gen. 14, 18 berufen und in einer, übrigens höchst lächerlichen Beweisführung darzuthun gesucht, als dort Melchisedek den Leuten Abram's Brod und Wein gebracht, so sei nicht bemerkt, daß das Volk Brod und Wein unter beiden Gestalten genommen, sondern nur daß sie Melchisedek so dargereicht oder dargestellt habe. Nun las Rokycan die auslegenden Bemerkungen Lyra's über diese Stelle vor; es fand sich aber, daß er die für ihn sprechende Auslegung nicht als seine eigene Ansicht, sondern als die schließlich von ihm verworfene Anderer gab. Er wollte die Stelle deshalb nicht bis zum Ende vorlesen, Johann von Ragusa aber nöthigte ihn dazu, unter dem Beifalle Aller. „Und wurde die ganze Versammlung der Gläubigen darüber aufs Höchste getröstet und erfreut, indem sie sahen, daß Gott es so gefügt, daß der Gegner wider sich selbst und zur Bezeugung der Wahrheit auf Lyra's Buch sich berufen hatte" [69]).

Am gleichen Tage, so erzählt Peter von Saaz, wurde der englische Carmelitermönch aufgefordert, aus den Schriften Wycliffe's den von ihm versprochenen Beweis zu liefern, daß derselbe wirklich den von dem Constanzer Concil verdammten Satz gelehrt habe: Christus ist nicht wahrhaft und wirklich im Sakramente körperlich gegenwärtig. Er suchte zwei Stunden lang und konnte den Satz nicht finden, er konnte endlich nur aus dem Buche von der Simonie eine Stelle aufweisen, welche in entfernter Beziehung dazu stand.

---

69) Dies erzählt Joh. von Ragusa selbst (in s. Tract. de reduct. Bohem. in den Monum. conc. gen. saec. XV, p. 279), ohne des Nachfolgenden Erwähnung zu thun, welches nur von Petrus Zatecensis (in s. Liber diurnus, Monum., p. 303) berichtet wird. Man sieht an diesem Beispiele, wie sehr die beiderseitigen Berichte partheiisch gefärbt sind.

Gleichwohl schämte er sich seiner Lüge nicht, obwohl er doch ein
Engländer war; und Julian nebst einem spanischen Dominikaner
(wahrscheinlich jener Johann von Turrecremata) suchten ihn wegen
seiner Lüge zu entschuldigen, indem sie meinten, er habe doch Recht
gehabt, wenn er den Satz auch nicht wörtlich gefunden habe; doch
gestand Julian zu, er hätte den Satz wörtlich finden sollen. Darauf
erhob sich Procop und sprach, zu beiden Doktoren gewendet: „Ihr
habt, wahrhaftig, einen wunderlichen Glauben, den ich nicht begreifen
kann; ich bleibe dabei, daß Brod Brod bleibt.“

Noch heftigere Auftritte erfolgten am 7. Februar, Tags darauf.
Da Johann von Ragusa in seiner leidenschaftlichen Rede, wie Peter
von Saaz erzählt [70]), etwa 16mal den Vorwurf der Ketzerei gegen
die Böhmen erhoben und „seinen Irrthum, daß die Kirche nicht
irren könne, immer und immer wiederholt hatte“, so erhob sich am
Schlusse Rokycan, tadelte ihn im Namen aller Böhmen wegen seiner
beleidigenden und anstößigen Ausdrücke und fügte in seinem eigenen
Namen bei, er verabscheue die Ketzerei ebenso wie sie, und sei gerne
bereit, unter dem Vorbehalt der Wiedervergeltung für den Gegner,
eine Strafe dafür zu leiden, wenn ihm Jemand eine Ketzerei nach=
zuweisen vermöchte. Dann erhob sich auch Procop und rief nach
dem Berichte des Johann von Ragusa [71]) (welcher diese Scene
übrigens irrthümlich auf den 9. Februar verlegt) „mit rollenden
und zornsprühenden Augen“: „Nun kann ich diese Beschimpfungen
nimmer länger aushalten; wir sind keine Ketzer, kein Mensch hat
uns das noch bewiesen, und dennoch stellt uns dieser Mönch be=
harrlich als Ketzer dar. Wenn ich das in Böhmen gewußt hätte,
so wäre ich wahrlich nicht hierher gekommen. Wisset aber, daß ihr
damit die Verträge von Eger verletzet.“ Nun suchte sich Johann
von Ragusa zu entschuldigen: Gott solle ihm nimmer gnädig sein,
wenn er die Absicht gehabt, sie zu beleidigen; er habe nicht gewußt,
daß sie das Wort Ketzer so gar nicht hören könnten, sie hätten es
bei ihren Ausführungen ja selbst auch gebraucht und die simonistischen
Geistlichen Ketzer genannt. Der Kanonikus Heinrich Tote, der bei

---

70) Monum. l. l., p. 304.
71) Ibidem p. 281.

dem Abschlusse der Egerer Verträge mitgewirkt hatte, meinte, diese seien von dem Redner nicht verletzt worden, da er keine persönliche Beleidigungen vorgebracht, sondern sich im Allgemeinen gehalten habe. Peter Payne rief dem Johann von Ragusa zu: „Wisset, wir fürchten euch nicht, auch wenn uns das ganze Concil für Ketzer erklärte." Es war eine große Unruhe und Bewegung in der Versammlung. Nur mit vieler Mühe gelang es endlich dem Vorsitzenden, Kardinal Julian, die streitenden Partheien wieder zu beruhigen und die Böhmen zum weiteren Anhören des Ragusaners zu bewegen. Doch mußte derselbe am folgenden Tage noch eine feierliche Erklärung abgeben, daß er die Böhmen in keiner Weise habe beleidigen wollen.

Vom 14. Februar ist uns in dem Tagebuch des Peter von Saaz ein merkwürdiges Zwiegespräch zwischen Procop und Julian erzählt [72]). Der Kardinal hatte den berühmten Heerführer nach dem Mittagsmahle zu sich eingeladen. Da sagte ihm Procop unter Anderem offen und frei: „Euere Doktoren täuschen euch, wenn sie sagen, daß ihr nicht irren könet, da ihr doch leicht einsehen könntet, daß ihr schlecht stehet; und ihr täuschet wiederum die weltlichen Herren, indem ihr ihnen die Wahrheit vorenthaltet, daß sie mit ihrem Leben und Treiben ganz schlecht stehen und nicht nach Gottes Wohlgefallen regieren." Darauf antwortete der Legat: „Je länger ich mit euch verkehre, um so mehr neigt sich mein Herz zu euch. Darum bitte ich Euch, lieber Herr Procop, verweilet noch länger bei uns, so werden wir uns noch im besten Frieden vereinigen." Procop sagte ihm, das könnten sie der großen Kosten wegen nicht thun. Der Legat wollte es nicht glauben und fragte ihn lachend nach dem Stande seines Vermögens, seiner Herrschaft, seiner Wagen u. dergl. Procop setzte ihm Alles im Einzelnen auseinander, d. h. daß er und die Böhmen bei Weitem nicht so reich seien, als sie zu glauben schienen. Als ihn Julian hierauf an eine baldige Beantwortung der ihnen vorgelegten 28 Artikel erinnerte, antwortete er ihm: „Das werden wir thun, euch aber auch wieder ähnliche Artikel vorhalten, nach dem Sprüchworte: wie du mir, so ich dir!"

---

72) Monum. l. l., p. 311.

Der Legat meinte, die Artikel seien nicht der Anklage oder Beleidigung wegen vorgelegt worden. Procop aber bemerkte: „Ein Ketzer möchte ich in keiner Weise sein; darum bin ich gerne bereit, für Alles Rede zu stehen und es anzunehmen, wenn mich Jemand mit der heiligen Schrift überzeugen kann; wenn aber nicht, so müßten dann auch Andere die Wahrheit annehmen."

Der päpstliche Auditor Johann von Palomar brachte hierauf das Gespräch auf die von Zizka einst vertilgten Pikkarden (d. h. die sog. Adamiten) und sagte: „Wisset, daß ihr überall, in der Nähe und Ferne ein übles Gerücht habt; ich habe da einen Traktat, der in sehr weiter Ferne von hier verfaßt ist und euch eine Menge ketzerischer Artikel zur Last legt; ich würde euch denselben leihen, wenn ihr nicht übel aufnehmen wolltet, daß er mit großer Schärfe gegen euch geschrieben ist; ich glaube jedoch, daß wir nicht so weit von einander entfernt sind, als ihr meinet." Man las auch den Widerruf Berengar's (von Tours, bezüglich seiner der hussitischen verwandten Abendmahlslehre) vor, wohl in der Absicht, ihnen ein Vorbild vorzuhalten, wie auch sie der Kirche gegenüber handeln sollten; und der Sekretär Julian's theilte dem Peter von Saaz, scheint's, nicht ohne heimliche Freude, mit, daß von einem Böhmen (dem bekannten und längst katholisirenden Mag. Joh. Přibram) über diese Materie eine sehr scharfsinnige (d. h. wohl das Concil befriedigende) Abhandlung bei dem Legaten eingelaufen sei. Procop aber fragte, ob sie denn das Bekenntniß Berengar's billigten, und als sie es bejahten, so protestirte er laut dagegen.

Bei derselben Unterredung fragte der Legat lächelnd: „Ihr seid Procop der Große, so gibt es wohl auch einen Kleinen?" Als er vernahm, daß allerdings ein Solcher unter den Waisen existire, so sagte er zu Procop: „Seid ihr denn von den Waisen geschieden?" Er antwortete: „Ja, in einigen Dingen." Darauf fuhr der Legat fort: „Und von den Pragern unterscheidet ihr euch noch mehr! So lassen wir doch alle Unterschiede und vereinigen wir uns Alle!" Palomar fragte auch, ob es wahr sei, daß die Bulle Papst Alexander's V., welche dem Mag. Joh. Hus einst das Predigen untersagt habe (im Jahre 1410), einem Pferde an den Schwanz gebunden und zum Spott durch die Stadt Prag geschleift worden fei? Procop erwiderte ihm, das sei ein Irrthum, so habe man nur einmal mit Briefen eines gewissen Verwalters gethan, der den König habe vergiften wollen. — Von Johann von Ragusa sagte der Legat: „Ihr müßt, bitte ich, Nachsicht mit ihm tragen und ihm verzeihen!" Procop: „Ich verzeihe ihm." Der Legat: „So will ich ihn Euch zum Mittagessen schicken!" Procop: „Nein, nicht also, denn es steht geschrieben (2 Joh. 10): so Jemand zu euch kommt und bringet diese Lehre nicht, den nehmet nicht zu Hause und grüßet ihn auch nicht!" Der Legat: „Er hat aber doch bisher mit Euch gegessen." Procop: „Wir haben nicht gewußt, daß er so giftig ist." Darauf sagte der Legat nichts mehr von ihm. — Procop aber äußerte, man habe in Böhmen wegen ihrer Reise hierher ernste Bedenken getragen, indem man gefürchtet, es möchte ihnen in Basel ebenso ergehen, wie in Constanz; das Verlangen jedoch, vor der Welt ihre Ansichten kund zu thun und mit der Kirche wieder vereinigt zu werden, habe sie dazu getrieben, sich der Gefahr auszusetzen und hierher zu kommen. „Suchen wir darum vor Allem, in den Hauptpunkten einig zu werden!" Ihm stimmte der Legat bei und sagte: „Möchte das doch geschehen, sonst wird alle unsere Arbeit vergeblich sein."

Als die vier Redner von Seiten des Conciles bis Ende Februar mit ihren Entgegnungen zum Schlusse kamen, verlangten die Böhmen, daß man ihnen nun wieder ihrerseits zur Widerlegung der gegen sie vorgebrachten Gründe und Anklagen Audienz gewähren möge. „Ihr könnt es ja", sagte Rokycan, „fast mit den Händen greifen, daß Johann von Ragusa vieles ganz Ungehörige und Unrichtige vorgetragen hat. Außerdem haben wir das Recht dazu vermöge der Egerer Verträge." Diesem Verlangen wurde jedoch nur mit Widerstreben und erst nach längeren ernsten Debatten entsprochen. Die anwesenden Engländer gingen mit dem Plane um, den Mag. Peter Payne wegen seiner wycliffitischen Grundsätze von Seiten des Königs in den Anklagestand zu versetzen. Ein Bischof rief dem Rokycan, zornig vor ihm ausspeiend, zu: „Was, Ihr wollt uns belehren! Als ob wir nicht wüßten, was wir zu thun haben; und wenn der heilige Gregor oder der heilige Paulus selbst kämen, würden wir unsere Pflicht kennen. Pfui! Ihr wollt uns be=

lehren!" [73]) Das Concil wollte Belehrung ertheilen und nicht empfangen und ging deshalb auf den Vorschlag der Böhmen nur unter der Bedingung ein, daß auch seine Redner wieder gehört werden müßten.

Den Reigen eröffnete, wie das erste Mal, wiederum Johann Rokycan und suchte in Ausführungen, welche sich vom 2. bis 10. März ausdehnten, alle einzelnen Gegenbeweise zu widerlegen, welche Johann von Ragusa für die Communion unter Einer Gestalt vorgebracht hatte. Der Hauptvorwurf, den er gegen ihn und die ganze Kirche damaliger Zeit erhob, war, daß sie das prophetische Wort Jer. 6, 16 vergesse, die Wege der Vorzeit, nämlich der apostolischen und ältesten Kirche, verlassen und eigene unevangelische Wege erwählt habe. In der heiligen Schrift sei aufs klarste gezeigt, daß das Abendmahl unter beiden Gestalten dem Volke zu reichen sei, und daß dies die Praxis der Kirche durch viele Jahrhunderte gewesen, darüber könne auch kein Zweifel sein. Daß das Concil von Constanz den Laienkelch förmlich und feierlich verworfen und seine Vertheidiger Wycliffe, Hus, Jacobell u. A. verdammt habe, sei ein großes Unrecht gewesen, das die Kirche wieder gut machen müsse. „Oder sollte es, rief er schließlich mit gehobener Stimme, nicht ein Unrecht und schriftwidriger Irrthum sein, wenn Christi klarer und deutlicher Befehl also abgeändert wird? Hat nicht Christus von seinen Worten gesagt: Himmel und Erde werden vergehen, aber meine Worte werden nicht vergehen?"

Sobald er geendet hatte, erhob sich Johann von Ragusa und verlangte mit Heftigkeit, die Böhmen müßten nun auch seine Replik anhören, sie seien vertragsmäßig dazu verpflichtet, und ihm auch schriftlich zu behändigen, was Rokycan gesagt habe. Die Böhmen erwiderten, durch diesen heftigen Ton gereizt: so stehe es nun doch nicht, es liege in ihrer Macht, seine Replik anzuhören oder nicht, der Magister habe kein Recht, den Vertrag nach seinem Gutdünken auszulegen. Darüber wurde der Ragusaner noch mehr erzürnt und sagte den Böhmen geradezu: „Das wird euch zu großer Schande gereichen, wenn ihr auf eine solche Weise heimkehret, nachdem ihr

---

73) Monum. l. l., p. 317.

so lange um Gehör und Belehrung gebeten habt; wir werden in alle Länder hinaus schreiben, daß ihr nicht zu hören gewagt und keine Antwort ·habt geben wollen." Er beschwor das Concil, den Rokycan anzuhalten, daß er ihm seine Ansichten schriftlich gebe; er wolle ihm nachweisen, daß er Falsches und Sophistisches vorgetragen habe. Darauf erwiderten die Böhmen nach einer kurzen Separatberathung durch Rokycan, sie hätten mit dem Vorgesagten nicht erklären wollen, daß sie ihn nicht mehr hören wollten, sondern nur daß die Verträge sie nicht dazu verpflichteten; wenn er aber mit seinen Irrthümern fortfahre, so verlangten sie, daß ihre Widerlegung auch wieder gehört werde.

Da das Concil einsah, daß man auf diesem Wege zu keinem Ziel, sondern nur zu endlosen Disputationen kommen würde, so begab sich am anderen Tage (11. März) der Protektor Herzog Wilhelm von Baiern in die Versammlung der Böhmen und fragte sie, ob sie nicht einen Ausweg aus diesen Wirren vorzuschlagen wüßten? Sie machten den Vorschlag, das Concil solle nicht mehr im Plenum, sondern nur durch eine Commission über die Streitfragen mit ihnen verhandeln; und da dieser Vorschlag Beifall fand, wie ihn denn auch schon früher Julian gemacht hatte, so bestimmte das Concil, außer seinem Vorsitzenden, noch 16 Mitglieder dazu, und diese traten sofort zur Berathung in diesem engeren Kreise zusammen. Julian eröffnete sie · mit Gebet, indem er sie Alle aufforderte, gemeinschaftlich mit ihm vor dem Herrn ihre Kniee zu beugen, außer welchem kein Grund des Heiles ist, und von dem allein der Geist der Einigung und Liebe ausgeht. Und aus dieser, auch an den folgenden Tagen fortgesetzten Handlung dürfen wir gewiß den Schluß ziehen, daß es dem Legaten mit der Versöhnung der Böhmen aufrichtiger Ernst war, und daß er sie nicht, wie viele andere Herren vom Concil, bloß als eine Belehrung und Bekehrung derselben (reductio Bohemorum, wie Joh. von Ragusa schreibt) angesehen wissen wollte. Trotzdem aber wollten sich die Gemüther nicht zum Frieden neigen; man kam im Gegentheil in diesen Conferenzen noch weiter auseinander, als zuvor der Fall gewesen war. Julian und die Commissäre des Concils trugen selbst Schuld daran, da sie sogleich in der ersten Sitzung den

Vorschlag machten, die Böhmen sollten sich, wie die anderen Nationen, dem Concile einverleiben laffen und in allen Sachen gemeinschaftlich mit ihnen berathen; sie würden sie mit der größten Freudigkeit in ihren Schooß aufnehmen. „Wir sagen", rief er ihnen zu, „bei uns ist die Kirche, und ihr, bei euch; laffen wir das doch und werden wir Ein Leib, so wird dann der Zwiespalt aufhören; es wird nichts beschloffen werden, wozu ihr nicht auch eure Zustimmung gegeben habt; der Papst, der Kaiser, alle Könige und Reiche sind mit uns, und keine größere Ehre kann euch zu Theil werden, als wenn ihr zugleich mit uns alle Streitfragen richtet und entscheidet" [74]). Das war vom Standpunkte Julian's sehr freundlich und wohl= meinend geredet, aber ein Nachgeben in dieser Beziehung wäre einem Preisgeben ihrer ganzen heiligen Sache gleichgekommen. Die Böhmen lehnten den Vorschlag ab und mußten es thun, wie Rokycan sagte, weil sie Jedermann zum Gespött werden müßten, wenn sie nach der Incorporation dennoch ohne Einigung ausein= andergingen, und zu Letzterem sei keine Aussicht vorhanden, da sie sich ja in einem steten Glaubenskampfe befänden; außerdem würden sie dann auch die Freiheit für sich in Anspruch nehmen, das Abend= mahl in öffentlicher Kirche unter beiden Gestalten auszutheilen, was ihnen sicherlich nicht gefallen würde. Als Herzog Wilhelm von Baiern am folgenden Tage denselben Vorschlag wiederholte, fügten sie noch bei, sie könnten dem Grundsatze nicht beistimmen, daß in Glaubensfachen die Menge oder die Majorität entscheiden könne, denn der Herr habe gesagt: Viele sind berufen, aber Wenige sind auserwählt, und Anselm bemerke dazu mit Recht: Willst du zur Zahl der Erlösten gehören, so mußt du einer der Wenigen sein. „Wir wissen, was uns das Constanzer Concil zugefügt hat, und wie viel Unheil daraus hervorgegangen ist, wofür wir und ihr vor dem Richterstuhle Christi werden Rechenschaft geben müssen. Darum ist uns ein Concil kein Evangelium, ja wir hüten uns vor solchen Concilien. Ihr behauptet auch, wir hätten hinlänglich Gehör ge= habt; wir geben zu, daß wir Gehör gehabt haben, aber oft mit Murren, Lachen und Zischen. Auch habt ihr uns noch keinen

---

74) Monum. l. l., p. 324.

einzigen Kirchenlehrer zu nennen vermocht, aus dessen Worten der Befehl oder die Nothwendigkeit der Communion unter Einer Gestalt bewiesen worden wäre. Das werden wir aller Welt sagen." Diesen Worten Rokycan's fügte Peter Payne bei: „Als wir noch in Eger waren, so wollten eure Doktoren uns immer auch mit solchen Reden kommen: Kehret um, laßt euch der Kirche wieder einverleiben, werdet doch wieder einig mit ihr u. dergl. Aber wir haben ihnen, wie auch sonst Jedermann, geantwortet: Laßt solche Reden, sie ge= fallen uns nicht. So sagen wir auch euch: Lasset ab von solchen Reden, kehret ihr vielmehr zur ersten Kirche zurück und einigt euch mit uns im Evangelium, das würde besser sein. Wie es gehen würde, wenn wir euch nicht mehr als gleichberechtigter Theil gegen= überständen, sondern auch incorporirt wären, weiß Jeder, der die göttlichen und menschlichen Gesetze kennt."

Auf diese ganz entschiedene Weigerung der Böhmen, und als sie bei weiterem Drängen auf Incorporation schließlich mit sofortiger Heimkehr in ihr Vaterland drohten, auch auf den zuletzt noch ge= machten Vorschlag [76]), unter der Bedingung der Freigebung des Laienkelches sich mit dem Concile zu einigen, nicht eingingen, da der Egerer Vertrag ihnen die Erledigung aller vier Artikel zur Pflicht gemacht hätte, wurden diese Commissionssitzungen wieder aufgehoben und zu dem früheren Modus zurückgekehrt. Am 16. März fing der Taboritenbischof Nicolaus von Pilgram wieder vor dem gesammten Concile an, seine Replik gegen Aegidius Carlier über den Artikel von der Abstellung und Bestrafung der öffentlichen Sünden vorzutragen und setzte dieselbe bis zum 18. März fort. Er wurde darin jedoch von seinem Gegner und Anderen sehr häufig unterbrochen, so daß die Verhandlungen öfter in ein tumultuarisches Zwiegespräch übergingen. Als er es z. B. mit scharfen Worten

---

76) Diesen Vorschlag hatte der nachmals so berühmte Nicolaus von Cusa gemacht, von welchem auch noch zwei offene Sendschreiben an die Hussiten aus dem Jahre 1433 vorhanden sind; sie verbreiten sich beide über die Abendmahls= lehre und wollen nachweisen, daß die Kirche ganz berechtigt gewesen sei, als sie auf dem Lateranconcil zu Rom im Jahre 1251 die Communion unter Einer Gestalt sanktionirt und dagegen die Spendung derselben an Kinder abgeschafft habe. Vgl. Düx, Nic. von Cusa (Regensb. 1847), S. 142—159.

tadelte, daß die Priester die Beichte oft zu unzüchtigen Handlungen mißbrauchten und von ihren Oberen dafür doch nicht zurechtgewiesen würden, rief ein Doktor Minoritenbruder: „Lieber sterben, als solche Ketzereien anhören müssen!" Als ihn Nicolaus von Pilgram und Rokycan darüber tadelten, entzog ihnen Julian das Wort und suchte ihn mit einer leeren Ausflucht zu entschuldigen. Seinen Gegensatz gegen Carlier faßte der Taborite schließlich in folgende 5 Hauptpunkte zusammen: 1) Der Doktor behauptet: alle öffentlichen Todsünden können durch das menschliche (bürgerliche) Gesetz gestraft werden, und damit ist es genug; ich aber sage: nein, das menschliche (bürgerliche) Gesetz muß dem göttlichen unterworfen sein und wie die Magd der Herrin Dienste leisten; es müssen alle öffentlichen Uebertreter nicht nur des menschlichen, sondern auch des göttlichen bestraft werden. 2) Der Doktor sagt: man kann nicht alle öffentlichen Todsünden nach dem göttlichen Gesetze bestrafen; ich behaupte das Gegentheil, denn das göttliche Gesetz gebietet es und es gebietet nichts Unmögliches. 3) Der Doktor behauptet: Geistliche dürfen auch bei hartnäckigem Beharren in öffentlichen Todsünden nicht vor dem Volke öffentlich zurechtgewiesen werden; ich stelle wieder das Gegentheil auf und behaupte: dies dürfen gläubige Laien und Priester freilich thun. 4) Ich gehe noch weiter und sage, sie dürfen dafür sogar durch die weltlichen Obrigkeiten und das christliche Volk gestraft werden, wenn dies von ihren geistlichen Oberen nicht geschieht, ob sie von diesen Letzteren die Erlaubniß dazu bekommen haben, oder nicht. Wenn dies der Doktor nur in einigen von der Kirche ausdrücklich gestatteten Fällen erlaubt wissen will, so ist er damit im Unrecht, denn auch Christus, die Apostel und die Geistlichen bis zur Zeit Constantin's haben sich in dieser Weise der weltlichen Obrigkeit unterthänig gezeigt, ja auch viel später noch. 5) Der Doktor hält es nicht für erlaubt, daß das Volk schlechten Priestern wegen notorischer Schlechtigkeit die Zehnten und sonstigen Abgaben vorenthalten dürfe; ich halte auch in dieser Beziehung an der gegentheiligen Behauptung fest, überlasse jedoch die nähere Beweisführung dem Mag. Peter Payne, weil sie zu dem von ihm vertheidigten Artikel gehört.

Da sich aus diesem Akte wieder ergab, daß man bei der großen

Meinungsdifferenz in öffentlicher Sitzung zu keiner Einigung gelangen könnte, so kamen die Böhmen mit Julian überein, daß nur je 4 Personen von jeder Seite mit einander verhandeln sollten. Sie thaten dies durch eine ganze Woche hindurch vom 20. bis 27. März, kamen aber auch wieder zu keinem Resultate. So erklärten die Böhmen zum Schlusse, sie würden jetzt, wenn auch unverrichteter Sache, nach Hause reisen, sobald die Repliken der beiderseitigen Redner zu Ende geführt wären.

In Folge davon replicirte am 28. und 30. März Ulrich von Znaim gegen Heinrich Kalteisen bezüglich der freien Verkündigung des göttlichen Wortes. Er zeigte wiederholt und ausführlich, daß die Priester sehr wider Christi und der Apostel Befehl und Vorbild handelten, daß sie so viel Zeit auf Messelesen und andere dem Volke nichts nützende Ceremonien verwendeten, so wenig aber auf die Predigt des Evangeliums, durch welche das Volk doch allein zu rechter Erkenntniß und Gottesfurcht geführt und die Priester hinwiederum vor Müßiggang, Unwissenheit und Schlechtigkeit bewahrt würden. Er scheute sich auch nicht, in scharfer Rede das Mönchswesen, den Episkopat, den römischen Papat und die ganze damalige Hierarchie als dem Geiste Christi zuwiderlaufende Institutionen zu bezeichnen und von den Sünden des Priesterstandes in einer anderen Weise zu reden, als sein Opponent Kalteisen, der sie zwar auch nicht geläugnet, aber den Kaiser Constantin, der über einen im Ehebruche ertappten Priester seinen Mantel geworfen haben soll, zum Muster und Vorbild vorgehalten hatte. „Ich weiß, daß man in Böhmen über einen solchen nicht einen Mantel decken, sondern ihn, wie ihm gebührte, entmannen würde. Und darüber brach das Concil in ein lautes Gelächter aus." [76]

Am 31. März und 1. April ergriff der Engländer Peter Payne bezüglich der weltlichen Herrschaft der Geistlichen gegen Johann von Palomar das Wort und bezeichnete sie als die Hauptursache des Verderbens sowohl der Geistlichkeit, als der Kirche insgesammt. Payne war nächst Rokycan die geistig bedeutendste Persönlichkeit unter den Böhmen, an Salz und Redegewandtheit übertraf er jenen

---

76) Monum. l. l., p. 384.

vielleicht noch, er erging sich zuweilen in witzigen und satirischen Reden, und da er sich in der Replik nicht mehr, wie das erste Mal, an die strengen Formen des wissenschaftlichen Vortrages gebunden erachtete, so wurde dieselbe von seinem Gegner und Anderen aufs häufigste unterbrochen; oft auch brachen die Concilsherren in schallendes Gelächter aus, so daß Julian, als Vorsitzender, wieder Ruhe gebieten mußte.

Wir sind nicht mehr im Stande, zu beurtheilen, ob dieses Auftreten Payne's der Sache der Böhmen vor den Augen des Conciles geschadet, oder ob das dadurch hervorgerufene Gelächter (notabilis risus) des letzteren die Böhmen zu besonderem Zorne gereizt hat; sie gewöhnten sich allmählig daran. Nur das Eine können wir wahrnehmen: man war des Wochen und Monate lang ohne irgend welchen Erfolg fortgesetzten Streitens allmählig müde, und da die Böhmen denn ihre Abreise definitiv beschlossen hatten, und das Concil auf ihren Vorschlag, die Verhandlungen in Böhmen fortzusetzen, eingegangen war, so suchte man sich die lange Zeit, welche die beiderseitigen Redner für ihre Repliken in Anspruch nahmen, durch solche Zwischenbemerkungen und Unterbrechungen zu verkürzen oder auch noch dazu zu benützen, in Ernst und Scherz sich gegenseitig vorzuhalten, was ein Jeder auf dem Herzen hatte. Diesen Eindruck erhält man insbesondere aus den Berichten, welche wir über die letzten Vorträge der vier Concilsredner vom 2. bis 8. April besitzen. Daß zur Sache selbst nichts wesentlich Neues mehr beigebracht werden konnte, versteht sich nach den langen und ausführlichen Reden, die zuerst gehalten worden waren. Daß kein Theil nachgeben wollte, haben wir gehört. Die Böhmen waren ihrer Meinungen gewiß, da sie die heilige Schrift und die apostolische Kirche nebst den hervorragendsten Kirchenlehrern für sich hatten. Die Concilsredner aber wollten in keiner Weise von ihrem Grundsatze abgehen, daß die Kirche nicht irren könne, und daß eben darum alles das, was sie in Lehre und Leben aufgenommen, durch ihre Autorität gerechtfertigt und sanktionirt sei. So verbreitete man sich in diesen letzten Gegenreden, außer einer Reihe von Nebenfragen und persönlichen Bemerkungen, lediglich über das Gewicht, welches den von den einzelnen Rednern vorgebrachten Beweisgründen beizulegen sei,

Peter von Saaz hat uns hievon viele höchst interessante Ein=
zelheiten aufbewahrt. Wir wollen noch einige der wichtigsten hier
mittheilen.

Am 3. April trat ein burgundischer Bischof in der Kapelle des
Prädikantenklosters zu den Böhmen heran und forderte sie im Auf=
trage seines Herrn, des Herzogs Philipp von Burgund, zur Wieder=
vereinigung mit der allgemeinen Kirche auf; derselbe würde eine
überaus große Freude daran haben, da er in weiblicher Linie selbst
von Böhmen stamme; wenn sie sich dessen jedoch weigerten, so würde
er sich trotz dieser verwandtschaftlichen Beziehungen nicht besinnen,
auf den Befehl der Kirche auch das Schwert gegen sie zu ziehen.
Auf diese Anrede erwiderte Rokycan, nachdem er mit den übrigen
Böhmen Rücksprache genommen, sie ließen dem Herzog für seinen
freundlichen Rath bestens danken, und er solle nur überzeugt sein,
daß sie mit allen Kräften nach einer solchen Einigung strebten, wie
denn ihr Erscheinen vor dem Concile durch die That beweise; was
aber die hinzugefügte Drohung betreffe, so hofften sie, er werde es
nicht nöthig haben, das Schwert gegen sie zu ergreifen, da sie sich
in allen Stücken nach den Egerer Verträgen zu halten gedächten.
Und Wilhelm Kostka bemerkte noch: „Wir hoffen nicht, daß er gegen
uns etwas unternehmen wird; wenn aber, so werden wir ihm zu
widerstehen wissen, wie allen Anderen auch." Darauf fing der
burgundische Bischof an, wegen seiner Drohung sich zu entschuldigen
und sie als eine nicht so ernstlich gemeinte darzustellen, und ein
burgundischer Ritter sagte: „Unser Herr drohte euch nicht; aber
ihr, die ihr so Wenige seid, wollt gegen alle umliegenden Länder
ein neues Gesetz aufbringen." Da antwortete Kostka: „Nein, wir
halten nur an dem alten Gesetze Jesu Christi fest; will uns aber
euer Herr angreifen, so werden wir uns gegen ihn vertheidigen."

Am selben Tage bemerkte Johann von Ragusa einmal, er wäre
eigentlich nach den Statuten seiner Universität (der Pariser) nicht
verpflichtet, als Doktor der Theologie dem Rokycan, der nur Magister
artium war, auf seine Zwischenfragen Antwort zu geben, wolle es
aber doch thun, da es sich um Glaubensfragen handle. Darauf
antwortete ihm der stets schlagfertige Prager: „Johann von Ragusa
ist nicht besser als Christus, und Johann von Rokycan nicht schlechter

als der Teufel, und doch hat Christus auch dem Teufel Rede und Antwort gegeben." — Kurz darauf verbreitete sich Johann von Ragusa mit vielen Worten über einen Gegenstand; da warf Rokycan die Bemerkung hin: „Ihr müßt eben viel reden, denn Ihr seid vom Predigerorden." Darüber wurde wacker gelacht. Ebenso als sich derselbe in einer theologischen Frage weder mit Ja noch mit Nein entscheiden wollte, weil die Kirche darüber noch nicht entschieden habe, und Rokycan ihm zurief: „Ihr müßt Euch nicht so sehr fürchten."

Als Aegidius Carlier am 4. April die Todesstrafe vertheidigte, bemerkte Rokycan: „Es ist gut, daß man in Böhmen Eure Schriften nicht gehabt hat, denn sonst wären bei den vielen Eroberungen von Städten und Burgen und in den übrigen Kriegen viel mehr Menschen hingerichtet worden, die nun am Leben erhalten worden sind; als Hynko von Waldstein (am 6. Sept. 1427) Prag über-rumpeln wollte und zurückgeschlagen wurde, habe ich mit eigener Hand viele seiner Ritter vom Tode errettet, so daß mein Gewand mit Blut bespritzt wurde; seit vielen Jahren ist in Prag Keiner mehr gehängt worden, und es wäre auch überhaupt mehr nach dem Worte der heiligen Schrift gehandelt, wenn man darin mehr Milde handhabte." — Die Nachmittagssitzung desselben Tages war eine der unruhigsten und stürmischsten. Der Ragusaner citirte die Kirchen-väter mit der größten Willkührlichkeit, so daß ihm die Böhmen ein Mal um das andere Unrichtigkeiten nachweisen konnten. Zuletzt sagte er, dem Concil etwa 20 Bogen vorzeigend, die er während der Fastenzeit voll geschrieben hatte: „Nun möchte ich gerne ein-mal ausruhen; ich bitte, daß ‚der Schuldige' absolvirt werde (ut reus absolvatur)." Darauf erwiderte Rokycan rasch: „Alle Jahre liest man in der Kirche, wie auch gestern wieder geschehen, das Evangelium von dem ohne Wissen und Willen weissagenden Hohe-priester Kaiphas (Joh. 11, 49—51); so hat nun auch Magister Johann von Ragusa unwissend geweissagt, indem er sich für ‚schuldig' erklärt hat; ja, er ist es in der Frage von der Communion, denn er hat nicht zu beweisen vermocht, was er erstrebt hat." Darüber lachte das Concil überlaut, und Palomar meinte: „Magister Johann von Rokycan will nur immer Lachen erregen." Dieser aber er-

widerte hierauf: „O nein, aber ich muß ihn eben für schuldig er=
klären."

Am 6. April erhob sich ein englischer Doktor und fragte an, ob er
gegen den Magister Peter Payne eine Klage vorbringen dürfe?
Als es ihm von den Böhmen, vorbehaltlich der Unverletzlichkeit der
Geleitsbriefe, gestattet worden, sagte er, der Magister habe sich in
England der Ketzerei schuldig gemacht, auf eine Citation sei er nicht
erschienen, er sei dann excommunicirt worden und habe sich nicht
bemüht, wieder aus dem Banne zu kommen, außerdem habe er sich
noch der Verrätherei gegen ihren König schuldig gemacht. Darauf
erwiderte Payne: „Daß ich die Artikel Wycliffe's nicht habe ab=
schwören wollen, dafür mag mich für einen Ketzer halten, wer da
will; daß ich aber einer Citation nicht Folge geleistet oder gar gegen
ein Parlamentstatut Ungehorsam bewiesen, das ist nicht wahr, denn
ich habe vorher England verlassen." Die übrigen Engländer und
insbesondere ein gewisser Doktor Peter Perdix wollten die Richtig=
keit der Anklage bestätigen, da sagte Payne wieder: „Jener Perdix
war früher mein Freund und hat mich selbst zum Lesen von Wy=
cliffe's Schriften aufgemuntert, sie auch für recht und gut erklärt,
später aber, nachdem er eine Pfründe bekommen, den Krebsgang
gemacht, darum habe ich ihn von da an gemieden, und er ist mir
nun feind geworden." Wilhelm Kostka sagte: „Das ist merkwürdig,
der Magister Peter Payne war vor einiger Zeit mit uns in Ungarn
vor dem römischen König, und da haben wir einen englischen Ritter
Namens Hartungen getroffen, der ihn gekannt, aber nur Gutes
von ihm zu sagen gewußt hat." Rokycan aber erklärte schließlich
im Namen aller Böhmen, sie hätten bis jetzt noch nichts Schlechtes
an dem so lange schon in Böhmen weilenden englischen Magister
wahrgenommen; wenn man aber eine gegründete Klage gegen ihn
vorzubringen habe, so möge man dies bei dem böhmischen Land=
tage thun, und dieser werde dann geeignete Entscheidung treffen. —
Die ganze Sache war offenbar ein fein angelegter Versuch, bei
den Böhmen gegen den ihre Sache so kühn und geschickt verthei=
digenden Ausländer Verdacht zu erregen.

Am gleichen Tage erlaubten sich mehrere Concilsherren, den
Hus zu schmähen und insbesondere auch darauf hinzuweisen, daß

er den Laienkelch nicht für absolut nothwendig erklärt habe. Rokycan erwiderte: „Ob Johann Hus in der Hölle oder im Himmel ist, kann ich nicht sagen; das aber weiß ich, daß er ein musterhafter Priester war, und daß ich in den vielen Reden, die wir von ihm haben, bei tausend, nirgends etwas Irrthümliches gefunden habe. Und was den Kelch betrifft, so haben wir in Prag einen aus dem Kerker zu Constanz an einen Priester, Namens Gallus, geschriebenen Brief[77]), in welchem er für die Nothwendigkeit beider Gestalten eingetreten ist." „Kommet nur", rief er dem Johann von Ragusa zu, „mit mir nach Prag, ich will ihn Euch zeigen; Ihr könnt es ohne Furcht thun, ich stehe Euch mit meinem Halse dafür, daß Euch kein Haar gekrümmt wird; nur müßt Ihr Eure Kutte daheim lassen." Darüber erhob sich ein lange anhaltendes Gelächter.

Ein interessanter Vorfall wird vom 7. April berichtet. Peter Payne trieb in der Disputation über die Bestrafung der Kleriker durch weltliche Herren den Aegidius Carlier so sehr in die Enge, daß er schließlich gegen den Willen der Concilsherren zugestehen mußte, die weltlichen Herren hätten unter Umständen allerdings das Recht, schlechten Klerikern die Temporalien vorzuenthalten. Sobald dies der Bischof von Lyon, der an jenem Tage an der Stelle Julian's den Vorsitz führte, bemerkte, so hob er die Sitzung auf, — „eine Unterbrechung, über welche der englische Magister tief betrübt ward"[78]).

Ein noch interessanterer Vorfall ereignete sich am 8. April. Heinrich Kalteisen von Coblenz wollte die Berechtigung der Mönchs-orden nachweisen und sagte: „Sie sind nicht vom Teufel, wie ihr behauptet, eingeführt, sondern von Christus selbst, denn sie folgen, wenn auch nicht in der Seelenpflege, so doch in dem gemeinsamen Leben den Aposteln nach." Darauf antwortete sein Opponent, Ulrich von Znaim: „Das habe ich nicht behauptet; wenn Ihr es anders woher habt, kann ich nichts dafür." Da erhob sich Procop und sprach: „Das habe ich gesagt, unter vier Augen dem Herrn Cardinallegaten, und es ist ja so, denn wenn die Bischöfe an die

---

77) Vgl. Krummel, Gesch. der böhm. Ref., S. 532 f.

78) Monum. l. l., p. 348: „De qua interruptione doluit multum magister Peter Anglicus."

Stelle der Apostel und die Pfarrgeistlichen an diejenige der 72 Jünger getreten sind, von wem sonst, als vom Teufel, sollten die Anderen gekommen sein?" Darüber erhob sich wieder ein schallendes Gelächter. Rokycan aber warf die Bemerkung hin: „Herr Doktor, wählt Euch den Herrn Procop zu Eurem Ordensprovinzial!" Darauf erneuerte sich das Gelächter, und nochmals, als Kokteisen erwiderte: „Ich habe stets den Anstand beobachtet, er aber redet höchst giftig wider die Mönche; ich möchte ihm rathen, er sollte lieber selbst die Kutte nehmen und in ein Kloster gehen, als die Mönche zum Austreten veranlassen."

Dieser letzte Vorfall wurde von verschiedenen Concilsherren, insbesondere von dem nachmals so berühmten und in Basel die ersten Stufen seiner später so ruhmvollen Laufbahn ersteigenden Aeneas Sylvius, als ein Beweis bäurisch plumpen Benehmens der Böhmen ausgebeutet. Betrachten wir den ganzen Gang der Verhandlungen und das Verhalten beider Partheien, wie es uns von den Augen- und Ohrenzeugen geschildert ist, so werden wir, ohne die Derbheit dieser Rede Procop's in Abrede zu stellen, diesen Vorwurf doch nicht für begründet halten können. Das immer und immer wiederkehrende Gelächter der Concilsherren ist auch nicht als ein Zeichen feinen Benehmens von ihrer Seite anzusehen. Und daß die Böhmen im Uebrigen ein durchaus nobles und achtungswerthes Benehmen an den Tag gelegt haben, ist über allen Zweifel erhaben, auch durch den Abschied bestätigt, der ihnen von Seiten des Concils zu Theil geworden.

Als sie ihre Abreise definitiv auf Mitte April festgesetzt hatten und das Concil auf ihren Vorschlag, die Verhandlungen in Böhmen fortzusetzen, wenngleich mit Widerstreben, eingegangen war, so wurde zwar die Gesandtschaft erwählt (29. März), die sie begleiten sollte. Es wurden dazu folgende 10 Personen bestimmt: Bischof Philibert von Coutances in der Normandie; Bischof Peter von Augsburg; der päpstliche Auditor Johann von Palomar; Propst Friedrich Parsperger von Regensburg; der Pariser Professor Aegidius Carlier von Cambray; ein englischer Archidiakon, Namens Alexander Sparur; der als Schriftsteller bekannte Wiener Kanonikus Thomas Ebendorfer von Haselbach; der Magdeburger Kanonikus Heinrich

Tole, Martin Berruer, Dechant von Tours, und der bei den Böhmen besonders beliebte Cistercienſermönch Johann von Geilhauſen aus Maulbronn [79]). Je näher aber der Tag der Abreiſe herankam, um ſo mehr ſuchte man ſie in aufrichtiger Freundlichkeit zu längerem Verweilen einzuladen, und der feierliche Abſchied am 13. April war ſchließlich geradezu ein herzlicher, alle Gemüther tief ergreifender.

Am genannten Tage erhob ſich zuerſt Rokycan und hielt über Pſalm 67, 7—8 eine Abſchiedsrede; er wünſchte und erflehte für das Concil Gottes ferneren, reichen Segen; er dankte ihm, daß ſie die Geleitsbriefe in keiner Weiſe verletzt, ſie willig und geduldig angehört und mit Auszeichnung und Liebe behandelt hätten; er ſprach die Hoffnung aus, daß die Geſandtſchaft, die ſie nun nach Böhmen begleite, ihr Ziel erreichen werde; er bat um Entſchuldigung, wenn von ihrer Seite hin und wieder ſcharfe Worte gefallen ſeien, ihre Seelen ſeien eben ganz und gar nur darauf gerichtet, dem chriſtlichen Volke eine heilſame Reformation der Kirche zu verſchaffen; daß ſie ſich über die ihnen vorgelegten 28 Artikel nicht erklärt hätten, käme daher, daß das Concil in Beziehung auf die von ihrer Seite vorgelegten 4 Artikel noch keine Entſcheidung getroffen, er hoffe aber, daß dies Alles demnächſt in Böhmen oder durch eine nochmalige Reiſe hierher ſeine Erledigung finden werde. Hierauf erbat ſich Procop das Wort und ſtellte dem Concil in ſeinem gewohnten prophetiſchen Ernſte nochmals aufs eindringlichſte vor, daß die geſammte Chriſtenheit ihre Augen auf ſie gerichtet halte und die ſo hochnöthige Reformation der Kirche von ihnen erwarte; ſie möchten darum dieſe ihre Aufgabe erkennen und mit Gottes Hülfe zu erfüllen ſuchen. Seines Erachtens käme es dabei hauptſächlich darauf an, daß was zum Schaden der Kirche neben eingeführt worden, wieder beſeitigt, und was wider Gottes Geſetz unterlaſſen worden,

79) Ihre Namen und die ganze Beſchreibung ihrer Geſandtſchaftsreiſe findet man in dem von Aegid. Carlier verfaßten (und von E. Birk edirten) Liber de legationibus conc. Basil. pro reductione Bohemorum, Monum. conc. general. saec. XV, p. 359—700; wozu zu vergleichen: Thomae Ebendorferi de Haselbach Diarium gestorum per legatos conc. Basil. pro red. Boh. (ed. E. Birk), ibid., p. 701—783.

wieder eingeführt werde [80]). Die schlimmsten Verderbnisse seien:
die weltliche Herrschaft der Priester, die überhand genommene
Hurerei, die vielen menschlichen Traditionen und Aufsätze zu Christi
Geboten und vor Allem die sträfliche Versäumniß der Predigt des
göttlichen Wortes. Hierin müsse es anders und besser werden und
müßten die Priester, Bischöfe und Kardinäle wieder dem Vorbilde
der Apostel nachstreben oder auch, fügte er schließlich noch bei, der
Waldenser, von denen er viel Gutes und Rühmliches gehört, trotzdem
daß sie die Kirche so hart verfolgt habe.

Nachdem er seine, zum Theil freilich mit Lächeln aufgenommene
Rede beendigt hatte, baten Julian und der Protector des Concils,
Herzog Wilhelm von Baiern, nochmals und dringend, sie möchten
doch noch 6—8, oder doch wenigstens noch 2—3 Tage länger bei
ihnen verbleiben. Da sie sich aber ganz entschieden weigerten, weil
sie ihre alsbaldige Rückkunft nach Böhmen schon angezeigt hätten,
so hielt nun Julian seinerseits die Abschiedsrede an sie. Er
hatte sich Luc. 24, 28 ff. zum Thema seiner Rede erwählt und
zeigte, sie, die Böhmen, hätten nun auch, wie jene nach Emmaus
wandernden Jünger, hier auf dem Concile Christum gehört und
gesehen, denn Christus sei ja bei ihnen repräsentirt. Sie möchten
nun daheim erzählen, wie freundlich sie aufgenommen gewesen seien,
und wie das Concil von Verlangen brenne, mit ihnen wieder vereinigt zu werden; sie möchten nun ihre Gesandten in Prag mit
derselben Freundlichkeit aufnehmen. Dem Herrn Procop, sagte er
weiter, sei er noch eine besondere Antwort schuldig, da er ihm
während seines Hierseins ein lieber Hausfreund geworden sei; er
danke ihm herzlich für seine Mahnung zur Reformation, man hätte
dieselbe auch schon in Angriff genommen, wenn nicht ihre Angelegenheit zuerst hätte erledigt werden müssen. Was aber die dazu
proponirten vier Artikel betreffe, so müsse er nach alle dem, was
er darüber vernommen, dennoch dabei verbleiben, daß die Communion unter beiden Gestalten nicht absolut zum Heile nothwendig

---

80) Monum. p. 351 (Lib. diurn. Petri Zatec.): „Mihi ergo videtur,
si debita debet fieri reformatio, ut ea, quae male introducta sunt, de-
struantur, et omissa contra legem Dei in usum reinducantur.„

sei; weiter daß nicht alle Priester zu predigen hätten, da viele auch anderweitig für die Kirche wirken könnten; weiter daß die Kirche nicht alle Todsünden vor ihr Gericht ziehen und abstellen könne, sondern solche auch dulden müsse, wenn sie sie gleich nicht billige; und was die weltliche Herrschaft der Geistlichen betreffe, so glaube er, sie könnten solche wohl besitzen, wenn auch nicht als Herren, so doch als Verwalter derselben (dispensative). „In der Frage von den menschlichen Traditionen aber würden wir bald einig sein, wenn sich Herr Procop nur den Augustinus zum Vorbilde nehmen wollte, der auch sieben Sakramente angenommen, im Ornat Messe gelesen und seine Reden und Schriften dem Urtheil der Kirche unterstellt hat. Darnach erhob er sich und sprach, lächelnd das Zeichen des Kreuzes über die Unseren machend: Ich befehle euch dem Vater, dem Sohne und dem heiligen Geiste. Bei diesen Worten erhoben sich auch die Unseren. Julian streckte ihnen die Hand entgegen und sprach: Reichet mir die Hände! Das thaten Einige und insbesondere Rokycan, der dabei mit lauter Stimme rief: Es segne und behüte der Herr diesen Ort in Friede und Ruhe! Und als wir hierauf weggehen wollten, trat noch ein fetter Erzbischof aus Italien zu uns heran und reichte uns laut weinend die Hand dar. So kehrten wir in unsere Herbergen zurück."[81]

Tags darauf reisten sie mit der Basler Gesandtschaft ab und kamen über Schaffhausen, Nürnberg und Eger bis zum 8. Mai nach Prag, wo sie von der gesammten Bürgerschaft feierlich und mit großer Freude empfangen wurden.

So freundlich jedoch die Basler Gesandten in Prag aufgenommen wurden, daß Carlier seinen Bericht darüber[82] mit einem: „Deo

---

81) Monum., p. 353. — Wir haben diese Abschiedsscene, wie auch den ganzen Gang der Verhandlungen gerne ausführlich mitgetheilt. Man ersieht daraus, weder fühlten sich die Böhmen als Besiegte, noch wurden sie als solche in kalter Weise entlassen, wie z. B. von Düx (in s. Nic. von Cusa, S. 195) dargestellt wird, sondern sie haben sich eine höchst ehrenvolle Stellung auf dem Concile zu erringen gewußt, und das Concil hat dieselbe auch gebührend gewürdigt.

82) Monum. conc. gen. Saec. XV, p. 362, in Aegid. Carlerii Lib. de legationibus conc. Basil., der Hauptquelle für das Nachfolgende

gratias!" schließt, so verfloß doch ein voller Monat, bis sie zur Ausrichtung ihres Zweckes etwas thun konnten. Der ganze Mai und die erste Hälfte des Juni 1433 verging unter leeren Höflichkeiten, und mehrmals schien es, als ob auch diese gestört werden sollten. Die Altstadt, die Universität und wer vom böhmischen Adel in Prag war, erwiesen den Gesandten alle gebührende Ehre; die Neustädter aber ließen sich durch den Waisenpriester Jacob Wlk (Lupus, Wolf) in der Art gegen sie aufreizen, daß es beinahe zu offenen Feindseligkeiten gegen sie gekommen wäre. Er predigte, das Basler Concil suche nach Basilskenart nur sein Gift unter die Böhmen auszustreuen und sie zur römischen Ketzerei zurückzuführen. Als sich eines Tages das Gerücht verbreitete, daß Bischof Philibert von Coutances einige Knaben in seiner Wohnung gefirmt habe, wollte der Pöbel die Gesandten überfallen, doch wurden sie durch den herbeieilenden Procop den Großen noch rechtzeitig daran verhindert.

Am 12. Juni endlich versammelte sich der Landtag, der übrigens höchst zahlreich besucht war, und Tags darauf wurde die Fortsetzung der in Basel unvollendet gebliebenen Verhandlungen in Angriff genommen, nachdem Rokycan den Ständen zuvor über den Erfolg ihrer Basler Mission Bericht erstattet hatte. Die Gesandten wurden ehrenvoll von einer Abordnung des ganzen Königreiches abgeholt und in den theologischen Hörsal im Karolinum geführt. Dort präsidirten die drei Magister Rokycan von den Utraquisten, Peter Payne von den Waisen und Nicolaus von Pilgram von den Taboriten. Die Sitzung wurde, wie jede nachfolgende, mit Gebet und Gesang ("Veni sancte spiritus") eröffnet. Dann begrüßte Rokycan die Gesandten mit einer an Phil. 4, 8—9 anknüpfenden Rede und zeigte, wie in den vier Prager Artikeln alle die Tugenden beschlossen seien, zu welchen der Apostel Paulus die christliche Ge-

---

(S. 361—700). Eine weitere Quelle ist Thom. Eberdorferi de Haselbach Diarium gestorum per legatos conc. Basil. pro reductione Bohemorum (ibid., p. 700—784); Johannis de Turonis Regestum actorum in legationibus a sacro concilio Basil. in Bohemiam (ibid., p. 785—867) und Johannis de Segovia Historia conc. Basil. (M. S.).

meinde auffordere. Hierauf überreichte Bischof Philibert das Be=
glaubigungsschreiben des Concils und erwiderte Rokycan's Begrüßung
mit einer Ansprache über Joh. 20, 19, worin er ihre Sendung
als eine dem böhmischen Reiche Frieden und Heil bringende be=
zeichnete und den Landtag aufforderte, die heilsamen Intentionen
des Concils zu erkennen und mit gutem Willen anzunehmen. Ro=
kycan verdolmetschte diese Rede Denen, die nur böhmisch verstanden,
und eröffnete den Gesandten im Namen des Landtages, daß sie zu
jeder Zeit und so lange sie wollten das Wort ergreifen dürften,
wie das Concil Solches auch den Böhmen verwilligt hatte. Worauf
sofort der päpstliche Auditor Johann von Palomar das Wort
ergriff und dem Landtage die großen Segnungen rühmte, die den
Böhmen aus der Annahme der Friedens = und Eintrachtsvorschläge
des Concils resultiren würden, ohne daß er diese letzteren jedoch
im Einzelnen schon präcisirte. Damit wurden die Verhandlungen
für den ersten Tag aufgehoben.

Am 14. Juni rühmt Carlier, daß sie von dem Herrn Main=
hard von Neuhaus, einem der mächtigsten Barone des Reiches,
der ihnen schon einige Tage zuvor seine Aufwartung gemacht hatte, mit
großen Ehren und vielem Luxus bewirthet worden seien. „Er ist
keiner von unserer Parthei, aber er scheint sich mehr als Andere
unserer Parthei zuzuneigen, und ihm hängen viele Barone und
Ritter an." Die Gesandten knüpften vertrauliche Beziehungen mit
ihm an, und es sollten daraus bald wichtige Folgen hervorgehen.

Als am 15. Juni wieder Generalversammlung des Landtags
war, machte Johann von Palomar den Vorschlag, die Böhmen
sollten einfach, wie alle anderen Nationen, als gleichberechtigte
Glieder an dem allgemeinen Concile Theil nehmen und sich dessen
gemeinsamen Beschlüssen unterwerfen; das werde der kürzeste Weg
zum Frieden und zur Einigung sein und dadurch würde den so
viel Unheil bringenden Kriegen am schnellsten gesteuert werden.
Auf diese exorbitante, in Basel schon längst zurückgewiesene Forderung
konnten sie natürlich nicht eingehen, wäre ihre Annahme doch nichts
Anderes als eine völlige Unterwerfung unter das Concil gewesen.
Nach längeren Berathungen im Schooße des Landtages erwiderten
darum am 18. Juni Rokycan und Procop der Große, diese Vor=

schläge anzunehmen, sei den Böhmen unmöglich; was aber den
Krieg anbelange, so hätten nicht sie, sondern die Gegner ihn an=
gefangen, und wenn seine unheilvollen Folgen auch zu beklagen
seien, so habe derselbe doch auch heilsame Folgen gehabt; viele
Verächter und hartnäckige Feinde der vier Artikel seien dadurch in
eifrige Beobachter und Vertheidiger derselben verwandelt worden;
die sie beobachtenden Gläubigen seien dadurch vor der Grausamkeit
ihrer Feinde beschützt und zum Festhalten an ihren heilsamen Wahr=
heiten, die der heilige Geist selbst lehre, aufgemuntert worden; es
sei ja auch bekannt, daß das Basler Concil selbst ihnen seine Exi=
stenz verdanke; Kriege und Unruhen würden auch kein Ende nehmen,
bis diese gesegneten Wahrheiten von allen Gliedern der christlichen
Kirche angenommen wären.

So entschieden diese Erklärung lautete und so sehr sie den Ge=
sandten keine andere Wahl als die einfache Annahme der vier Ar=
tikel zu lassen schien, so ließen sie sich nichtsdestoweniger von der
Hoffnung nicht zurückschrecken, ihr Ziel zu erreichen. Sie mochten
dabei hauptsächlich auf die Unterstützung Přibram's, Mainhard's
von Neuhaus und anderer Barone und Ritter rechnen. Noch am
selben Tage erklärt Palomar in einer ausführlichen Rede, sie wüßten
gar nicht, wie sie mit diesen vier Artikeln daran seien; sie hätten
wahrgenommen, daß dieselben in Böhmen selbst von den verschie=
denen Partheien verschieden ausgelegt würden, man solle ihnen dieselben
umständlicher und in dem Sinne formulirt vorlegen, wie sie von
dem ganzen Königreiche verstanden würden; außerdem habe man
schon in Basel ihren Abgesandten gesagt, daß die Böhmen noch
in 28 weiteren Artikeln von dem allgemeinen Glauben der Christen=
heit abzuweichen schienen, sie seien jedoch auf die Erörterung dieser
Frage in keiner Weise eingegangen, wie könne von Frieden und
wahrer Einigung die Rede sein, wenn solch' wichtige Streitmaterien
übrig blieben? Es war dies ein fein berechneter Versuch, die tief=
gewurzelte Uneinigkeit der verschiedenen böhmischen Partheien aus=
zubeuten und der erste Schritt zur Beseitigung und Unterdrückung
derjenigen Parthei, welche von dem allgemeinen Christenglauben am
weitesten entfernt war und damals freilich vermöge ihrer Kriegs=
erfolge noch den größten Einfluß besaß, der Taboriten und Waisen.

Die Letzteren verkannten auch die Bedeutung dieses Schrittes in keiner Weise. Als in den zwei nächstfolgenden Tagen über die Fassung der von den Gesandten verlangten Erklärung verhandelt wurde, und die Prager Magister dieselbe einigermaßen nach den Wünschen des Concils einrichten wollten, protestirten sie aufs heftigste dagegen, sagten jenen geradezu: „Wir sehen, daß ihr zu der Gegenpartei haltet", und trieben sie aus dem Rathe hinaus. Rokycan suchte zu vermitteln und ließ sich beauftragen, im Namen des Königreiches mündlich eine umfassende Erklärung der vier Artikel abzugeben, was er auch am 21. Juni that, und zwar zu ziemlicher Befriedigung der Basler Gesandten. Um so weniger waren die Waisen und Taboriten damit zufrieden und wußten bei der schriftlichen Abfassung seiner Erklärung ihre schärfere Auffassung durchzusetzen. Sie brachten es ferner dahin, als die Basler sich darüber beschwerten und zur Erledigung des Streites die Erwählung einer Commission von je acht Mitgliedern vorschlugen, daß böhmischer Seits hauptsächlich Leute von ihrer Parthei in dieselbe gewählt wurden: Rokycan, Peter Payne, Procop, Nicolaus von Pilgram, Ulrich von Znaim, Ambros von Königgrätz, Sigmund Manda von Prag und Matthias Lauda (später kam noch Herr Wilhelm Kostka dazu).

Nun steigerte sich die Unzufriedenheit so, daß ein Abbruch der Verhandlungen drohte. Ihn zu verhindern, entschlossen sich die Basler zu einem letzten entscheidenden Schritte. Sie hatten, wie bemerkt, schon längst mit der um Mainhard von Neuhaus sich sammelnden utraquistischen Parthei geheime Unterhandlungen gepflogen. Eine solche hatte, wie Carlier berichtet, insbesondere am 19. Juni stattgefunden. Sie versammelten dieselbe am 25. Juni in der frühe vor Beginn der öffentlichen Landtagssitzung in Rokycan's Wohnung und stellten den utraquistischen Adeligen vor, „wie ungeziemend es sei, daß sie, denen die ganze Verwaltung des Königreiches in allen Ehren gebühre, wie solches unter ihren Vorfahren immer stattgefunden, jetzt nicht einmal frei seien, sondern in Allem Leuten gehorchen müßten, die kaum würdig wären, ihre Diener zu sein, und wie ihr Land, uneinig und abgeschlossen von der ganzen Christenheit, je weiter je tiefer, besonders aus Mangel an Gelehrten finken müſſe; es gebe für ſie kein anderes Heil als in der Einigung und im Frieden mit der Kirche; dies ſei nicht unmöglich, da die Abweichungen hinſichtlich dreier Artikel unbedeutend zu ſein ſchienen, und in Betreff des Artikels von der Communion unter beiderlei Geſtalten Hoffnung vorhanden ſei, daß ſich das Concil bewegen ließe, ihrem Wunſche zu willfahren"[83]). Und die adeligen Herren nebſt Rokycan, den wir wohl nicht ausſchließen dürfen, da er ſeine Wohnung zu dieſer Verhandlung hergegeben hatte, ließen ſich durch dieſe Reden ſo bethören, daß „Viele erfreut ausriefen, die Geſandten ſollten dieſen Weg doch ihren Deputirten vorſchlagen und ſie würden der Annahme deſſelben ihre wirkſamſte Beihülfe angedeihen laſſen" (Haſelbach). Sie achteten des Giftes nicht, das unter dieſen verführeriſchen Worten verborgen war. Ihre Beweggründe dazu laſſen ſich leicht durchſchauen: der Adel ſowohl als die Univerſität, deren Vertreter wir in Rokycan zu er= blicken haben, ertrugen es ſchwer, daß die Volksparthei und die einfachen Prieſter der Taboriten und Waiſen in Folge der von der Letzteren unter Ziżka und den Procopen errungenen Siege die erſte Stelle und die Oberherrſchaft im Königreiche an ſich geriſſen hätten; es fehlte ihnen ſicherlich nicht an der Einſicht, daß die auch von ihnen erſtrebte und mit ſo großen Opfern einſtweilen erkaufte Reformation der Kirche ohne das entſchiedene Feſthalten an den Wahrheiten der vier Artikel nicht erhalten werden könnte, aber ſie glaubten damit eine gewiſſe Nachgiebigkeit gegen das Concil ver= einigen zu können und dieſe Nachgiebigkeit durch das Preisgeben der extremen Parthei bethätigen zu müſſen.

Im Vertrauen auf dieſe Verhandlung machten die Geſandten nun der Commiſſion und dem Landtage die nach Obigem vereinbarten Vorſchläge. Vorläufig erregten dieſelben jedoch ſo viel Widerſpruch, daß die Geſandten es für gerathen hielten, um Zeit zu gewinnen, vorzuſchlagen, die Böhmen ſollten eine zweite Geſandtſchaft nach Baſel abordnen, und dieſer Vorſchlag wurde auch nach mehrtägigem

---

83) **Palacky**, Geſch. v. Böhmen III, 3. S. 119, nach einer Hand-ſchrift der k. Bibl. zu München. **Carlier**, **Haſelbach** und **Segovia** berühren dieſe Separatverhandlung nur kurz.

Hin= und Herreden von dem Landtage angenommen. Man war beiderseits des endlosen Streitens müde geworden; Procop und sein Anhang wollten von keiner Vereinbarung etwas wissen, bevor die vier Artikel in irgend einer Form anerkannt wären; die Gesandten konnten und wollten dies nicht eingehen, da sie dazu theils vom Concil nicht ermächtigt waren, theils immer noch die Hoffnung hegten, worin sie auch nicht getäuscht werden sollten, daß die utra-quiſtiſche und Adels=Parthei die demokratische und taboritiſche in ihrem Einfluſſe beſeitigen werde und daß dann mit erſterer allein viel leichter auszukommen wäre.

Es iſt überflüſſig, von den langen und oft ſtürmiſchen Ver= handlungen und den vergeblichen Vermittelungsverſuchen Rokycan's, welche ihrem Abzuge vorangingen, ein Weiteres mitzutheilen. Wir bemerken nur, ſie kehrten dem äußeren Anſcheine nach am 11. Juli unverrichteter Sache nach Baſel zurück; in Wahrheit aber hatten ſie ihre Miſſion auf eine ſo überaus vortreffliche Weiſe ausgerichtet, daß ihnen das Concil dafür das höchſte Lob ertheilen konnte; ſie hatten die der Chriſtenheit zuvor nicht näher bekannten Verhältniſſe der drei huſſitiſchen Partheien gründlich ſtudirt; ſie hatten die unter denſelben beſtehende Uneinigkeit und Zwietracht zu einer bald hell auflodernden Flamme herangeſchürt; hatten ſie auch die in ihrer Inſtruction [84]) als letztes Ziel bezeichnete unbedingte Unterwerfung der Böhmen nicht erreicht, ſo hatten ſie doch eine weſentliche Stärkung der mit mäßigen Zugeſtändniſſen zu befriedigenden calix-tiniſchen Parthei zu Stande gebracht und eben dadurch einerſeits den bisher faſt ausſchließlich maßgebenden Einfluß der extremen Partheien gebrochen und andererſeits den Muth der immerhin nicht ganz unbedeutenden und in der feſten, ſeit langer Zeit von den Taboriten vergeblich belagerten Stadt Pilſen ihren Concentrations-punkt beſitzenden rein katholiſchen Parthei wieder gehoben. Das war einer in fünf Kreuzzügen mit gewaltiger Kriegsmacht nicht zu beſiegenden Nation gegenüber genug, ja mehr als genug erreicht.

Berruer, Philibert und Palomar konnten darum in ihren Relationen zu Anfang Auguſt mit gutem Grunde ſagen, daß ſie

---

84) Sie findet ſich in den Monum. conc. gen. Saec. XV, p. 378—380,

mit ihrem freundlichen Benehmen gegen die Böhmen mehr als die stärksten Kriegsheere ausgerichtet hätten. Sie konnten dem Concile mit aller Zuversichtlichkeit den Rath ertheilen, es solle nur auf diesem Wege weiter fortfahren und es werde die für verloren geachtete Nation mit der Zeit wieder gewinnen; und dazu nöthige dringend das sehnliche Verlangen nach Frieden, welches die Nachbarvölker der Böhmen in sich trügen und überall aussprächen. Nur in dem Einen, sagte Palomar, stimmten alle hussitischen Partheien überein, so sehr sie sonst durch verschiedene Meinungen getrennt seien, nämlich daß man an der Communion unter beiden Gestalten festhalten müsse, wenn auch nicht Alle behaupteten, daß dieselbe zum Seelenheile unbedingt nöthig sei; man solle ihnen darin deshalb nachgeben. Und dieser Ansicht neigte sich, da sie von dem Cardinallegaten Julian und dem Protector Herzog Wilhelm von Baiern getheilt wurde, allmählig · die große Mehrheit des Concils zu, trotzdem daß sie von einzelnen Theologen, wie z. B. dem früher oft genannten Heinrich Kalteisen eifrig bekämpft und für eine unzeitige Schwäche und Nachgiebigkeit erklärt wurde.

Am 11. August 1433 wurden die neuen böhmischen Gesandten — es waren Procop von Pilsen, der Taborite Matthias Lauda und der Waisenpriester Martin Lupač von Chrudim — vor dem versammelten Concile zu erscheinen geladen. Sie legten ihm folgende, von dem böhmischen Landtage schließlich noch entworfene und die Grundlage der nachmaligen „Basler Compactaten" bildende Eintrachtsformel vor [85]):

„Das sind die Artikel, die wir Euch, versammelte Väter, überreichen, und von denen wir wünschen möchten, daß sie um des von Jedermann gewünschten Friedens und der Eintracht willen Eure Zustimmung und Billigung erfahren und dann im Königreiche Böhmen, in der Markgraffschaft Mähren und wo sonst noch Anhänger derselben sich finden, frei gehalten, gelehrt und unwiderruflich geboten werden: 1) das allerheiligste Sakrament der Communion soll allen Christen in Böhmen, Mähren, und wo sich sonst davon Anhänger aufhalten, unter beiden Gestalten, nämlich des

---

85) Monum. conc. gen. Saec. XV, p, 444 sq.

Brodes und Weines, als nützlich und heilbringend von den Priestern frei verabreicht werden. 2) Alle Todsünden, besonders öffentliche, sollen durch die, denen es obliegt, vernünftig und nach Gottes Gesetz eingestellt, bestraft und abgeschafft werden. 3) Das Wort Gottes soll von den Priestern des Herrn und von tauglichen Diaconen frei und treu gepredigt werden. 4) Die Priester sollen in der Zeit des Gesetzes der Gnade nicht über irdisches Gut weltlich herrschen. — Die Formel aber der von beiden Seiten längst so sehnlich gewünschten Einigung überreichen wir in folgenden Worten: „Wir sind bereit, uns zu vereinigen und eins zu sein, gleichwie alle Christen nach Gottes Gesetz einträchtig zu leben schuldig sind, und unseren rechtmäßigen Vorgesetzten anzuhangen und zu gehorchen in allen kirchlichen Dingen, welche sie uns nach Gottes Gesetz befehlen. Sollte aber ein Concil, der Papst oder die Prälaten etwas anordnen und befehlen, was Gott der Herr verboten hat, oder etwas unterlassen und zu versäumen gebieten, was im Kanon der Bibel geboten ist, so sind wir in Solchem nicht zu gehorchen schuldig. Hierüber werde zwischen uns und euch ein Vertrag abgeschlossen, sobald unsere vier Artikel nach dem in Eger beiderseits angenommenen unpartheiischen Richter, bei dem auch in Zukunft die Entscheidung aller Fragen stehen soll, angenommen sein werden. Außerdem verlangen wir Fürsorge des Concils, daß unsere Parthei in Zukunft nach geschehener Einigung nicht mehr verketzert oder angefeindet werden dürfe, daß auch diejenigen Priester in Böhmen und Mähren, welche die vorgenannten Artikel bisher noch nicht angenommen haben, dazu angehalten werden, daß nach diesen überhaupt die Reformation der ganzen Kirche angestrebt werde. Denn nur so werden wir, in der Wahrheit geeinigt, der göttlichen Gnade theilhaft werden können. Amen."

In diesen Artikeln war Manches, was dem Concil nicht genehm sein konnte, und es fehlte nicht an Solchen, die ihre einfache Zurückweisung verlangten. Doch ernannte man eine Commission von funfzig Personen, welche dieselbe in besondere Erwägung ziehen sollten, und da sich nicht nur viele der anwesenden Fürsten, sondern auch viele Theologen, besonders Johann von Palomar und der Legat Julian, für ihre Annahme, wenigstens in limitirter Form aussprechen, so wurde den böhmischen Gesandten am 2. September die feierliche Eröffnung gemacht, daß das Concil geneigt sei, allen Wünschen der Böhmen zu entsprechen, soweit es nach Gottes Gesetz möglich sei, und zu diesem Zwecke sofort eine weitere Gesandtschaft nach Böhmen abordnen werde; man werde dafür Sorge tragen, daß beide Theile mit allen Ehren zu Friede und Einigkeit gelangen sollten.

Daraufhin reisten sie, da ihnen keine weiteren schriftlichen Zusagen gemacht wurden, wieder nach Böhmen zurück, fanden aber hier die Verhältnisse in einer für sie ziemlich ungünstigen Weise verändert vor. Um den Verhandlungen mit dem Concile gehörigen Nachdruck zu geben und dem Auslande gegenüber als eine compacte Einheit dazustehen, hatten sämmtliche hussitische Partheien sich in jenem Sommer dahin vereinigt, das feste Pilsen, den schon seit mehreren Jahren vergeblich belagerten Sammelplatz der katholischen Parthei mit voller Heeresmacht anzugreifen und mit Waffengewalt zum Beitritte zu ihren Grundsätzen zu zwingen. Aber das Kriegsglück, das ihnen dem Auslande gegenüber stets so mächtig zur Seite gestanden war, war den einheimischen Feinden gegenüber gänzlich von ihnen gewichen. Obwohl das Belagerungsheer zuletzt 36000 Mann zählte, vermochten sie dennoch nichts auszurichten; die Belagerten, auch aus Deutschland und vom Concil kräftig unterstützt, fügten im Gegentheil den Belagerern größeren Schaden zu, als diese ihnen; dazu war fast ganz Böhmen von schwerer Theuerung und Pest heimgesucht, und der Adel neigte sich immer mehr der vermittelnden Parthei Mainhard's von Neuhaus zu. Nach einem verunglückten Raubzuge des Proviantes wegen kam es im September zu einem förmlichen Aufruhre im Heere, bei welchem Procop der Große so beleidigt und sogar thätlich mißhandelt wurde, daß er erzürnt und die Nothwendigkeit sich heilen zu lassen vorschützend das Heer verließ und nach Prag ging. Sein Weggang und die Verluste wurden zwar bald darauf durch den von einem glänzenden Heerzuge bis Danzig zurückkehrenden Waisenhauptmann Johann Capek von San wieder ersetzt; aber der Winter kam herbei, ohne daß auch nur das Geringste ausgerichtet gewesen wäre, und der Muth der Belagerer war gesunken.

Als deshalb die Basler Legaten am 22. Oft. 1433 in Prag ankamen — es waren diesmal nur vier: Philibert, Palomar, Toke und Berruer —, und an Martini die (wegen einer Pest auf diese Zeit verschobenen) Landtagsverhandlungen ihren Anfang nahmen, so stellten die Basler im Vertrauen darauf anfänglich die weitgehendsten Forderungen. Erst als diese trotz des großen Verlangens des Landtages, zu Friede und Einigkeit zu gelangen, wegen ihres ganz ungebührlichen Inhaltes dennoch zurückgewiesen wurden, stellten sie am 26. November etwas gemäßigtere Bedingungen für die Wiederaufnahme der Böhmen in den allgemeinen Kirchenverband. Ihr Wortlaut, den wir wegen seiner hohen Wichtigkeit in voller Ausführlichkeit mittheilen wollen [86]), ist folgender:

„Im Namen unseres Herrn Jesu Christi! Das ist, was durch die Gnade des heiligen Geistes zwischen den Gesandten des heiligen allgemeinen Basler Concils und dem Landtage des ruhmreichen Königreiches Böhmen und der Markgrafschaft Mähren in der Stadt Prag im Jahr 1433 nach Christi Geburt vereinbart worden ist.

„Für's Erste verspricht und gelobt der genannte Landtag im Namen und Auftrag der beiden Reiche, sowie aller und jeder Angehörigen derselben, daß sie fortan mit der allgemeinen Kirche in guten, festen und dauernden Frieden und Eintracht eintreten wollen, und werden in Folge dessen die gleichfalls zuvor benannten Gesandten des heiligen Concils in dessen Auftrag und Vollmacht diesen Frieden und diese Eintracht annehmen und allen christlichen Völkern zur Nachachtung verkündigen; sie werden auch für alles Vergangene vollständige Absolution ertheilen, die seither erlassenen kirchlichen Censuren aufheben und allen Christgläubigen befehlen, daß Niemand fürderhin genanntes Königreich und Markgrafschaft oder dessen Bewohner wegen des Vergangenen schmähen, beleidigen oder angreifen dürfe, sondern daß sie christlichen Frieden mit ihnen halten und sie als ihre Brüder, nämlich als ehrerbietige und gehorsame Kinder der heiligen Mutter Kirche, lieben und demgemäß behandeln sollen [87]).

---

86) Monum. conc. gen. Saec. XV, p. 495.

87) „Ipsos tamquam fratres eorum, sanctae videlicet matris ecclesiae filios reverentes et obedientes, habeant et fraterna dilectione contrahent.“

„Was sodann die von den Gesandten der genannten Reiche dem Concile vorgelegten Artikel betrifft, so wird der er ste Artikel, der in dieser Form vorgelegt worden: ‚Das allerheiligste Sakrament der Communion soll allen Christen in Böhmen, Mähren und wo sich sonst deren Anhänger aufhalten, unter beiden Gestalten, nämlich des Brodes und Weines, als nützlich und heilbringend von den Priestern frei verabreicht werden‘, dahin abgeändert: es sollen genannte Böhmen und Mähren, wenn sie wahrhaft und wirklich in Eintracht und Friede mit der Kirche leben und im Uebrigen sich, was Glauben und Ceremonien betrifft, nicht von ihr unter= scheiden wollen, nach der Anordnung Jesu Christi und seiner Braut, der Kirche, die Communion unter beiden Gestalten, die sie nun angenommen, beibehalten; es soll über diesen Artikel auch noch in dem heiligen Concile weiter verhandelt und Beschluß gefaßt werden, was bezüglich desselben zum Nutzen und Wohl der ganzen Christenheit festgehalten und in Ausführung gebracht werden soll; und wenn dann die Gesandten von Böhmen und Mähren nach reiflicher Erwägung der Frage gleichwohl darauf bestehen, an der Communion unter beiden Gestalten festzuhalten, so wird dann das Concil ihren Priestern die Vollmacht dazu ertheilen, nämlich für alle diejenigen erwachsenen Personen, welche demüthig und ehrer= bietig die Communion unter dieser Form begehren; so doch daß sie den also Communicirenden immer sagen, sie hätten festiglich zu glauben, daß das Fleisch Christi nicht nur unter der Gestalt des Brodes, und sein Blut nicht nur unter der Gestalt des Weines, sondern der ganze Christus unter beiden Gestalten vorhanden sei. Das Concil wird auch Sorge tragen, daß kein also Communi= cirender deshalb geschmäht und an seinem guten Rufe und seiner Ehre angetastet werden dürfe [88]).

„Was die drei anderen Artikel betrifft, so will das Concil die= selben, um nicht Anstoß zu erregen oder etwaigen Irrthum zu be= fördern, in folgender Form annehmen: der zwei te Artikel ist

---

[88]) Die Fassung dieses Artikels wurde später noch dahin abgeändert, daß die Communion sub utraque nicht bloß als eine Duldung, sondern als eine wirkliche Berechtigung bezeichnet wurde, s. u.

in folgender Fassung vorgelegt: ‚alle Todsünden, besonders öffent=
liche, sollen durch die, denen es obliegt, vernünftig und nach
Gottes Gesetz eingestellt, bestraft und abgeschafft werden‘; hier
ist der Satz: durch die, denen es obliegt, zu allgemein und könnte
Anstoß erregen, was nach der heiligen Schrift und den Aussprüchen
der Kirchenlehrer: die Todsünden, besonders die öffentlichen, sollen,
soweit es vernünftiger Weise geschehen kann, nach dem Gesetze
Gottes und den Anordnungen der heiligen Väter eingestellt, bestraft
und abgeschafft werden, und kommt die Vollmacht dazu nicht irgend
welchen Privatpersonen, sondern allein denjenigen zu, welche das
Amt und die Jurisdiction dazu haben und mit den Regeln des
Rechtes und der Gerechtigkeit bekannt sind.

„Der dritte Artikel ist so vorgeschlagen: ‚Das Wort Gottes
soll von den Priestern des Herrn und von tauglichen Diakonen
frei und treu gepredigt werden‘; damit das Wort: frei, nicht zu
Willkür und Zügellosigkeit führe, die ja auch ihr nicht wollet, so
sagen wir nach Schrift und Kirchenlehre: das Wort Gottes soll
von den durch zuständige Vorgesetzte oder Obere geprüften und
ausgesandten Priestern und tauglichen Diakonen frei, doch nicht
beliebig überall, sondern geordnet und treu gepredigt und dabei
immer die Gewalt des Bischofs, als des obersten Anordners, be=
rücksichtigt werden.

„Zum vierten Artikel endlich: ‚Die Priester sollen in der
Zeit des Gesetzes der Gnade nicht über irdisch Gut weltlich herr=
schen‘ erinnern wir daran, daß auch eure eigenen Gesandten, als
auf dem Concile darüber verhandelt wurde, diese zwei Sätze zu=
gestanden haben, nämlich daß Geistliche, die nicht Mönche sind, in
erlaubter Weise ererbte oder sonst rechtmäßig erworbene zeitliche
Güter besitzen können, und weiter, daß die Kirche überhaupt die
Berechtigung hat, bewegliche und unbewegliche Güter zu besitzen,
Häuser, Landgüter, Dörfer, Städte und Burgen u. dgl. und darüber
eine besondere bürgerliche Herrschaft auszuüben. Weil nun der
Satz von dem weltlichen Herrschen der Priester in seiner Allge=
meinheit verschieden gedeutet werden könnte, so haben wir es für
nothwendig erachtet, den zwei obigen Sätzen Ausdruck zu geben
und zu bestimmen: die Kirchenbediensteten sollen die Kirchengüter,

deren Verwalter sie sind, treu und nach den heilsamen Ordnungen der Kirchenväter verwalten, und die Güter der Kirche selbst können von keinen anderen Personen iu Besitz genommen werden , ohne Verschuldung eines Kirchenraubes (sine reatu sacrilegii)'[89].

„Indem aber besagter Landtag diese Erklärung der drei letzten Artikel, als in der heiligen Schriftwahrheit begründet, annimmt, behält er sich vor, bezüglich mancher in ihrem Betreff vorhandener Mißbräuche und Unordnungen bei dem heiligen Concile durch seine Gesandten auf deren Abbestellung und Reformation anzutragen; und das Concil seinerseits will ihnen hiermit durch seine Gesandten die volle Erlaubniß dazu ertheilt haben und verspricht auch selbst sich die Reformation der Sitten aufs ernstlichste angelegen sein zu lassen.

„Und wenn dann mit Gottes Hülfe das Kriegen um der Ursachen des Glaubens willen sein Ende erreicht haben wird, so scheint es uns zur Erhaltung des Friedens sehr förderlich und nothwendig zu sein, daß auch alle übrigen, deu Glauben nicht berührenden Streitigkeiten zwischen den Böhmen, Mähren und ihren Nachbarn, sei's auf dem Concile, sei's auf besonderen Tagen, beigelegt und also ein allgemeiner Friede wiederhergestellt werde; worüber sowohl das Concil, als der böhmisch = mährische Landtag den betreffenden Fürsten und Städten Mittheilung machen und was sonst nöthig ist, anordnen werden." —

Der Landtag hatte auch an diesen Vorschlägen anfänglich noch Vieles auszusetzen. Procop der Große verlas noch am gleichen Tage eine Schrift über noch unausgeglichene Differenzen, worin er insbesondere darauf drang, daß das Concil in Folge dieses Vertrages kein Recht bekommen sollte, den Böhmen und Mähren auch eine vollständige Gleichförmigkeit in den einzelnen Kirchengebräuchen und Einrichtungen aufzunöthigen, sondern daß ihnen darin, wie auch anderen Ländern, innerhalb gewisser Schranken eine freie und selbstständige Bewegung bewilligt werden müßte[90]. Er wollte damit den Taboriten und Waisen, die sich hierin am weitesten

---

89) Dieser Zusatz wurde später noch gestrichen, s. u.
90) Monum. conc. gen. Saec. XV, p. 498.

von der Kirche entfernt hatten, die evangelische, oder wenn man
so will, protestantische Freiheit rechtlich gewahrt und sie nicht wieder unter das Joch menschlicher Satzungen zurückgeführt wissen.
Das Verlangen nach Friede und Einigung war jedoch so groß und
allgemein, daß, als die Legaten schriftlich erklärten, es solle das
kein Hinderniß des Friedens und der Einigung sein, wenn sich
auch Manche nicht sogleich mit der allgemeinen Kirche in den Ceremonien beim Gottesdienste zu einigen vermöchten, und daß die
Egerer Verträge auch fernerhin bezüglich alles dessen, was in der
Kirche geglaubt und eingerichtet werden solle, zur Richtschnur dienen
sollten, am 30. November 1433 der Landtag dennoch die Genehmigung dieser Compactaten ertheilte.

Unbefangen angesehen, können wir auch nicht anders sagen, als
der Landtag: die Böhmen hatten unter den damaligen Verhältnissen
keine andere Wahl, als entweder diese sogenannten ersten Compactaten mit den Zusätzen, die sie zuletzt noch bekommen hatten,
anzunehmen, oder für alle Zukunft auf eine Aussöhnung mit der
Kirche zu verzichten. Es ist nicht zu läugnen, das Concil war in
seinen Zugeständnissen bis an die äußerste Gränze dessen gegangen,
was ihm nach seinem Standpunkte im Allgemeinen möglich war,
insbesondere da es in den Zusätzen den Taboriten und Waisen ja
noch außerordentliche, ziemlich weit ausdehnbare Bewilligungen ertheilt hatte. Man darf die Compactaten auch keineswegs für etwas
so Geringfügiges und Unbedeutendes halten, wie schon oft geschehen
ist. Mit geringen Einschränkungen ist das Wesentliche der vier
Prager Artikel in ihnen aufgenommen worden, und in diesen haben
wir, wenn auch nicht den vollen, so doch wenigstens einen Ausdruck des evangelischen und protestantischen Bewußtseins erkannt.
Hätte das, was in ihnen ausgesprochen war, auch in anderen Ländern
Anklang und Beifall gefunden, wäre man in Böhmen selbst ein-
hellig und energisch auf ihrer Durchführung bestanden, so wäre eine
Reformation der Kirche auf ihrer Grundlage eine durchaus nicht
unmögliche Sache gewesen, zum mindesten in Böhmen und
Mähren.

Aber freilich daran fehlte es. Die Christenheit im Allgemeinen
hatte noch nicht aufgegeben, auf die Concilien ihre Hoffnung zu

setzen und gerade das in Basel versammelte schien noch allen be=
rechtigten Wünschen nach einer ernstlichen Reformation entsprechen
zu wollen. In England war der Wycliffismus so viel als unter=
drückt, die Lollharden fristeten nach den schweren Verfolgungen,
welche über sie ergangen waren, nur noch ein kümmerliches Dasein
in der Stille. In Frankreich begnügte man sich mit einer Reihe
äußerlicher Kirchenfreiheiten, welche bald darauf durch die Synode
von Bourges in der pragmatischen Sanktion von 1438 festgestellt
wurden, ohne daß man sich um eine wahre Reformation der Lehre
und des Lebens der Kirche bemüht hätte. Deutschland, der zu=
künftige Heerd der Reformation, schlief damals noch seinen Winter=
schlaf, aus dem es erst fast ein Jahrhundert später erwachen sollte;
seine Fürsten waren durch ihre ständigen Fehden an jedem thätigen
Eingreifen in die kirchlichen Verhältnisse gehindert, seine Universi=
täten Wohnstätten einer geisttödtenden Scholastik, was besonders
von Wien, Köln, Heidelberg und Leipzig galt, seine Geistlichkeit
war mit tausend Banden an Rom gefesselt, sein Bürgerstand noch
nicht zu einem höheren Streben erwacht, was erst durch den Hu=
manismus bewirkt wurde.

Und in Böhmen selbst wurde der Abschluß der Compactaten,
statt ein Einigungsband zwischen den verschiedenen Partheien zu
bilden, wie zu ihrer energischen Durchführung nöthig gewesen wäre,
vielmehr die Losung zu einer viel größeren Uneinigkeit und Zwie=
tracht, als sie je zuvor bestanden hatte. Die Annäherung an Rom,
das ist das tragische Geschick, welchem der Hussitismus unterlegen
ist, war der Grund seines Verderbens und Unterganges. Eine
Warnung für den Protestantismus aller Zeiten. Einem tödtlichen
Gifthauche gleich äußerten sich die Wirkungen, welche von derselben
ausgingen, und von ihm wurde zunächst diejenige Parthei betroffen,
welcher der Hussitismus bisher fast allein seine Kraft und Stärke
zu verdanken gehabt hatte, und von welcher auch allein nicht nur
eine strenge Durchführung der Compactaten, sondern auch eine
Weiterentwickelung auf Grund derselben zu erwarten war.

Die Taboriten und Waisen hatten in den Abschluß der Com=
pactaten mit eingewilligt; da sie dies jedoch nur mit dem Vorbe=
halt thaten, daß ihnen noch weitere Zugeständnisse gemacht werden

müßten, da sie sich überhaupt während der ganzen Dauer der Ver=
handlungen ziemlich unnachgiebig gezeigt hatten, so daß es mehr=
mals beinahe zu einem offenen Bruche gekommen wäre, so hatten
sie sich dadurch den Zorn der calixtinischen (gemäßigten) Adels=
parthei, die ihre Oberherrschaft längst nur schwer ertrugen, von
Neuem wieder in hohem Grade zugezogen. Von ihrem schroffen
und gewaltthätigen Auftreten, sagten sie und die ganze Pribram'sche
Parthei an der Universität mit ihnen, kommt es her, daß wir seit
15 Jahren zu keinem Frieden mehr kommen können, daß unsere
Felder verwüstet und unsere Städte zerstört werden, daß Herren
und Bürger mit unerschwinglichen Steuern, Zöllen und Lieferungen
belastet sind und wie elende Sclaven zum Kriegsdienste gezwungen
werden, daß das böhmische Volk überhaupt allmählig zum aller=
unglücklichsten auf dem ganzen Erdboden geworden sei, da sie ent=
weder Sommer und Winter zu kämpfen oder doch in steter Kriegs=
gefahr zu leben hätten. Es sei einmal an der Zeit, ihr tyrannisches
Joch abzuschütteln und das des Priester Procop insbesondere, um
seiner Willkürherrschaft ein Ende zu machen [91]). Die Basler
Gesandten nährten natürlich diese Gedanken, denn sie sahen längst
ein, daß sie ohne die Beseitigung der extremen taboritischen und
demokratischen Parthei weder zu ihrem nächsten Ziele der Zurück=
führung der Böhmen (reductio Bohemorum) in den Schoos der
Kirche, noch zu dem weiteren, das sie wohl ebenso eifrig verfolgten,
bisher aber noch nicht einmal zu erwähnen gewagt hatten, zu ihrer
Unterwerfung unter Kaiser Sigismund, gelangen würden. Ob sie
ihnen in den häufigen Zusammenkünften, die sie mit ihnen und
dem Herrn Mainhard von Neuhaus insbesondere pflogen, directe
Rathschläge darüber ertheilt haben, ist nicht bekannt. Wir wissen
nur Folgendes:

Am Tage nach dem Abschlusse der Compactaten, am 1. De=
cember 1433, trat der Landtag zur Berathung über die innerböh=
mischen Angelegenheiten zusammen und wählte den Herrn Aleš von
Riesenburg, einen Mann von altem Adel, aber geringer Macht,

---

91) So erzählt Aeneas Sylvius in seiner interessanten Historia Bohemorum, cap. 51.

zum Verweser des Königreichs Böhmen und der Markgraffschaft
Mähren und ertheilten ihm nebst zwölf Beiräthen die Vollmacht,
für das allgemeine Wohl des Volkes zu sorgen und vor Allem
die vier Prager Artikel zu schützen, allen Streitigkeiten und Un-
gesetzlichkeiten im Lande zu steuern, Krieg und Frieden zu schließen,
wo es nöthig sei, Steuern zu erheben, Richter und Beamte einzusetzen u. s. w. Das war ein Beschluß von den weittragendsten
Folgen. Nicht nur daß damit Procop's Einfluß auf die allgemeinen Angelegenheiten des Reiches beseitigt wurde, sondern Aleš
von Riesenburg stand unter dem Einflusse und der Leitung zweier
Männer, deren Streben schon längst nur auf die Unterdrückung
der demokratischen Parthei und die Wiederherstellung der vor dem
Hussitenkriege bestandenen Verhältnisse gerichtet war. Der Eine
war der schon öfter genannte Herr Mainhard von Neuhaus, dessen
Gesinnung aus der Thatsache erkannt wird, daß er sich einen
Monat später nebst einigen Prager Magistern von den Basler
Gesandten insgeheim wieder in den Verband der allgemeinen katholischen Kirche aufnehmen ließ. Der Andere war jener Ulrich von
Rosenberg, dessen wir auch schon Erwähnung gethan, als des Hauptes
der entschieden katholischen Parthei in Böhmen, einer der mächtigsten und schlausten Barone des Reiches; er hatte auf dem nur
von den hussitischen Ständen beschickten Landtage zwar nichts zu
sagen gehabt, konnte in der Landesverwaltung also auch keine
officielle Stellung einnehmen, er war aber schon seit Jahren der
Hauptagent Kaiser Sigismund's und des Concils gewesen, bezog
Subventionen von dort und entfaltete gerade damals wieder eine
ungemeine Thätigkeit zur Unterstützung der belagerten Pilsener und
zur Hebung der ganzen katholischen Parthei; mit Mainhard von
Neuhaus war er in freundschaftliche Beziehungen getreten.

Der neue Stand der Dinge war für die Taboriten und Waisen
ein offenbar gefahrdrohender geworden. Sie fühlten es und suchten
sich desselben noch auf demselben Landtage durch stürmische Debatten,
die sie erregten, zu erwehren. Als die Basler Gesandten verlangten, daß der Landtag gemäß den Compactaten die Belagerung
von Pilsen aufheben solle, verlangten sie dagegen, daß die Pilsener
zuerst die Erklärung abgeben müßten, dem Landesverweser Gehor-

sam zu leisten; sie verlangten ferner, daß die Freiheit der Com=
munion unter beiden Gestalten nicht nur ihren Anhängern in Böhmen
und Mähren, sondern auch in anderen Ländern bewilligt und nicht
nur „geduldet", sondern auch als „nützlich und heilbringend" be=
zeichnet werde, daß sie schon den Kindern gereicht werden dürfe, und
daß das Concil dieselbe allen Böhmen und Mähren anbefehlen
solle; desgleichen bestanden sie darauf, daß im vierten Artikel die
Rüge des Kirchenraubes, als den Böhmen zur Unehre beigesetzt,
beseitigt und die Kirche, als Gesammtheit der Gläubigen und nicht
der Bischöfe und Priester allein, ausdrücklich für die Besitzerin der
geistlichen Güter erklärt werde. In den mehrwöchentlichen Ver=
handlungen darüber erreichten sie auch, daß die Freigebung des
Kelches im ersten Artikel nicht bloß für eine Duldung, sondern für
eine wirkliche Berechtigung erklärt und im vierten Artikel die Worte:
„ohne Verschuldung eines Kirchenraubes" gestrichen wurden. Zu
weiteren Zugeständnissen jedoch ließen sich die Legaten nicht bewegen
und reisten endlich, da die Verhandlungen immer stürmischer wurden,
und selbst ihre persönliche Sicherheit gefährdet zu sein schien, am
14. Januar 1434 nach Basel zurück, ohne daß die Pilsener An=
gelegenheit und die übrigen zuletzt angeregten Fragen erledigt worden
wären; am allerwenigsten wollten sich die Legaten dazu verstehen,
die der katholischen Kirche unter so schweren Kämpfen treu ge=
bliebenen Böhmen zur Annahme des Laienkelches zu nöthigen.

Schien dadurch trotz des Abschlusses der Compactaten der ganze
Ertrag der jahrelangen Friedensverhandlungen von Neuem wieder
in Frage gestellt, so war die calixtinische, durch die Compactaten
befriedigte Parthei natürlich aufs höchste darüber ungehalten. Přibram
und Genossen reichten bei dem Landtage eine Vorstellung ein, des
Inhaltes, daß sie es geradezu für eine Todsünde erklären müßten,
wenn die Böhmen die ihnen unter so günstigen Bedingungen dar=
gebotene Friedenshand zurückweisen und Land und Leute von Neuem
den Schrecknissen des Krieges überliefern würden. Und diese Vor=
stellung verfehlte ihres Eindrucks nicht. Zwar ging der Landtag
ohne weitere Beschlüsse auseinander. Rokycan erklärte [92]), die Gefahr

92) In einem noch erhaltenen Schreiben; s. Palacky, Gesch. von Böhmen
III, 3. S. 149 f.

sei auf beiden Seiten gleich groß, würde man den Frieden und
die Einigung verwerfen, so werde man nicht aufhören, ihr Land
zu verwüsten, die Bevölkerung werde abnehmen, Hunger und Pest
würden müthen wie bisher, und zudem würde man bald Mangel
an ordinirten Geistlichen leiden; ließe man aber zweierlei Glaubens=
bekenntnisse im Lande zu, so würden, wie unter König Wenzel, die
alten Pfarrer zu ihren Pfarren zurückkehren und das Altarsakrament
wieder unter einer Gestalt spenden, und die Folgen davon würden
neue Stürme sein. „Daher gestehe ich, daß ich nicht weiß, was
ich wählen soll; erwäget und bestimmt selbst, ihr weltlichen Herren,
welche Gefahr die größere, und was für das allgemeine Wohl zu
thun sei." Aber die calixtinische Adelsparthei faßte, wie aus den
nachfolgenden Ereignissen hervorgeht, insgeheim den Beschluß, der
ungefügigen Kriegsparthei und ihres Einflusses sich mit Gewalt zu
entledigen. Sie erkannte, daß dies das einzige Mittel wäre, um
den Compactaten eine wirkliche und dauernde Geltung zu verschaffen;
und die Verhältnisse schienen ihrem Unternehmen in jeder Hinsicht
günstig zu sein; das vor Pilsen lagernde Taboriten= und Waisen=
heer war durch Krankheiten decimirt, durch die erfolglose Belagerung
entmuthigt, und sein Heerführer, der furchtbare Procop, entzweit
mit ihm; im ganzen Lande sehnte man sich bei einer drückenden
Theuerung nach Frieden; durch die Compactaten schien die von der
Nation gewünschte und mit so großen Opfern erstrittene Religions=
freiheit in genügender Weise gewährleistet zu sein, und der Reichs=
verweser war entschlossen, zu ihrer stricten Durchführung seine ganze
Autorität geltend zu machen.

Den Winter über geschah noch nicht viel von Bedeutung und
Wichtigkeit, außer daß die Calixtiner ihre Streitkräfte rüsteten und
die Heerführer der Taboriten auf gütlichem Wege für ihre Ansicht
zu gewinnen suchten, was ihnen bei Mehreren, insbesondere dem
tapferen Pšibřík von Klenau, gelang. Auch schickte Aleš von Riesen=
burg, damit die Verhandlungen mit dem Concile nicht abgebrochen
würden, den Priester Martin Lupač von Chrudim in der Gesell=
schaft der Legaten nach Basel, um von dem Concile selbst zu er=
langen, was die Legaten nicht bewilligen wollten, insbesondere daß
die Communion unter beiden Gestalten gleichmäßig bei allen Böhmen

und Mähren eingeführt werde; was demselben dort natürlich nicht bewilligt wurde. Er erhielt am 16. Februar öffentliches Gehör und bat aufs dringendste, das Concil möchte darin doch nachgeben, da sonst bald wieder Aergerniß und Streit genug entstehen würde, wenn vielfach in einer und derselben Stadt, ja Kirche zweierlei Communionfeier stattfände. Julian eröffnete ihm darauf am 26. Februar, im Einverständniß mit dem seit 11. October 1433 in Basel anwesenden Kaiser Sigismund, die Kirche habe den Böhmen nach ihrer unendlichen Liebe schon eine beispiellose Willfährigkeit bewiesen und sogar sich selbst Wunden geschlagen, nur um sie ihrem Leibe als einen neuen Zweig einpropfen zu können; es sei nun an den Böhmen, auch ihrerseits etwas zu thun, und so lange sie das in den feierlich acceptirten Compactaten Versprochene nicht halten wollten, könne sich auch das Concil zu nichts Weiterem herbeilassen, um so weniger, als man mit den Pilsenern wegen ihrer Anhäng= lichkeit an das Concil stets noch so grausam verfahre [93]).

Sobald jedoch der Frühling herbeikam, trat zunächst der mährische Adel, Hussiten wie Katholiken, am 4. März 1434 zu einem fünf= jährigen Landfriedensschluß zusammen. Schon dieser Vertrag war gegen die Taboriten und Waisen gerichtet. Dies geht vor Allem daraus hervor, daß außer Herzog Albrecht von Oestreich und dem Bischof von Olmütz auch Herr Mainhard von Neuhaus und andere böhmische Barone daran Theil nahmen. Bald darauf brachte es der genannte Mainhard von Neuhaus in Böhmen selbst zu einem ähnlichen Schritte. Der böhmische Adel trat im April unter den Auspicien des neuen Landesverwesers in Prag zu einem förmlichen Bunde zusammen, in welchem sie sich gegenseitig verpflichteten, Alles aufzubieten, um im Lande Ruhe und Ordnung wieder her= zustellen; der Landfriede sollte in allen Kreisen verkündigt, dem stehenden Heere und den Kriegsrotten befohlen werden auseinander= zugehen und das Land nicht ferner zu verwüsten, würden sie es nicht gutwillig thun, so sollten sie wie Feinde des Landes behandelt werden; und um dies Alles zu erreichen, beschloß der Adel zugleich, unverzüglich ein starkes Kriegsheer aufzubringen, als dessen Sammel= ort der Hügel Kačin bei Kuttenberg bezeichnet wurde.

---

93) Monum. conc. gen. Saec. XV, p. 735 sq.

Das hieß Procop und seinen Anhängern das Messer an die Kehle setzen. Sollten sie sich unterwerfen, die Belagerung von Pilsen aufheben, ihre Kriegsmacht entlassen, mit der sie so große Wunder der Tapferkeit gewirkt hatten, und wehr- und schutzlos sich selbst in die Hände Solcher ausliefern, welche im Allgemeinen zwar das hussitische Bekenntniß noch nicht verläugnet hatten, unter denen aber nicht Wenige, und gerade die Mächtigsten, sich ganz offen wieder dem Katholicismus zuneigten? Stand nicht zu befürchten, daß die ganze Frucht der langjährigen Kämpfe und Anstrengungen auf einmal wieder verloren gehen könnte? Rafften sie sich aber auf und sammelten sie mit Kraft und Energie ihre Streitkräfte zusammen, war es nicht möglich, ja wahrscheinlich, daß die Adelspatthei nachgäbe, oder wenn nicht, daß ihre bisher unbezwungenen Kriegsschaaren den Sieg davontrügen? Wenn die Taboriten und Waisen so urtheilten und darnach zu handeln beschlossen, so werden wir sie dafür gewiß nicht allzu sehr zu tadeln haben, noch den letzten Kampf, in den sie sich damit stürzten, lediglich für den Ausbruch eines exaltirten Fanatismus, wilder Wuth und maßloser Herrschbegier erklären dürfen. Wenn es Procop darum zu thun gewesen wäre, die Oberherrschaft in Böhmen an sich zu reißen, so hätte er nach dem großen Siege bei Tauß eine bessere Gelegenheit dazu gehabt. Seine Seele war aber gar nicht von solch ehrgeizigen Gedanken erfüllt. Das bezeugt sein ganzes Auftreten in der Zeit der Verhandlungen mit dem Basler Concil aufs deutlichste. Er wollte seinem Volke, und weiter auch der ganzen Christenheit, nur die Freiheit des Gesetzes Gottes erkämpfen. Das war sein einziges Streben. Zu tadeln ist nur einerseits die große, wahrhaft unverantwortliche Sicherheit und Siegeszuversicht, mit der er dem Entscheidungskampfe entgegenging, und anderseits die Verwilderung und Zuchtlosigkeit, welche seine Parthei in ihrem vor Pilsen lagernden Kriegsheere, hauptsächlich in Folge der Aufnahme vieler ausländischer Söldnerschaaren, hatte einreißen lassen. Und darin haben wir die Ursache ihres Verderbens zu finden.

Procop übernahm den Oberbefehl über das Taboriten- und Waisenheer erst Anfang April; er hatte sich bis dahin, wie schon bemerkt, seit der ihm vor Pilsen widerfahrenen Beschimpfung bei den Waifen in der Neuſtadt von Prag aufgehalten. Er mußte aber bald wieder zurückkehren. Der verhängnißvolle Kampf ſollte in Prag beginnen. Da der Herrenbund die Neuſtädter aufforderte, ſich ihm gleichfalls anzuſchließen, wie die Altſtadt, ſo fingen die Letzteren, anſtatt dies anzunehmen, an, ſich gegen die Altſtadt zu verſchanzen und ſie anzugreifen; auch wurde Procop mit einigen taboritiſchen Kriegshaufen eiligſt zu Hülfe gerufen. Darauf hin ließen die Altſtädter das ſchon in der Stärke von etwa 12,000 Mann bei Kačin verſammelte Bundesheer herbeikommen und unter= nahmen mit demſelben ſchon am Tage, nachdem es angekommen, am 6. Mai, einen allgemeinen Sturm auf die Neuſtadt. Gegen einen ſo unerwarteten und gewaltigen Angriff war ſie natürlich nicht gerüſtet genug, ſie wurde von dem Bundesheere ohne vieles Blutvergießen eingenommen, ihre Befeſtigungen eingeriſſen, ihrer Privilegien beraubt, geplündert und ganz unter die Botmäßigkeit der Altſtadt gebracht; Procop und die übrigen Heerführer der Ta= boriten und Waiſen mußten der Uebermacht weichen und die Flucht ergreifen.

Im Wittingauer Archiv wird ein Brief Procop's des Großen aufbewahrt, aus welchem man die Lage der Dinge in jenen Tagen erkennen kann. Er ſchreibt darin an Procop den Kleinen (Procupek) im Pilſener Lager alſo: „Gott der Allmächtige, der nach Gewitter= ſturm Helle und nach Betrübniß Troſt verleiht, ſei mit dir, mein in Chriſto vor Anderen geliebter Bruder! Wiſſe, daß mit Gottes Zulaſſung die falſchen Barone mit den Pragern der Altſtadt unſere lieben Brüder, die Neuſtädter Bürger, angegriffen haben; ſie erſchlugen einige und eroberten die Stadt, wovon wir ſelbſt Augenzeugen waren. Nach unſerem Dafürhalten ſolltet ihr daher alles Andere laſſen und von Pilſen nach Sedlčan rücken. Denn Čapek ſammelt viel Kriegsvolk und wir von Tabor deßgleichen; beſſer iſt's, wir ſterben, als daß wir das mit Hinterliſt vergoſſene unſchuldige Blut unſerer lieben Brüder nicht rächen. Gott mit euch und ſeid gewiß, daß er nach der Beſtrafung der Seinigen ſie auch wieder erfreut." Man ſieht aus dieſem, von Roſenberg's Leuten aufgefangenen Schreiben, daß Procop damals noch von guter Hoffnung erfüllt, zugleich aber auch rachedürſtend zum Aeußerſten entſchloſſen war.

Deshalb begann der Herrenbund so rasch als möglich alle seine Streitkräfte zusammenzuziehen, und es gelang ihm, bis zum 26. Mai, da auch Ulrich von Rosenberg's Leute zu ihm stießen, in und um Prag ein Heer von etwa 25,000 Mann zusammenzubringen. Auf seiner Seite war fast der gesammte böhmische Adel, gleichviel ob sie Hussiten oder Katholiken waren; wir nennen unter ihnen den Landesverweser, Mainhard von Neuhaus, die Herren von Pirkstein, Sternberg, Wartenberg, Landstein, Klenau, Schwamberg, Chlum, Portupic, den jungen Georg von Poděbrad (den nachmaligen König von Böhmen) u. A. Zum obersten Anführer wurde der tapfere Diwis Bořek von Miletinek gewählt, der einst das Haupt der Horebiten gewesen und zuerst mit, dann gegen Žižka gekämpft hatte. Auf der anderen Seite beschlossen die Taboriten und Waisen auf die Nachricht von den Prager Vorfällen am 9. Mai, die ihnen längst gefährliche Belagerung von Pilsen aufzuheben (welche Nachricht in Basel und ganz Deutschland ungeheure Freude erregte und den heldenmüthigen Vertheidigern, besonders dem Herrn Wilhelm Swihowsky von Riesenberg, großes Lob eintrug) und mit ihrer ganzen Macht dem Adelsheere sofort zu offener Feldschlacht entgegenzurücken. Auf ihrer Seite standen nur wenige Adelige, Johann Rohač von Duba, Sezima von Kunstat, Johann von Bergow und Johann Kolda von Žampach; die übrigen waren mit der Zeit einer nach dem anderen von ihnen abgefallen; dagegen fast alle Städte Böhmens, wie Saaz, Laun, Schlan, Leitmeritz, Jungbunzlau, Königinhof, Trautenau, Jaromiř, Königgrätz, Hohenmauth, Caslau, Kuttenberg, Kolin, Nimburg, Kaurim, Böhmisch = Brod, Beraun, Pisek, Wodňan, Prachatic, Schüttenhofen, Klattau, Tauß (nur Prag, Pilsen und Melnik hielten zum Herrenbunde). Man kann sie deshalb im Gegensatz zu der Adelspartei die städtische oder demokratische nennen; und es ist von Wichtigkeit, dieses Verhältniß ins Auge zu fassen; man sieht, es handelte sich in jenem Kampfe mehr um politische, als religiöse Fragen, wiewohl sich auf der Seite der Städter schwerlich viele Katholiken gefunden haben mögen, wie auf der Seite der Adeligen. Ihr Heer belief sich nur auf etwa 18,000 Mann, aber sie hatten an ihrer Spitze die Heerführer, welche seit vielen Jahren der Schrecken von ganz Europa gewesen

waren, außer Procop dem Großen, den Waisenhauptmann Johann
Čapek von San, Andreas Keršky, Nicolaus von Padařow, Procop
den Kleinen u. A., und mehr als 10,000 jener wilden und furcht=
baren Krieger, die oft durch ihren Anblick schon bis zehnfach über=
legene Heere in die Flucht getrieben hatten. Der Kampf war im
Ganzen also nicht so ungleich, als es scheinen könnte.

Aber das Kriegsglück war diesmal dem „Brüderheere" gänz=
lich abhold geworden. Vergeblich suchte Procop das Adelsheer,
bevor es noch vollzählig geworden, bei Kunratic in der Nähe
von Prag zum Kampfe herauszulocken; sie wußten sie durch
Scheinunterhandlungen hinzuhalten und Zeit zu gewinnen. Procop
mußte sich der Proviantirung wegen nach Kolin zuwenden. Als
der Bund hierauf alle seine Streitkräfte an sich gezogen, so führte
sie Bořek in die Gegend von Böhmisch=Brod, Kaužim und
Plaňan und stellte sie in einer festen Wagenburg bei den Dörfern
Lipan und Hřib auf. Sie waren in dieser Position nicht leicht
anzugreifen. Procop wagte es und zog am 30. Mai eines Sonn=
tags früh von Kaužim und Kolin her in Schlachtordnung mit
Wagenburg gegen sie heran. So tapfer sie jedoch den Angriff
machten, so vermochten sie doch nichts auszurichten. Nicolaus
Krchlebec, Burggraf von Klingenberg, welcher den Vortrab des
Bundesheeres befehligte, stürzte sich ungestüm auf die gegnerische
Wagenburg, ließ sich zurückschlagen und befahl den Seinigen, ver=
stellter Weise die Flucht zu ergreifen. Dadurch ließen sich die
Taboriten und Waisen aus ihrer Wagenburg locken, um die nach
ihrer Meinung geschlagenen Feinde zu verfolgen, und setzten ihnen
weithin nach. In diesem Zeitpunkte aber fielen ihnen die
Barone mit ihrer zahlreichen Reiterei in die Flanken, schnitten sie
von ihrer Wagenburg ab und griffen sie nun von allen Seiten
an. Die Taboriten und Waisen müssen sich überaus tapfer ge=
wehrt haben, denn das Kämpfen und Morden währte den ganzen
Tag und selbst die Nacht hindurch bis zum anderen Morgen. Auch
das Adelsheer muß dabei schwere Verluste erlitten haben. Das
„Bruderheer" aber wurde so zu sagen gänzlich aufgerieben, da es,
auf diese Weise in die Enge getrieben, von der Uebermacht erdrückt
und Pardon weder gegeben, noch genommen wurde. Nur etwa

700 ergaben sich als Gefangene, darunter die Herren Johann Rohač von Dube und Johann von Bergow; zu entfliehen gelang nur Wenigen, nämlich Capek mit seinen Waisenkriegern, wiewohl es bei ihm zweifelhaft ist, ob er sich nicht verrätherischer Weise nach Kolin geflüchtet hat, und Andreas Kersky mit einer Taboritenschaar; dagegen wurden gegen 13,000 jener berühmten Taboritenkrieger erschlagen, welche seit so vielen Jahren den Ruf der Unüberwindlichkeit genossen hatten, und mit ihnen ihre vornehmsten Führer, die beiden Procope nebst anderen Hauptleuten und einer großen Zahl von Priestern; natürlich fielen auch alle Wagen, Geschütze und Waffen in die Hände der Sieger.

Ueber das Ende Procop's des Großen hat man keine sicheren Nachrichten. Aeneas Sylvius erzählt, er habe sich, da er Alles verloren gesehen, mit seinem Kriegsvolke, das er sich mehr aus den ihm Liebsten, als aus den Stärksten ausgewählt, in den dichtesten Haufen der Feinde gestürzt, eine Zeitlang ihrem Andrang Trotz geboten und, nachdem er viele von ihnen getödtet, ihnen eines Theils den Sieg aus den Händen gewunden, sei aber dann von einer Anzahl Reiter umringt, nicht sowohl überwältigt, als vielmehr von zu viel Sieg erschöpft (vincendo fessus) durch einen unverhofften Pfeilschuß gefallen und gestorben; sein früherer Hausfreund, Wilhelm Kostka von Postupic, habe sich gerühmt, den tödtlichen Pfeil auf ihn abgeschossen zu haben. Diese Erzählung hat jedoch wenig Wahrscheinlichkeit für sich, da Procop sonst wenigstens niemals die Waffen selbst geführt hat.

Ebenso unwahrscheinlich lautet, was derselbe Schriftsteller weiter erzählt: Herr Mainhard habe, um sich der wilden Taboritenkrieger, als durchaus schädlicher und lasterhafter Leute, gänzlich zu entledigen, nach der Schlacht durch Herolde bekannt machen lassen, es sollten sich Alle, die noch ferner Kriegsdienste thun wollten und darin erfahren seien, als Söldner unter ihre Fahnen sammeln. Mehrere Tausende hätten dies Anerbieten angenommen „schwarze, von Sonne und Wind gebräunte Leute, furchtbaren Aussehens, die, gewöhnt im Lager bei Feuer und Rauch zu leben, Adleraugen, ungekämmte Haare, verwahrloste Bärte, eine hohe Gestalt, haarige Glieder und eine so harte Haut hatten, daß das Schwert von ihr wie von einem Panzer absprang". Diese habe man in der Nähe von Böhmisch-Brod in Scheunen eingesperrt, die Thüren hinter ihnen verschlossen und die Scheunen angezündet, „so daß das ganze Kriegs= gezücht nach so vielen Mordthaten und Zügellosigkeiten, die es verübt, verbrannte und für die Schändung der Religion und des Glaubens gerechte Strafe erlitt". Es ist doch kaum glaublich, daß so viele Leute solchen Schlages sich auf eine so tölpische Art hätten fangen und umbringen lassen. Die Chronik eines Prager Collegiaten berichtet [94]) einfach, daß nach der Schlacht noch gegen 900 eingefangene Flüchtlinge in Scheunen bei Böhmisch=Brod verbrannt worden seien. Diese scheinen sich dahin geflüchtet zu haben und dann umzingelt und nach dem im Hussitenkrieg häufig genug vorkommenden Barbarismus mit Feuer vertilgt worden zu sein.

---

[94]) Chronicon veteris Collegiati Pragensis bei Höfler, Geschichtschr. I, 94.

V.

Fortsetzung der Verhandlungen der Böhmen mit dem Concile bis zum Abschlusse der „Basler Compactaten".

1434—1436.

Die Schlacht von Lipan bezeichnet einen entschiedenen Wende-punkt in der Geschichte des Hussitismus. Ihre Wirkungen waren zwar nicht von der Art, daß Böhmen dadurch geradezu wieder für die katholische Kirche gewonnen worden wäre. Wenn das Basler Concil, der Aufforderung Kaiser Sigismund's entsprechend, ein Te Deum dafür anstimmte [95]), so war dies zu früh gejauchzt. Doch war ein Anfang dazu gemacht. Diejenige Parthei war aus dem Felde geschlagen, welche sich am schroffsten der katholischen Kirche entgegengestellt und am längsten mit ihr zu pacisciren geweigert hatte. Sie war nicht vertilgt, vernichtet; so viel hätte durch Eine Schlacht nicht erzielt werden können; gehörten ihr doch an 20 Städte, deren jede so fest als Pilsen war, und die Sympathien des ge-meinen Volkes waren ihr nach wie vor schon aus einer naturge-mäßen Furcht vor einer drückenden Adelsherrschaft zugewendet; aber sie hatten den maßgebenden Einfluß und die Oberherrschaft über Böhmen verloren, die sie unter Zizka und Procop so lange besessen hatten. Diese war in die Hände Rokycan's und der uns

---

95) **Raynaldi** annal. eccl. XVIII, 135.

längst bekannten, weder mit Přibram und Rosenberg, noch mit
Bayne und Čapek befreundeten entschieden calixtinischen Parthei
übergegangen.

Wie verhielt sich diese nun? Welches war überhaupt der Gang
der Ereignisse in Böhmen nach dem verhängnißvollen Tage, an
welchem „Arche gegen Arche" bei Lipan gestritten hatte? Von
sanguinischen Hoffnungen erfüllt, wie er sich solchen überhaupt
gerne hinzugeben pflegte, glaubte Kaiser Sigismund, es werde ihm
nun ein Leichtes sein, sowohl zum Besitze seines angestammten
Königreiches zu gelangen, als auch, was ihm nicht minder am
Herzen lag, die Böhmen wieder zur vollständigen Einigkeit mit der
allgemeinen Kirche zurückzuführen. Ulrich von Rosenberg, die Pilsener
und Andere, die bei Lipan mitgekämpft, mochten ihm das so vorgestellt haben. Er schickte deshalb sofort (wahrscheinlich von Ulm
aus, wohin er sich gegen Ende Mai von Basel aus begeben hatte)
Gesandte nach Böhmen, um mit dem Landesverweser und dem
Landtag wegen der Unterwerfung unter ihn zu verhandeln. Hätte
er ein tüchtiges Kriegsheer dahin abschicken können, so hätte er dies
Mal vielleicht etwas damit ausrichten können. Seine Gesandten
jedoch richteten nicht mehr aus, als daß sich der Landtag, der auf Johanni
1434 nach Prag versammelt wurde und höchst zahlreich erschien,
zu Unterhandlungen mit ihm bereit erklärte. Sie bezeigten keinerlei
Eile, unter das Scepter ihres angestammten Fürstenhauses zurückzukehren. Und die Gründe waren wesentlich religiöser Natur.

Der nächste unmittelbare Gewinn der Schlacht von Lipan war
nicht den Katholiken, sondern den Calixtinern zugefallen. Procop's
Einfluß war auf Rokycan übergegangen. Man kann sich auch
schwer von dem Gedanken trennen, daß die Schlacht von Lipan
hauptsächlich sein Werk gewesen ist, das Mittel für ihn, zu der
ihm von Procop allein streitig gemachten Oberherrschaft in Böhmen
zu gelangen. Der ganze Gang der nachfolgenden Ereignisse spricht
wenigstens sehr für diese Ansicht.

Durch den Johannislandtag wurde Böhmen für einige Zeit
ziemlich vollständig pacificirt und Aleš von Riesenburg's Herrscher-
macht zu Stand und Festigkeit gebracht. Die Waisen, Čapek an
der Spitze, ließen sich sofort bereit finden, dem Herrenbunde beizu-

treten, und da sich der Taboritenhauptmann Nicolaus von Padarow, die Städte Kolín, Tabor, Pisek, Saaz u. A. allmählig auch dazu herbeiließen, wenigstens in einen Vergleich mit ihm zu treten, so konnte zwischen allen Utraquisten ein allgemeiner Landfriede und mit der katholischen Parthei ein einjähriger Waffenstillstand abgeschlossen werden. Zur Schlichtung der theologischen Streitigkeiten wurde auf Jacobi eine allgemeine Priesterversammlung nach Prag ausgeschrieben. Zu den Verhandlungen mit Kaiser Sigismund, die Mitte August in Regensburg stattfinden sollten, wurden vier Bevollmächtigte vom höheren Adel, worunter Mainhard von Neuhaus; vier vom niederen, unter diesen Johann Capek von Sán und Wilhelm Kostka von Postupic; vier Bürger, aus der Altstadt Prags Johann Welwar, aus der Neustadt Mařík, einer aus Saaz und einer aus Königgrätz, und die Magister und Priester Johann Rokycan und Martin Lupač bestimmt.

Ueber die Jacobisynode haben wir ausführliche Mittheilungen [96]). Sie war, wie der Landtag, höchst zahlreich besucht, in ihren Resultaten aber so fruchtlos, als viele früher vorangegangene. Rokycan stellte in 19 Artikeln ein Glaubensbekenntniß auf, das wir seinem Hauptinhalte nach mittheilen wollen, da es mit den Abänderungen und Zusätzen, die es von der katholisch=Přibram'schen Parthei einer= und der taboritischen anderseits erfahren hat, wie wenige andere Aktenstücke aus jener Zeit klare Einblicke in den religiösen und kirchlichen Standpunkt der verschiedenen hussitischen Partheien thun läßt.

1) Vor Allem glauben und bekennen wir, daß das Wort der heiligen Schrift alten und neuen Testamentes schlicht und einfach nach dem Sinne, welchen der heilige Geist fordert, von allen Christen für wahr, heilig und gemeinverbindlich zu halten und demgemäß zu ehren und zu befolgen sei.

Dazu bemerkt die katholisirende Parthei: Die Eruirung des Sinnes der Schrift steht nicht einem Jeden, sondern der Kirche, ihren Lehrern und Versammlungen zu.

---

[96] Bei Balth. Lydius, Waldensia etc. Roterod. 1616, p. 332 sqq. und Monum. conc. gen. Saec. XIV, p. 741 sqq.

2) Deßgleichen halten wir fest an dem apostolischen, nicänischen, athanasianischen und den anderen in der Urkirche angenommenen und verkündigten Symbolen, auch an allen heiligen, vernünftigen und katholischen Beschlüssen und Anordnungen der Apostel und der Urkirche, die wir als die Mutter und Lehrerin des katholischen Glaubens verehren, und von der wir uns zu trennen für Unrecht halten, so wie sie die Apostel gelehrt und das Alterthum bewahrt hat.

Zusatz der Katholiken: Wir ehren in diesem Sinne nicht nur die Urkirche, sondern auch die heilige römische Kirche.

Zusatz der Taboriten: Wir stimmen bei, sofern unter der Urkirche die apostolische verstanden wird, und unter den erwähnten Beschlüssen und Anordnungen dasjenige, was die Apostel ausdrücklich für alle Zukunft zu halten befohlen und die apostolische Gemeinde auch wirklich gehalten hat; auch dürfen die Griechen damit nicht verdammt werden, weil sie glauben, in der heiligen Schrift sei die Lehre von dem Ausgange des heiligen Geistes vom Sohne (filioque), wie vom Vater nicht ausdrücklich ausgesprochen.

3) Bezüglich der vier [Prager] Artikel bekennen wir von der heiligen Eucharistie, daß dieselbe unter beiden Gestalten zu nehmen sehr nützlich, heilsam, von dem Herrn geboten, durch die Schrift und den heiligen Geist gerechtfertigt sei, und daß Diejenigen, welche es so halten, Recht thun, auch wenn ihre geistlichen Oberen anderer Ansicht sind, und deshalb nicht verketzert oder verfolgt werden dürfen. Unter diesen beiden Gestalten aber glauben wir, daß der ganze Herr Jesus Christus, wahrer Gott und Mensch mit seinem eigenen natürlichen Leibe und Blute, wie er es von der Jungfrau Maria angenommen hat und nun zur Rechten Gottes sitzt, wahrhaft und wirklich gegenwärtig ist, so daß ihm deswegen in diesem Sakramente durch Anbetung, Kniebeugen, Gesang, Lichteranzünden u. dergl. die ihm gebührende Verehrung dargebracht werden muß. Es soll dasselbe auch jederzeit von jedem Gläubigen, gesund oder krank, erwachsen oder Kind unter beiden Gestalten empfangen und dem Volke als die höchste aller Gnaden aufs angelegentlichste empfohlen, auch zu jedem anderen Sakramente gleichsam als dessen Bestätigung und Bekräftigung ausgetheilt werden, da kein Sakrament recht ge-

feiert wird, wenn das heilige Abendmahl nicht dazu genommen wird.

Zusatz der Katholiken: Auch wir halten die Eucharistie unter beiden Gestalten für nützlich und heilsam, da sie von dem Basler Concil in dieser Art approbirt worden ist, halten sie aber nicht für obligatorisch und wollen die Entscheidung darüber, ob auch die Kinder schon communiciren dürfen, und in welcher Art die Communion bei anderen Sakramenten gefeiert werden müsse, demselben Concile überlassen.

Zusatz der Taboriten: Wir stimmen dem Obigen nur unter der Bedingung bei, daß zwar die wahrhaftige, sakramentale und geistliche Gegenwart des ganzen Herrn Jesu und seines Leibes und Blutes angenommen, zugleich aber ausdrücklich erklärt wird, daß dabei kein Aufhören der Substanz des Brodes und Weines und keine substantielle Verwandlung desselben in den Leib Christi mit all seinen sowohl wesentlichen, als außerwesentlichen Eigenschaften stattfinde (also keine Transsubstantiation!). Das Sakrament darf also auch nicht durch Anbeten, Kniebeugen u. dergl. verehrt werden, die Gläubigen sollen vielmehr vor Allem darauf denken, ihrem Erlöser nachzufolgen und ihn im Himmel droben recht zu verehren.

[Nr. 4, 5, 6 enthält die in den Compactaten genehmigte Fassung der drei übrigen Artikel von der Bestrafung der Todsünden, der freien Predigt des göttlichen Wortes und dem Verbote weltlichen Herrschens der Cleriker; wozu die Taboriten nur bemerken, dieselben sollten auch streng befolgt werden.]

7) In Uebereinstimmung mit dem katholischen Glauben halten wir an den sieben von der Kirche eingeführten Sakramenten fest und wollen sie in der längst gewohnten Weise gefeiert wissen.

Zusatz der Taboriten: An den genannten sieben heiligen Handlungen, welche gemeiniglich Sakramente genannt werden, und was sonst noch von dieser Art im Gesetze Gottes geboten ist, wollen auch wir festhalten, verlangen aber, daß ihnen kein anderer Sinn und keine andere Art ihrer Feier gegeben werde, als wie es Christus und die Apostel befohlen haben, da sie dem christlichen Volke sonst zum Anstoß und Aergerniß dienen könnten.

8) Deßgleichen gedenken wir auch, die Messe in ihrer bisherigen Art und Weise und nach den Gebräuchen der katholischen Kirche beizubehalten, und erlauben nicht, ohne dringende Noth davon abzugehen.

Zusatz der Katholiken: Die dringenden Nothfälle sollen von den kirchlichen Oberen bestimmt bezeichnet werden.

Zusatz der Taboriten: Da auch die andere Parthei (die Calixtiner) in den Gebräuchen beim Gottesdienste und der Sakramentfeier manche Abänderungen eingeführt hat und ferner beibehalten will, so verlangen wir nach der Regel: „was ihr wollt, daß euch die Leute thun sollen, das thut ihr ihnen", daß auch uns gestattet werde, in unseren Gemeinden die von uns nun einmal eingeführten Ritualien für so lange beizubehalten, bis uns vernünftige und zweckmäßige Gründe deren Abänderung anrathen.

9) Die in der Kirche bisher beobachteten Fasten wollen wir auch ferner beibehalten.

Zusatz der Taboriten: In Beziehung auf die Fasten sagen wir, damit das christliche Volk seiner Freiheit nicht beraubt, noch zum Götzendienst geführt werde, auch wir wollen die im Gesetze des Herrn zu beobachten befohlenen Fasten beobachten, wünschen aber vielmehr, daß das christliche Volk, Gott zu gefallen und den Frommen der Urkirche gleich zu kommen, nicht aus abergläubischer Gewohnheit, sondern in Kraft wahrer Enthaltsamkeit, in Freiheit und nach dem Gesetz Gottes fasten möge.

10) Der Geistliche soll seinen Stand auch schon durch seine Kleidung, Tonsur und ganze Haltung bekunden und sich hierin nicht vor Anderen auszeichnen wollen.

11) Kein Priester soll für die Verwaltung der Sakramente oder für irgend eine andere geistliche Funktion Geld oder Geschenke annehmen oder gar eintreiben.

Zusatz der Katholiken: Nur die Eintreibung, nicht aber auch die Annahme solchen Geldes (der sogenannten Stolgebühren) ist verboten.

12) Die Lehre von einem Fegfeuer für die zwar selig werdenden, aber noch nicht völlig während dieses Lebens durch satisfactorische Werke gereinigten Seelen ist nicht zu verwerfen, und es können und

sollen die mit ihnen durch das Band der Liebe vereinigten Gläubigen durch Gebete, Fasten, Almosen und andere Opfer für sie eintreten, doch, daß keine Habgier, Gewinnsucht und Handelswesen dabei so unterlaufe.

Zusatz der Katholiken: Die hiebei unterlaufende Habsucht der Priester zu untersuchen, ist nicht unsere Sache.

Zusatz der Taboriten: Wir kennen keine Schriftstelle, welche mit zwingender Nothwendigkeit auf die Annahme eines Fegfeuers nach dem Tode hinweist.

13) Jeder Priester soll eine Abschrift der Bibel oder zum Mindesten des neuen Testamentes besitzen und fleißig lesen, um sich selbst und Andere zu einem evangelischen und apostolischen Leben zu führen.

Zusatz der Katholiken: Wir billigen dies, verlangen es aber nicht unbedingt.

14) Die Laien sollen die für die Kirchen bestimmten Zehnten nicht fernerhin, wie in den letzten Zeiten geschehen ist, für sich und ihren Nutzen beziehen dürfen.

Zusatz der Katholiken: Das walte Gott, man sehe aber zu, wer dies besorgt.

15) Diejenigen kirchlichen Gebräuche, welche nun einmal aus gewissen Gründen in den einzelnen Gemeinden abgeschafft worden sind, sollen auch fernerhin für abgeschafft gelten, bis sie etwa durch eine allgemeine Synode einstimmig wieder eingeführt werden.

Zusatz der Katholiken: Wir unterlassen aus gewissen Gründen vieles Derartige, erklären aber, daß es den Gesetzen der Diöcese und dem Befehle der Universität zuwider ist.

16) Auf der nächsten Generalsynode soll der Landtag um die Erlaubniß angegangen werden, die Kirchweihen in allen Gemeinden auf einen einzigen Sonntag zu verlegen.

Zusatz der Katholiken: Da dies eine geistliche Angelegenheit ist, so soll sie von dem künftigen Erzbischofe erledigt werden.

17) Bei Gesängen und Gebeten sollen die Priester und Schüler nicht auf eiteln Ruhm vor Menschen, sondern hauptsächlich auf einen klaren Vortrag zur Ehre Gottes und zur Erbauung des Volkes sehen. Die evangelische und epistolische Schriftlesung soll

in der Muttersprache und ohne besonderen Grund und Zustimmung
der Zuhörer nicht gesangsweise stattfinden. Das Glaubensbekenntniß
soll nur von Zeit zu Zeit gelesen oder gesungen werden.

Zusatz der Katholiken: Das Lob des Allerhöchsten soll auch
im Gesange mit Anwendung von Kunst verkündet werden; singt
doch auch. jeder Vogel, wie ihm der Schnabel gewachsen ist. Ueber
die Beibehaltung oder Abschaffung der Muttersprache soll der künftige
Erzbischof entscheiden.

18) Was die sogenannten Heiligen betrifft, so halten wir dafür,
daß sie im Himmel für die Gläubigen hier auf Erden mit ihren
Gebeten und sonstigen Liebeswerken eintreten und deshalb um ihre
Fürbitten angegangen werden können, so doch daß ihnen keine solche
Verehrung erwiesen wird, wie sie Gott allein gebührt, und keine
Ungebührlichkeiten dabei vorkommen.

Zusatz der Taboriten: Für die Anrufung der Heiligen um
ihre Fürbitten fehlt es an einem sicheren Schriftgrunde, wie auch
für die (Art. 16) früher erwähnten Kirchweihen; darüber muß
deshalb auf Grund der heiligen Schrift noch weiter verhandelt
werden.

19) Schließlich bekennen wir, uns in Allem und Jedem nach
dem Worte halten zu wollen: Gebet dem Kaiser, was des Kaisers,
und Gott, was Gottes ist. Den Geistlichen das Geistliche, das
Weltliche den Weltlichen. Keines soll mit dem anderen verwechselt,
noch ihm gleichgestellt werden. Das Erste und Wichtigste aber ist,
zu trachten nach dem Reiche Gottes und dessen Gerechtigkeit, zu
thun und zu erfüllen, was zum Heil der Seelen nöthig ist. Darum
muß auch das, was Gott geboten, mit größerem Fleiß und Be-
harrlichkeit gethan werden, als was von Menschen angeordnet und
beschlossen worden ist. Man muß Gott mehr gehorchen, als den
Menschen. Wiewohl auch menschliche Vorschriften, Lehren und
Gebote nicht zu verachten sind, wofern sie der Vernunft nicht wider-
streiten. Dies muß man thun, nämlich Gottes Wort und Befehl,
und jenes nicht lassen, nämlich was die Oberen in Kirche und
Staat beschließen und anordnen; so doch daß die Uebertreter der
göttlichen Gebote schärfer bestraft werden, als diejenigen der
menschlichen. - -

Klar und deutlich tritt uns aus diesen Sätzen die Lage der
Dinge seit der Schlacht von Lipan entgegen: „der Huffitismus ist
an einem entscheidenden Wendepunkt angelangt". „Das Reich fing
an beruhigt zu werden (regnum coepit pacificari)", schreibt der
mehr erwähnte Prager Collegiat [97]). Die wild braufenden Wogen
haben ihr Bett gefunden, worin sie ziemlich ruhig und friedlich
dahinzufließen beginnen. Nur schade, daß es nicht ein einfaches,
sondern ein dreifaches ist, oder daß sich die Waffer in drei ge-
sonderte Ströme getheilt haben und dadurch Gefahr gelaufen sind,
im Sande sich zu verlieren. In einem einzigen Flußbette vereinigt,
wer hätte daran zweifeln können, daß die Waffer der huffitischen Bewegung ruhig in vollem Strome dahinfließend in ihrem Heimathlande
allen widerstrebenden Elementen Trotz geboten und für alle Zukunft
Bewegung, Frische und Stärke genug behalten hätten, um selbst auch
auf andere Länder befruchtend einzuwirken? Das war das Bestreben
Rokycan's, gewiß ein edles, dem man die Anerkennung nicht ver-
sagen kann, was man auch sonst über diesen Mann urtheilen mag.
Die Unbilden der Zeiten, vor Allem die Barbarismen der sogenannten
Gegenreformation (1620—1780), haben uns nur höchst spärliche
Denkmäler übrig gelaffen, aus denen wir diese merkwürdige, in
den Gang der Ereigniffe in Böhmen so tief eingreifende Persönlichkeit zu beurtheilen vermögen; so viel ersehen wir jedoch, daß er
seine ganze Lebenskraft darein gesetzt hat, die verschiedenen diver-
girenden Strahlen der huffitischen Wahrheit in einem gemeinsamen
Brennpunkt zu sammeln, und er glaubte, in den Compactaten
diesen Punkt gefunden zu haben und von ihm weder zur Rechten
noch zur Linken abweichen zu dürfen. Sollte er deshalb zu tadeln
sein? Wohl schwerlich. Denn in den Compactaten war von der
römischen Kirche ein nicht nur für jene, sondern für alle Zeit
unverhältnißmäßig großes Maß religiöser und kirchlicher Freiheit
bewilligt; sie konnten nur von einem so freisinnigen Concil, wie
das Basler war, und nimmermehr von der Curie (die sie bekanntlich
später wieder zurückgenommen hat) ausgehen; ihre richtige Durchführung war einer gründlichen Reformation der Kirche gleich zu

---

97) Höfler, Geschichtschr. I, 94. (Chron. vet. Colleg. Prag.)

stellen. Ist aber in dem Glaubensbekenntnisse, das wir oben von ihm mitgetheilt haben, wirklich eine solche folgerichtige Durchführung der Compactaten wahrzunehmen? Darauf ist mit einem entschiedenen Nein zu antworten. Sie findet sich in dem taboritischen Bekenntnisse, das überhaupt als ein entschieden protestantisches und evangelisches zu bezeichnen ist; das Rokycan'sche dagegen hinkt nach beiden Seiten; in der heiligen Schrift gründlich unterrichtet und ihre Wahrheit über Alles stellend, weiß Rokycan, der scharfe Dialektiker, recht wohl, daß ihn die Annahme des Přibram'schen Standpunktes mit Nothwendigkeit zu einer ähnlichen Verläugnung der evangelischen Wahrheit zurückführen würde, wie sie in der katholischen Kirche vorliegt; da ihm diese letztere jedoch zu sehr imponirt, als daß er völlig mit ihr zu brechen wagte, da er sogar nach einem Erzbisthum in ihr aspirirt, so wagt er auch nicht, wie die Taboriten, alle den ganzen Bestand der Kirche alterirenden Consequenzen seiner Grund=anschauung zu ziehen. Er ist stets der Ansicht, daß sich mit Rom contractiren lasse, er will ihm deshalb so wenig als möglich Anstoß geben und behält in Lehre und Leben so viel Katholisches als möglich bei. Diese Zwitterstelluug von ihm und von der ganzen starken calixtinischen Parthei müssen wir im Auge behalten, wenn wir die nachfolgenden Ereignisse verstehen und richtig beurtheilen wollen.

Wir haben früher bemerkt, daß sich der böhmische Landtag auf Kaiser Sigismund's Antrag zu Unterhandlungen bereit erklärte. Diese fanden gegen Ende August in Regensburg statt und hatte auch das Concil eine ansehnliche Gesandtschaft dazu abgeordnet, deren Haupt wieder Bischof Philibert und erster Redner Johann Palomar war. Wenn diese aber glaubten, daß man mit den Böhmen jetzt nach der Ueberwindung der taboritischen Kriegsmacht und der Befreiung Pilsens leichter würde verkehren können, so wurden sie darin bald enttäuscht [98]). Die böhmischen Gesandten, die mit 400

---

98) Vgl. hierüber Monum. conc. gen. Saec. XV, p. 505—523 (Aegid. Carlerii Lib. de lagat.) u. p. 736—745 (Th. Ebend. de Haselb. Diarium).

Berittenen dahin gekommen waren, stellten sich ganz auf den Standpunkt Rokycan's und erklärten sich zwar in politischer Hinsicht
bereit, Sigismund nunmehr als ihren Herrn aufzunehmen (was
Procop schwerlich gebilligt hätte), fügten aber die auf den Stand
der religiösen Angelegenheit sich beziehende Bedingung bei, daß er,
um dem Lande zu Friede und Eintracht zu verhelfen, alle Einwohner Böhmens und Mährens zur Annahme des Kelches auffordern und nöthigen solle, da das Concil denselben ja bewilligt
habe. Als der Kaiser hierauf in ausführlicher böhmischer Rede
seine Freude darüber ausdrückte, daß sich die Böhmen nun wieder
unter das Scepter ihres angestammten Fürsten zurückbegeben wollten,
zugleich aber erklärte, daß sie sich bezüglich der geistlichen Angelegenheiten des Reiches mit den Abgesandten des Concils benehmen
müßten, so traten die Böhmen zunächst mit diesen letzteren in
Unterhandlung. Zwischen ihnen entstanden jedoch bald, wie im
November des vorhergehenden Jahres zu Prag, die ärgerlichsten
Streitereien; Rokycan verlangte beharrlich die obligatorische Ein-
führung des Kelches für sämmtliche Bewohner Böhmens und
Mährens, indem ohne solche an keinen dauernden Frieden zu denken
sei. Ebenso beharrlich wurde dies von Palomar verweigert, da
man die dem katholischen Glauben treu Gebliebenen nicht zur Annahme eines Glaubenssatzes zwingen könne, mit dem sie nun einmal
nicht einverstanden seien, gegen den sie vielmehr seit so vielen
Jahren schon mit größter Heftigkeit angekämpft hätten; die Böhmen
seien im Unrecht, wenn sie die Ursache des Unfriedens in diesem
verhältnißmäßig geringfügigen Umstande suchten, die Hauptursache
sei ihr schismatisches Verhalten; würden sie einmal diesen Balken
aus ihrem Auge entfernen und auf Grund der ihnen verwilligten
Compactaten ohne Weiteres wieder in den Gemeinschaftsverband
der allgemeinen Kirche zurücktreten, so würden die zurückbleibenden
Splitter bald beseitigt werden. Nun suchten Rokycan, Kostka u. A.
die anwesenden Katholiken von Böhmen, insbesondere Herrn Ulrich
von Rosenberg und die Pilsener zur freiwilligen Annahme des
Kelches zu bereden; diese waren jedoch in keiner Weise dazu zu
bringen, sie erklärten kurzweg, sie nähmen in Glaubenssachen nur
das an, was ihnen die Mutterkirche befehle. Sie waren, wie

aus Carlier's Berichten hervorgeht, von sicherer Hoffnung erfüllt, daß sie mit Hülfe des Concils und des Kaisers, wenn er nur einmal wieder im Lande wäre, über die Calixtiner ebenso Meister würden, wie die Taboriten neuestens überwunden worden waren. Ulrich von Rosenberg sprach sich ziemlich unverhohlen dahin aus, wenn ihm Kaiser und Concil nur zu Geld verhelfen würde, so wollte er mit diesen widerspenstigen Ketzern schon fertig werden; worauf ihm der Kaiser jedoch zu erklären genöthigt war, daß er im Augenblick nur 4000 Gulden bei der Hand und keine Aussicht habe, größere Geldsummen zu bekommen [99]); doch stimmte er ihm darin bei, daß es wohl kein anderes Mittel gebe, die Böhmen wieder zur Kirche zurückzuführen, als die faulen Glieder abzuhauen [100]). Die Basler Gesandten bestärkten ihn natürlich in dieser Ansicht und setzten insgeheim alle Hebel in Bewegung, um die calixtinischen Barone auf die katholische Parthei hinüberzuziehen, welchen Zweck sie bei Mainhard von Neuhaus vollständig erreichten; auch versprachen sie Ulrich von Rosenberg, ihm zu Geldmitteln zur Bekämpfung der „Ungläubigen" behülflich zu sein, und ärgerten die böhmischen Gesandten sowohl durch immer neue Schwierigkeiten, die sie bei den Verhandlungen erhoben, als insbesondere dadurch, daß sie dem Prager Bürger Mlaxik, der durch einen Sturz aus dem Fenster das Leben verloren hatte, das ehrliche Begräbniß verweigerten, weil ihm Rokycan vor seinem Tode das heilige Abendmahl unter beiden Gestalten gereicht hatte, und daß sie ruhig zusahen, als einige fanatische Mönche Herrn Wilhelm Kostka, wie einen Ketzer, mit Gewalt aus der Dominikanerkirche hinaustrieben.

Bei diesem Stande der Dinge war es nicht zu verwundern, daß die Böhmen endlich des nutzlosen Verhandelns mit den Basler Gesandten überdrüssig wurden, ihrer Instruction gemäß nur noch

---

99) Er war auch kurz zuvor auf seiner Reise von Basel nach Regensburg von einem Edelmann, Namens Abensberg, überfallen und beraubt worden.

100) Monum. conc. gen. Saec. XV, 515: „Dum vero hoc ipsum percepit dominus imperator, vocavit legatos sacri concilii et dixit eis, quod nullam spem habebat reductionis istorum Bohemorum, nec videbat aliud faciendum quam id, quod semel dominus episcopus Salisburiensis de Anglia, proponendo coram eo, dicebat: abscinde membrum putridum!"

mit dem Kaiser unterhandeln wollten, und da auch dieser ihrem Begehren bezüglich der Glaubensangelegenheiten nicht willfahrte, schließlich die Erklärung abgaben, sie könnten unter diesen Verhältnissen keine bindenden Verträge eingehen, sie seien genöthigt, die ganze Angelegenheit nochmals dem auf St. Galli sich in Prag versammelnden Landtage vorzutragen, man werde dann von dort aus dem Kaiser nach Ungarn und den Concilsgesandten nach Eger weitere Antwort geben. Bevor man jedoch Anfang September auseinanderging, wurde noch vereinbart, daß Kaiser und Concil nicht entgegenstehen wollten, wenn in calixtinischen Gemeinden nur solche Geistliche geduldet würden, welche den Kelch austheilten, wenn katholische Herren und Gemeinden den Kelch annehmen wollten, und wenn sich die Böhmen in früher gewohnter Weise aus ihren Volksgenossen einen Erzbischof wählen würden, doch müsse derselbe die Bestätigung des Höheren (Papst oder Concil) einholen und von zwei bis drei anderen Bischöfen geweiht werden. Man war also trotz der scheinbaren Erfolglosigkeit der Regensburger Diät in dem Werke der Einigung dennoch um einen Schritt weiter vorwärts gekommen, aber nicht zu Gunsten der eigentlich reformatorischen, d. h. taboritischen Richtung, sondern der calixtinischen oder vermittelnden, und damit indirect zum Vortheil der katholischen Kirche. Auch konnte die Rückkehr Sigismund's von da an für eine ausgemachte Sache gelten.

Dies zeigte sich sofort auf dem St. Galli-Landtage zu Prag. Was in politischer Hinsicht beschlossen wurde, ist nicht näher bekannt, außer daß eine Gesandtschaft an den Kaiser nach Preßburg abgeordnet wurde, in welcher man ihn ersuchte, auf Petri Stuhlfeier (22. Februar) 1435 nach Brünn zu kommen und wegen der Uebernahme des Reiches mit ihnen weiter zu verhandeln. In kirchlicher Hinsicht dagegen ging der Majoritätsbeschluß durch, von den Basler Legaten zwar nochmals in erster Linie zu verlangen, daß sie den Kelch für ganz Böhmen und Mähren obligatorisch erklären, wenn sie sich dessen aber gänzlich weigerten, wenigstens für Diejenigen feierlich sanctioniren sollten, welche ihn bisher gehabt; auch dafür Sorge tragen, daß ihr Land deshalb in keiner Weise verketzert oder geschmäht werden dürfe, und wenn sie sich einen Erzbischof und sonstige Bischöfe erwählen würden, so solle denselben die kirchliche Bestätigung in keiner Weise verweigert werden. „Denn wir Alle, die Bischöfe und der ganze Clerus mit uns sind bereit, mit der allgemeinen Christenheit uns zu vereinigen und auch Gehorsam zu leisten, soweit es mit dem göttlichen Gesetze vereinbar ist. Wofern aber der Papst und die Prälaten etwas von Gott Verbotenes zu thun oder etwas in dem Kanon der heiligen Schrift Gebotenes zu unterlassen befehlen, so erachten wir uns darin nicht zum Gehorsam verpflichtet. Außerdem behalten wir uns das Recht vor, den ur= sprünglichen Sinn der übrigen drei Artikel der Compactaten für alle in ihrem Betreff noch auftauchenden Fragen jederzeit selbst feststellen zu dürfen (dies betraf hauptsächlich die Frage wegen der Restituirung der Kirchen = und Klostergüter). Auch sollen unsere Cleriker nur von unseren Bischöfen oder deren Stellvertretern ge= richtet und wegen geistlicher Angelegenheiten niemals außer die Diöcese citirt werden dürfen. Die noch obschwebende Frage der Kindercommunion soll nach dem in Eger verabredeten Richtmaße zwischen beiden Partheien entschieden werden, bis dahin aber unter der Gestalt von Brod und Wein bestehen bleiben." [101])

An diesen Beschlüssen nahmen jedoch nur die Calixtiner und die Waisen Theil, welche letztere von dieser Zeit an überhaupt als besondere Parthei zu existiren aufhören und sich theils mit den ersteren, theils und meistens, wie z. B. Peter Payne, Johann Němec von Saaz u. A. mit den Taboriten vereinigen. Von den Taboriten hören wir, daß sie über die große Nachgiebigkeit des Landtags sehr ungehalten waren und trotz ihrer Niederlage bei Lipan wiederum auf die Sammlung einer größeren Kriegsmacht und die Wiedergewinnung ihrer früheren Machtstellung bedacht waren. „Sie hielten", so berichtet Ulrich von Rosenberg an Kaiser und Concil, „vielfache Berathschlagungen, wie sie nach den Tagen ihres Unglückes wieder zu Macht und Ansehen gelangen möchten". Dies geschah insbesondere auf einer Versammlung zu Tabor am 21. December 1434, und waren hier die Abgeordneten der Städte Pisek, Prachatic,

---

101) Diese beiden Schreiben s. bei Mansi XXX, 668—670, auch in den Monum. conc. gen. Saec. XV, 632—634.

Wodtan, Königgrätz, Königinhof, Jaromiř, Časlau, Nimburg, Jungbunzlau, Trebič und Ewančic (Eibenschütz in Mähren) anwesend. Sie erkannten die Ursachen ihres Unglücks vor Allem darin, daß sie das Beispiel Žižka's verlassen und unaufrichtige Leute unter sich aufgenommen, daß sie sich von dem Kaiser und Concile durch Geschenke und Versprechungen hätten bestechen lassen und überhaupt gegen diese, wie gegen den Adel zu nachgiebig und versöhnlich gewesen seien. Sie müßten diesen keinen Glauben und keine Freundschaft mehr schenken, ihre Städte, Schlösser und festen Plätze überall in guten Stand setzen und sich im Stillen wieder zum Krieg rüsten; wenn der alte Kaiser sterbe und das Concil auseinandergehe, so würden sie bald Gelegenheit finden, ihre frühere Tüchtigkeit zu bewähren[102]). Ihnen schloß sich der frühere Waisenhauptmann Jakaubek von Wřesowic nebst den Städten Saaz, Laun, Leitmeritz und Schlan an.

Indem sich die Taboriten auf diese Weise wieder aufrafften, konnten sie zwar den Verlust mehrerer ihrer festen Plätze (Ewančic, Ostromeč, Lomnic, Kolin) nicht hindern, sie konnten auch keine größeren Unternehmungen wagen, sie wurden aber doch vor einer ihnen damals drohenden völligen Vernichtung bewahrt und mußten bei allen Verhandlungen noch fernerhin als besondere Parthei berücksichtigt werden. Und wenn man erwägt, daß der Landesverweser Aleš von Riesenberg selbst im December 1434 sich für die Freilassung des von den Schlesiern durch Verrath gefangenen Taboritenführers, Priester Bedřich von Stražnic, verwenden und den Schlesiern dafür die Städte Ninitsch und Ottmachau abtreten konnte, so dürfen wir daraus den Schluß ziehen, ihre Wiedererhebung muß auch den Calixtinern nicht unliebsam gewesen sein; sie konnten sich ihrer mit als Waffe bedienen, um von dem Kaiser und Concile bessere Bedingungen des Friedens zu erlangen; sie bedurften ihrer auch, um der immer drohender hervortretenden Macht Ulrich's von Rosenberg und der ganzen katholischen Parthei einen Damm entgegenzusetzen.

---

102) Monum. conc. gen. saec. XV, 529—533. (Aeg. Carlerii Lib. de legat.)

Wir dürfen uns überhaupt nicht vorstellen, als ob die Schlacht von Lipan einen Umschwung zu Gunsten des Katholicismus in Böhmen bewirkt hätte. Im Gegentheil, das Volk im Ganzen und Großen war mehr als zuvor hussitisch gesinnt, wenn auch nur der kleinere Theil so weit als die Taboriten gehen wollte. Es sprach sich immer unzufriedener über die dem Concile gegenüber gezeigte Nachgiebigkeit des Landtags aus, und viele eifrige Calixtiner verlangten sogar einen Abbruch der Verhandlungen. Procop von Pilsen hielt es zu Anfang des Jahres 1435 für nöthig, dem böhmischen Volke in einer besonderen Schrift das Heilsame und Ehrenvolle der Compactaten darzuthun und dasselbe ernstlichst zu ermahnen, dieselben doch nicht zu verlassen; sie würden ja sonst vor der ganzen Welt als eidbrüchig erscheinen; dem Kriegen müsse ja doch einmal ein Ende gemacht werden und sie, als einzelne Nation, hätten doch keine Hoffnung, die ganze ihnen widerstehende Christenheit zu überwinden; man habe ihnen aber auch Freiheiten genug ge=währt, sie sollten sich damit zufrieden geben und sich nicht durch solche Geistliche und Laien irre machen lassen, welchen ihre eigene Erhöhung und fremdes Gut lieber sei, als die allgemeine Eintracht und Ruhe [103]). — Letzteres war nicht undeutlich gegen Rokycan gerichtet, aus dessen ganzem Verhalten in jener Zeit hervorgeht, daß ihm vor der Einigung mit der katholischen Kirche, je näher sie rückte, immer mehr graute. Er sollte freilich die bittersten Er=fahrungen dabei machen. Wenn auch hin und her schwankend und in seinen Handlungen mehr von Herrschbegier und Politik, als von aufrichtiger Liebe zur Wahrheit getrieben, war Rokycan in seinem Herzen dennoch ein erklärter Feind der römischen Hierarchie und ein entschiedener Anhänger der specifisch hussitischen Grundsätze. Dies sehen wir auch daraus, daß er auf dem St.=Galli=Landtag einwilligte, daß Mag. Peter Payne zum Schiedsrichter über die zwischen den Calixtinern und den Taboriten obschwebenden Diffe=renzen bezüglich der sieben Sakramente, der Messe, der Heiligen=verehrung und des Fegfeuers gewählt und ihm aufgegeben wurde,

---

103) Diese Schrift s. in den Monum. conc. gen. saec. XV, 533—536. (Aeg. Carlerii Lib. de legat.)

diese Entscheidung im Sinn Wycliffe's und Hussens und mit Be=
rücksichtigung der zu Eger angenommenen Richtschnur zu treffen.
Payne neigte sich, obwohl zu den Waisen gezählt, ganz der tabo=
ritischen Denkweise zu. Seinen Spruch verschob er jedoch, wie
später bemerkt werden wird, zwei volle Jahre hindurch.

Auf das vom St.=Galli=Landtag an sie gerichtete Schreiben
antworteten die Legaten des Concils von Basel aus (vom 7. Januar
1435) ganz ausweichend und verwiesen die Böhmen in Allem und
Jedem auf die bevorstehende Brünner Diät[104]). Sie hatten nämlich
von dem Concile die geheime Instruction[105]) erhalten, ohne es
gerade zu einem Bruche kommen zu lassen, vor der bedingungslosen
Annahme der Compactaten in keine Zugeständnisse einzuwilligen
und vor Allem in der so überaus wichtigen Frage der Wahl und
Bestätigung eines Prager Erzbischofes mit größter Vorsicht vorzu=
gehen, da das Concil denselben, wenn immer möglich, nicht durch
die Böhmen wählen lassen, sondern selbst einsetzen wolle. Ob die
Böhmen von dem Inhalte dieser Instruction Nachricht bekommen
oder ihn aus der ausweichenden Antwort der Legaten nur erriethen,
ist zweifelhaft, gewiß aber, daß sie darüber sehr erbittert wurden
und auf dem deshalb auf den St. Valentinstag (14. Februar 1435)
ausgeschriebenen, wegen unerhört großen Schneefalles aber erst im
März abgehaltenen Landtag nur noch mit dem Kaiser und durch
ihn mit dem Concil zu unterhandeln beschlossen. Dies wurde auch
ausgeführt und dem Kaiser durch eine Gesandtschaft nach Preßburg
eine Reihe von Bedingungen seiner Rückkehr nach Böhmen vorge=
legt, über deren scharfe Fassung man sich in hohem Grade wundern
muß, und welche als ein unwiderlegliches Zeugniß dastehen, daß die
böhmischen Stände trotz ihres Verlangens nach einer Aussöhnung
mit der Kirche doch in keiner Weise den so lange verfochtenen hus=
sitischen Grundsätzen untreu geworden waren.

Es war dies, so zu sagen, die Wahlkapitulation[106]), von deren
Annahme oder Verwerfung im Allgemeinen die Fortsetzung der Ver=

---

104) Monum. conc. gen. Saec. XV, 634.
105) Ibid., p. 619—624.
106) Ibid., p. 537 sqq.

handlungen, zunächst auf dem Brünner Tag, abhängen sollte. Der
Landtag forderte darin, der Kaiser müsse für alles Vergangene eine
vollständige Amnestie ertheilen, den Städten ihre Rechte und
Freiheiten garantiren, Mähren wieder mit Böhmen vereinigen, das
Verpfändete wieder einlösen, die Reichskleinodien zurückbringen, keine
ungewohnten Steuern auflegen u. dergl. Er verlangte aber noch
weiter, nicht nur daß die Compactaten aufrecht erhalten würden,
sondern auch daß der Kaiser selbst unter beiden Gestalten commu-
nicire und nur solche Räthe, Capläne und Beamte anstelle, die
dies thäten; es solle überhaupt Keiner irgendwo als Bürger, noch
weniger als Pfarrer oder Bediensteter aufgenommen werden, der
sich nicht zur Communion unter beiden Gestalten bekannte[107]); die
Rückerstattung der im Kriege weggenommenen Güter solle lediglich
dem guten Willen der betreffenden Städte oder Gemeinden überlassen werden, ebenso die etwaige Wiederaufbauung zerstörter Klöster,
Kirchen, Burgen und Schlösser; die früher an die Kirche bezahlten
Zehnten und Gülten sollten weder nachgefordert, noch für die Zukunft
mehr erhoben und die Mönchsorden in Böhmen nicht wieder eingeführt werden; der Kaiser solle alle böhmischen Unterthanen zur
Communion unter beiden Gestalten auffordern und auch gestatten,
daß wenn eine Stadt diese Bestimmungen nicht annehmen würde,
andere sie mit Gewalt dazu zwingen dürften u. s. w. Auch ver-
langten die Gesandten, daß ihnen die geheime Instruction der neuen
Basler Gesandtschaft (aus Bischof Philibert, Palomar, M. Berruer,
Carlier, Thomas Ebendorfer von Haselbach und einem Coblenzer
Propst bestehend) mitgetheilt werde.

Es war unschwer vorauszusehen, daß der Kaiser diese exorbi-
tanten Forderungen ungnädig aufnehmen mußte. Die Antwort
aber, die er nach Berathung mit den Baslern ertheilte, scheint doch
keine völlig abschlägige gewesen zu sein[108]). So kam denn doch
endlich nach langem Hin- und Herreden und Schreiben bis Anfang

---

107) Hier folgt der Satz: „Item nullus Theutonicus ad aliquam ci-
vitatem aut ad aliquod officium recipiatur, licet prius communicaverit
sub utraque specie." Statt „licet" ist zweifelsohne „nisi" zu lesen.

108) Sie fehlt im Codex des Diarium Th. Ebend. von Haselb.,
Monum. conc. gen. Saec. XV, 746.

Juli 1435 der entscheidende Tag von Brünn zu Stande [109]). Und er sollte troß aller Anstrengungen und Machinationen der Basler, der Wiener Universität (welche vom Concil zum Eingreifen in diese Angelegenheit aufgefordert war) und der Brünner katholischen Geist= lichkeit zu Gunsten der Böhmen ausfallen. Der Kaiser war jetzt entschlossen, alle möglichen Zugeständnisse zu machen, um nur sein Erbland wieder zu erlangen. Möglich übrigens, daß er den „keßerischen Hussiten" viel zu versprechen und nachträglich nur wenig zu halten vorhatte, wie ihm der Minoritengeneralvikar Jacob Picenus de Marchia gerathen haben soll.

Die Böhmen beschickten den Congreß auf eine höchst solenne Weise, so daß sie, theils am 18., theils am 19. Juni mit 400 Berittenen unter Trompetenschall einziehend, mehr die Vertreter einer siegreichen Nation als reumüthig zum Gehorsam zurückkeh= rende Unterthanen zu sein schienen. Vom Landtag waren gewählt: 10 Personen vom Herrenstand, darunter der Landesverweser, Main= hard von Neuhaus, Georg von Poděbrad, Hynce Ptaček von Pirkstein, Aleš Holický von Sternberg; 10 Ritter, unter ihnen Wilhelm Kostka von Postupic; 8 Bürger von Prag, ein Abgeordneter aus jeder königlichen Stadt und 5 utraquistische Priester, worunter Johann Rokycan, Martin Lupač, Wenzel von Drachow. Ihnen hatten sich jedoch noch angeschlossen: Herr Ulrich von Rosenberg von der katholischen Parthei, Christan von Prachatic und Procop von Pilsen von der Parthei Přibrams, Jacaubek von Wřesowic, der frühere Waisenhauptmann und von der Taboritenparthei die Priester Bedřich von Stražnic, Nicolaus Biskupec von Pilgram, Wenzel Koranda und Mag. Peter Payne, — so daß alle Partheien durch ihre bedeutendsten Stimmführer vertreten waren.

Da der Kaiser seine Ankunft bis zum 1. Juli verschob, so wollten die Böhmen die Zwischenzeit benützen, mit den Baslern die kirchlichen Angelegenheiten ins Reine zu bringen. Diese weigerten

---

109) Ueber ihn ist zu vergleichen: Aschbach, Gesch. Sigismund's VI, 294 ff., und besonders Carlerii Lib. de legat. und Th. Ebend. von Haselb. Diarium in den Monum. conc. gen. Saec. XV, 522—673 u. 746—760.

sich jedoch, indem sie vorschützten, daß sie nur in Gegenwart des Kaisers mit ihnen zu verhandeln Auftrag bekommen hätten. Schon dies erregte den Unwillen der Böhmen, so daß ihr gegenseitiger Verkehr dies Mal ein ziemlich unfreundlicher war. Die Verstimmung mehrte sich, als die Basler ihnen die Benützung irgend einer Kirche zu ihren Gottesdiensten verweigerten und am 28. Juni sogar Herrn Wilhelm Kostka nebst einigen Pragern mit Gewalt aus der Peterskirche hinaustrieben. Sie wollten sich, über diesen Schimpf empört, schon wieder zur Abreise rüsten. Herzog Albrecht von Oestreich, der auch zum Congresse gekommen war, mußte Alles aufbieten, sie von ihren Entschlusse wieder abzubringen. Als der Kaiser endlich ankam, so gestalteten sich die Verhandlungen (vom 2. Juli bis 10 August) schon nach wenigen Tagen zu den ärgerlichsten Zänkereien. Hier war meist Palomar, dort meist Rokycan der Wortführer. Die Basler wollten in keiner Weise etwas über die Compactaten Hinausgehendes zugestehen; die Böhmen, dies Mal so einig, wie sie noch nie gewesen, verlangten ungefähr alles das, was sie auf dem Landtag an St. Valentin vereinbart hatten. Der Kaiser hörte viele Tage lang ziemlich schweigsam zu. Als er aber einsah, daß die beiderseitige Unbeugsamkeit nothwendiger Weise zu einem Bruche führen mußte, und daß ihm dann bei der Einmüthigkeit und Entschiedenheit der Böhmen dieses Reich unrettbar verloren gehen würde, so brach er am 14. Juli endlich, nicht gegen die Böhmen, gegen die er sich überhaupt von vornherein sehr freundlich gestellt, sondern gegen die Basler in die bittersten Vorwürfe aus. „Ihr Basler", rief er ihnen zornig und in deutscher Sprache zu, „geht nur darauf aus, sowohl dem Papste als dem Kaiser seine Macht zu verringern. Was habt ihr aber dafür zu Stande gebracht, sowohl zu Constanz einst, als jetzt in Basel? Nichts, gar nichts, als Verwirrung und Unfriede." Er meinte damit, wie Carlier bemerkt, die auf beiden Concilien angestrebte, aber nicht ausgeführte Reformation der Kirche an Haupt und Gliedern. Er behandelte an jenem Tage die Basler so unhöflich, daß er ihnen nicht einmal einen Trunk Wein verabreichte, während den Böhmen solcher in vergoldeten Pokalen zugebracht wurde. Er bediente sich nach ihrem Weggange so beleidigender Ausdrücke über sie, daß sich.

selbst seine Räthe wunderten, vom kaiserlichen Throne aus solche Worte zu hören, und daß sich Carlier (honestatis causa) scheute, sie dem Papiere anzuvertrauen. Es hätte wenig gefehlt, so hätte er die Verhandlungen ohne sie und mit den Böhmen allein weitergeführt.

Durch ihre ernstlichen Vorstellungen und eine größere Nachgiebigkeit wurde das gute Einvernehmen äußerlich zwar wiederhergestellt. Ihr Ziel aber, die Böhmen auf Grund der vom Concil gestellten Bedingungen wieder in die Gemeinschaft der katholischen Kirche aufzunehmen, vermochten sie doch auch bei dieser ihrer vierten Gesandtschaft nicht zu erreichen und mußten am 11. August in ziemlich gedrückter Stimmung nach Basel zurückkehren. Doch blieb die Hälfte der Gesandtschaft in Wien. Die Böhmen hatten den Kaiser ganz für sich zu gewinnen gewußt, und wenn sie es auch noch nicht zu förmlichen Verträgen mit ihm bringen konnten, so hatten sie doch sehr weitgehende mündliche Zusagen erreicht, deren nähere Stipulirung ihnen für den nächsten, auch vom Kaiser zu beschickenden Landtag in Prag versprochen wurde. Der Kaiser versprach ihnen, außer verschiedenen politischen Zugeständnissen, die er unter der Bedingung seiner Wiederaufnahme in das Reich machte, daß die Communion unter beiden Gestalten in ganz Böhmen und Mähren frei gegeben sein und in den als utraquistisch verzeichneten Gemeinden auch keine Communion unter Einer Gestalt geduldet werden solle; daß sie ihren Erzbischof und dessen Suffragane selbst wählen und nur von ihm, ohne alle Taxen, bestätigen lassen dürften; daß die kirchlichen Aemter und Würden nur von Einheimischen besetzt und kein Böhme und Mähre vor ein auswärtiges Gericht geladen werden solle u. A. m. Dagegen gelobten ihm die Böhmen, unter diesen und anderen Bedingungen (wovon später) wieder in den Schooß der katholischen Kirche zurückzukehren, ihm, als ihrem rechtmäßigen Herrn, treu und gehorsam zu sein und zu allem diesem die förmliche und feierliche Genehmigung des Landtages beizubringen, zu welchem der Kaiser seinen Kanzler, den bekannten Kaspar Schlick, als Bevollmächtigten zu schicken versprach.

Dieser Landtag wurde im October 1435 in Prag abgehalten und der Wichtigkeit der Sache gemäß zahlreich besucht. Die Taboriten= und Städteparthei machte anfänglich Schwierigkeiten und wollte im Vertrauen auf den König von Polen, der ihnen seine Hülfe gegen Sigismund angeboten hatte, und weil sie den Versprechungen des Kaisers keinen Glauben schenkten, alle Verhandlungen abgebrochen wissen. Der beredte und gewandte Kanzler Schlick brachte sie jedoch zur Nachgiebigkeit, und so wurde endlich der wichtige Beschluß gefaßt, in der Hoffnung, daß der Kaiser sein Wort halten werde, Alles anzuerkennen, zu bestätigen und zu vollziehen, was in Brünn verabredet worden war, den Kaiser als König von Böhmen anzunehmen und nach der Berichtigung einiger noch unerledigter Punkte in den Compactaten auch zum Gehorsam gegen das Concil und die römische Kirche wieder zurückzukehren. Das Vertrauen auf das Gelingen dieses Werkes war so groß, daß der Landtag am 21. October, ohne irgendwelche besondere Ermächtigung von Kaiser, Concil oder Papst abzuwarten, lediglich auf Grund der mündlichen Zusage Sigismund's, sogar zur Wahl eines Erzbischofs und zweier Suffraganbischöfe schritt, als welchen fortan im ganzen Lande in kirchlichen Dingen Gehorsam geleistet werden sollte. Die Wahl wurde von zwei Baronen (worunter Mainhard von Neuhaus), zwei Rittern, drei Bürgern und neun Priestern aus dem ganzen Königreiche in geheimer Sitzung vorgenommen und hatte, wie vorauszusehen, kein anderes Resultat, als daß Mag. Johann Rokycana einstimmig zum Erzbischof, zu Bischöfen aber die Priester Martin Lupač von Chrudim und Wenzel von Hohenmauth gewählt wurden. „Auch haben wir", besagt die noch vorhandene Urkunde darüber, „eingewilligt, daß sie nach der Rückkehr der Gesandten von Sr. kaiserlichen Majestät in der Stadt verkündet werden, und der gesammte Landtag gelobte, weder einen anderen Erzbischof, noch andere Suffraganbischöfe anzuerkennen bei Lebzeiten jener." Doch sollte die Wahl ein Geheimniß bleiben, bis Sigismund seine Zustimmung dazu ertheilt haben würde.

Die Freude über diese Ergebnisse des Landtages war in Prag eine ungeheure, weil man sich am Ziele des lang ersehnten Friedens angelangt glaubte. Man stimmte ein feierliches Te Deum an, und Kaspar Schlick wurde von der Volksmenge wie ein Engel Gottes verehrt. So war die Stimmung der Adelspartei und der in Prag

vorwiegenden Přibram'schen Parthei. In der That aber waren
damit weder die Gemüther der Böhmen im Allgemeinen beruhigt,
noch auch die so lange schon obschwebenden Verhandlungen mit
Concil und Kaiser zum Abschluß gebracht. Königgrätz hatte seine
Zustimmung zu den Landtagsbeschlüssen verweigert. Wir lesen von
Unruhen, welche wenige Wochen später in Prag ausbrachen und
das Leben und die Stellung des neu gewählten Erzbischofes in hohem
Grade gefährdeten (wahrscheinlich weil man in ihm das Hinderniß
einer Aussöhnung mit der Kirche erblickte) [110]). Der Saazer Kreis
unter dem Waisen Jakaubek von Wřesowic hielt sich neutral. Von
den Taboriten wollte die Mehrzahl unter Priester Bedřich von
Stražnic, als Feldhauptmann, und Bischof Nicolaus von Pilgram
Friedensunterhandlung und Ergebung unter gewissen Bedingungen;
sie fingen auch bald darauf Separatverhandlungen mit dem Kaiser
an; die übrigen aber trennten sich unter Johann Rohac von Duba
von ihnen und erbauten und befestigten sich bei Malešow eine feste
Burg, die sie „Sion" nannten.

Die Gesandtschaft, welche an den Kaiser nach Stuhlweißenburg
in Ungarn abgeschickt wurde und dies Mal nur aus weltlichen
Herren bestand (Mainhard, Ptaček, der Prager Johann Welwar,
ein Freund Rokycan's u. A.), traf dort die Basler Legaten wieder
an (Bischof Philibert, der Auditor Johann von Palomar, Dekan
Martin Berruer und der Wiener Professor Thomas Ebendorfer
von Haselbach), und diese bereiteten ihnen in den vom 21. December
1435 bis 18. Januar 1436 dauernden Verhandlungen große
Schwierigkeiten. Sie wollten nichts über die Compactaten Hinausgehendes bewilligen und waren sowohl über die Böhmen wegen
ihrer eigenmächtigen und vorzeitigen Wahl des Erzbischofes, als
auch über den Kaiser aufgebracht, weil er ihnen zu viel nachgegeben
habe. Mehr als einmal drohten die Verhandlungen von Neuem
wieder abgebrochen zu werden. Da die Basler Gesandten jedoch

---

110) Monum. conc. gen. Saec. XV, p. 673 u. 678. Der Kaiser selbst
theilte am 23. December 1435 den Basler Legaten in Stuhlweißenburg mit:
„ quod Rokycana non esset nunc in Bohemia, qui prius, imo nuper
Pragae propter seditionem, quae ibi debuit fieri, fuit in periculo sub-
mersionis vel alterius mortis, nec adhuc est plene liber".

von Neuem wieder von dem Concile Befehl bekommen hatten, in
keinem Falle es auf einen Bruch ankommen zu lassen, und der
Kaiser ihnen die geheime Zusage machte, wenn er nur wieder einmal
in Böhmen sei, dortselbst Alles nach dem Wunsche des Conciles
einzurichten, so fand doch schließlich eine Vereinigung statt, und
wurde der böhmische Landtag auf Georgi 1436 zur feierlichen Anerkennung Sigismund's und zur förmlichen Abschließung der Friedens-
verträge in die böhmische Grenzstadt Iglau vorgeladen, damit
der Kaiser hierauf, von den Ständen des Reichs begleitet, seinen
Einzug in Prag halten könne.

Um die für den Iglauer Tag nöthigen Vorbereitungen zu treffen,
versammelte der Landesverweser die böhmischen Stände nochmals
auf den 29. Februar 1436 nach Prag, und es wurde hier zum
würdigen Empfange des Kaisers eine allgemeine Steuer, zugleich
aber auch die öffentliche Verkündigung der Wahl Rokycan's zum
Erzbischof und der Priester Martin Lupač und Wenzel von Hohenmauth zu Suffraganbischöfen beschlossen. Der denkwürdige und
entscheidungsvolle Landtag von Iglau selbst aber nahm erst am
5. Juni seinen Anfang, da der Kaiser durch einen Einfall der
Türken in Ungarn früher zu erscheinen verhindert worden war.

Man hätte denken sollen, die Verhandlungen würden jetzt nach
den uns bekannten langwierigen Vorbereitungen nur kurze Zeit in
Anspruch genommen haben. Aber es galt hier zwei Elemente der
heterogensten Art mit einander zu verbinden, und das machte noch
große Schwierigkeiten[111]). Die Böhmen wollten keine ihrer mit
so vielen Opfern erkauften kirchlichen Freiheiten preisgeben, die
Basler in Nichts einwilligen, was über den Wortlaut der Compactaten hinausging oder ihre allgemeine Fassung im Einzelnen näher
präcisirte, am allerwenigsten in die vom Landtag geforderte Genehmigung der Erzbischofswahl. Den Baslern im Herzen bei-
stimmend, zugleich aber des festen Entschlusses, die böhmische Königs-

---

111) Ueber den Iglauer Landtag vgl. außer den bisher bekannten Quellen
insbesondere die Tagebücher des Th. Eben. v. Haselbach und des
Secretärs der Legaten Johannes de Turonis in den Monum. conc. gen. Saec.
XV, 765—829.

krone sich unter keiner Bedingung mehr entgehen zu lassen, mußte Sigismund dies große Kunststück durch die Anwendung eines Mittels zu vollbringen, das ihm schon oft in solchen Fällen geholfen hatte und das ihn auch jetzt wieder am Schlusse seines Lebens zum Ziele führen sollte, nämlich der Perfidie. Er versprach den Baslern auf das feierlichste, aber insgeheim, sobald er den Thron eingenommen, mit allen Mitteln den Katholicismus wieder einzuführen. Mit den Böhmen aber ging er eine Reihe von Verträgen ein, in welchen ihnen fast Alles zugestanden wurde, was sie das Jahr zuvor in Brünn von ihm gefordert hatten und, wenn auch nicht den Wünschen der Taboriten, doch denjenigen Rokycan's und der calixtinischen Parthei entsprochen haben würde, wenn es nämlich gehalten worden wäre. Die Nachrichten, die wir darüber besitzen, widersprechen sich vielfach; nach Aschbach's Untersuchungen [112] dürfte es jedoch keinem Zweifel unterliegen, daß der alte Kaiser, von den Böhmen gedrängt und nur von Begierde nach ihrem Königsthrone brennend, in der „wenig ehrenvollen Politik, Vieles zu versprechen, ohne es hintennach halten zu wollen“, den Böhmen urkundlich zugestanden hat, so lange Rokycan lebe, keinen Andern als Erzbischof anerkennen zu wollen, die Bischofswahlen in Böhmen nicht von der päpstlichen Bestätigung abhängig zu machen, die Städte nicht zu zwingen, die vertriebenen Geistlichen wieder aufzunehmen, keine Mönchsorden mehr in Böhmen einzuführen, die Säcularisation der Klöster gutzuheißen, die Landesverweisungen vieler Katholiken, besonders vieler Geistlicher zu bestätigen und den damaligen Besitzern kirchlicher Güter solche wenigstens pfandweise noch auf eine Reihe von Jahren zu über= lassen [113].

---

112) Aschbach, Gesch. Kaiser Sigismund's IV, 302 ff.

113) Aen. Sylvii Hist. bohem., c. 52: „Caeterum inter Bohemos et Imperatorem aliae pactiones intervenere, quibus ecclesiarum praedia oc- cupatoribus jure pignorum relicta sunt, donec certa pecunia reluerentur; religiosis utriusque sexus, quibus ademta monasteria essent, exulibus quoque spes reditus interdicta, Rochezanae Pragensis ecclesiae praesu- latus promissus, de disponendo ecclesiarum bohemicarum regimine summo Pontifici facultas ablata.“ — Die Bestätigungsurkunde der Wahl Rokycan's und seiner zwei Suffraganbischöfe s. bei Theobald, Hussitenkr. I, 85; Lenfant,

In Folge dessen kam es endlich dahin, daß nach langem Hin-
und Herreden am 5. Juli 1436 die öffentliche und feierliche Bestätigung der Compactaten, die Gehorsamerklärung der Böhmen gegen
die allgemeine Kirche und den Kaiser und die Wiederaufnahme derselben in den Schooß der katholischen Kirche vor sich gehen konnte.
Die Feierlichkeit fand auf dem Marktplatze von Iglau statt. Hier
setzte sich Sigismund im kaiserlichen Ornate auf einen eigens dazu
errichteten Thron; Herzog Albrecht von Oestreich hielt den Reichs-
apfel, der Graf von Cilly das Scepter, der Graf von Schwamberg
das Schwert; rechts saßen auf besonderem Gerüste die Basler
Legaten, links die Vertreter der böhmischen Nation, ringsum eine
große Menge von Fürsten, Edeln und Gemeinen. Zuerst wurden
die für diesen Tag verfaßten schriftlichen Verträge vorgezeigt und
als ächt anerkannt. Hierauf verlas der kaiserliche Notar Marquard
zunächst die Urkunden[114]), in welchen die Vertreter des böhmischen
Volkes und der Markgrafschaft Mähren auf Grund der Compactaten ihre Rückkehr zur Einheit und zum Frieden mit der allgemeinen Kirche erklärten. Es war darin ausdrücklich gesagt, daß
sie, die Communion unter beiden Gestalten ausgenommen, in Allem
und Jedem zwar der römischen Kirche, dem Concile, dem Papste,
ihren Bischöfen und Priestern Gehorsam leisten wollten, daß sich
dieser Gehorsam aber nicht auch auf die äußerlichen kirchlichen Gebräuche und Einrichtungen beziehe, sondern allein auf diejenigen
Glaubensartikel und kirchlichen Vorschriften, welche in der heiligen
Schrift und der recht verstandenen Kirchenlehre begründet seien; so
daß es also nicht als ein Hinderniß des Friedens und der Einigkeit gelten könne, wenn auch Manche in Böhmen und Mähren nicht
alsobald die gottesdienstlichen Gebräuche der allgemeinen Kirche annehmen wollten; ebensowenig sollte es als ein Friedensbruch ange-

---

Hist. de la guerre des Hussites, l. XVIII, 16 u. a. w. — Ueber obige
Verträge vgl. auch Cochlaeus, Hist. huss., l. VIII, 271sqq. und Raynaldi Ann. eccles. ad annum 1436, n. 16—20. Bei Th. Ebendorfer
von Haselb. und Joh. de Turonis werden sie nur angedeutet, vgl. Monum.
conc. gen. Saec. XV, 766 u. 816. —

114) Sie finden sich in den Monum. conc. gen. Saec. XV, 653—657
u. 661.

sehen werden, wenn von Einzelnen diese Compactaten nicht beobachtet
würden.

Hierauf traten vier vom Landtag dazu erwählte böhmische Priester
auf, Wenzel von Drachow, Paul von Slawikowic, Wenzel von
Luznic und Bohunek von Chocen, und leisteten für sich und alle
geistliche und weltliche Utraquisten den Eidschwur des Gehorsams
gegen die Kirche in die Hände der Legaten des Concils und zugleich
Rokycan's als ihres erwählten und rechtmäßigen Erzbischofes [115]).
Die mit dem Siegel des Königreiches versehene Urkunde darüber
wurde den Legaten zur Hand gegeben. Nach diesem überreichten
diese Letzteren den Vertretern der Böhmen und Mähren ihre Schriften
mit ihren, des Kaisers und des Herzog Albrecht von Oestreich
Siegeln, und Rokycan las dieselben mit lauter Stimme vor. Sie
enthielten die im November 1433 zu Prag vereinbarten Compactaten [116]), nach welchen die Böhmen und Mähren mit Aufhebung
aller gegen sie erlassenen kirchlichen Strafen im Namen des Concils
feierlich wieder in den Verband der katholischen Kirche aufgenommen,
die vier Prager Artikel in der von uns früher mitgetheilten Weise
zugestanden wurden und zugleich die förmliche Versicherung gegeben
war, daß sie wegen dieser ihrer Ausnahmestellung keinerlei Schmähung
oder Verfolgung mehr zu gewärtigen hätten, daß der Erzbischof von
Prag und die Bischöfe von Olmütz und Leitomischl vielmehr für
alle Zukunft Erlaubniß und Befehl bekommen sollten, sich streng
nach diesen Vereinbarungen zu halten.

Die Vorlesung dieser Aktenstücke sammt den Bestätigungsur-
kunden des Kaisers und des Herzogs von Oestreich mochte wohl
eine längere Zeit in Anspruch genommen haben. Kaum war sie
vorüber, so „stimmte Bischof Philibert das Te Deum laudamus
an, und alle Anwesenden, Katholiken wie Böhmen, sangen dies
Danklied bis zum Ende mit. Alsdann begab sich der Kaiser, noch
im kaiserlichen Ornate, unter dem Vortritte der Legaten und von

---

115) Joh. de Turonis bemerkt dazu (Monum. conc. gen. Saec. XV,
821): „Recognoscentes illum pro archiepiscopo, qui solum per populum
aut partem fuit nominatus et non electus nec confirmatus.“
116) Monum. conc. gen. Saec. XV, 495—501 u. 654—657.

einer ungeheueren Menschenmenge begleitet, in die nahe Pfarrkirche und mit ihm auch einige böhmische Barone, die Uebrigen aber, auf Böhmisch singend, in die Herberge der Prager, wo sie gewöhnlich ihren Gottesdienst zu halten pflegten. Und nachdem man in der Pfarrkirche Antiphonien und Gebete gesprochen und Bischof Philibert den Segen ertheilt, ging ein Jeder, vor Freuden weinend, vor dem Mittagessen wieder zu seiner Behausung zurück. Auch der Kaiser selbst ging, weinend vor Freude und zu Fuß, was man seit zehn Jahren nicht mehr bei ihm erlebt hatte, in seine Wohnung zurück, desgleichen die Kaiserin (Barbara), die bei dem Akte zugegen gewesen war."

So berichtet der Secretär der Legaten Johannes de Turonis in seinem Regestrum[117]), und wir dürfen ihm glauben, daß die Freude des Kaisers, der Legaten, der Fürsten und Herren, der Volksmenge und auch selbst der Böhmen über den endlichen Abschluß eines so fast übermenschliche Anstrengungen kostenden Friedenswerkes eine aufrichtige war. Konnten doch alle Theile mit dem Wortlaute der dabei vereinbarten Vorträge trotz vieler noch übrig gebliebener und auch bei dem besten Willen nur schwer zu überwindender Schwierigkeiten mehr oder weniger zufrieden sein. Der Kaiser, daß er sein Erbland wiedergewonnen, das Concil, daß es ein verloren erachtetes Glied, wenn auch unter harten Bedingungen, wieder mit sich vereinigt hatte, und die Böhmen, daß sie nach einem heldenmüthigen Kampfe, gegen die gesammte Christenheit alleinstehend, große, im Hinblick auf die damaligen Zeitverhältnisse wahrlich nicht zu unterschätzende Freiheiten errungen und einen ehrenvollen Frieden erlangt hatten. Wenn die contrahirenden Partheien jetzt nur auch aufrichtigen Willen gezeigt hätten, die vereinbarten Verträge zu halten und zu ehrlicher Geltung und Durchführung zu bringen! Aber daran fehlte es, das lehrt uns, leider, der weitere Verlauf dieser vorreformatorischen Geschichte; und die größte Schmach davon fällt wiederum, wie zwanzig Jahre früher bei dem ersten Akte der hussitischen Reformation, der mit dem Constanzer Concil abgeschlossen, auf das kronumstrahlte Haupt Kaiser Sigismund's zurück. Durch

---

117) Monum. conc. gen. Saec. XV, 821.

seine Treulosigkeit wurde dort in schnödem Geleitsbruche der unter so schönen Auspicien beginnenden böhmischen Reformation das Haupt abgeschlagen. Durch seine Treulosigkeit ist sie schließlich fast um den ganzen Ertrag eines dreißigjährigen heldenmüthigen Ringens und Kämpfens gebracht worden.

Der Iglauer Tag, so vortheilhaft er für die Böhmen zu sein schien, ist durch Sigismund's Eidbrüchigkeit das Grab des Hussitismus geworden. Von ihm datirt die Reaction in Böhmen, jene fürchterliche, entsetzliche Reaction, die ihres Gleichen nicht hat in der Weltgeschichte und mit der Zeit das einst so blühende Böhmen bis in unsere Zeit herein zum unglücklichsten Lande der Welt gemacht hat. Papst Eugen V. hatte guten Grund, auf die Nachricht von dem Iglauer Concordate in einem besonderen Breve seine höchste Freude darüber auszusprechen und dem Kaiser, der dasselbe zu Stande gebracht, als „einem vorzüglichen Vertheidiger und Beschützer der Kirche" zum Lohn für seine Dienste die goldene Rose zu übersenden [118]). Ebenso wohlbegründet war es, wenn die Legaten noch am gleichen Tage in einem begeisterten Schreiben dem Basler Concile zuriefen: „Frohlocke und jauchze, heilige Versammlung! mit lauter Stimme danke Gott, dem Schöpfer der Welt! Verkünde der ganzen Erde den festlichen und wonnereichen Tag! Zum Lobgesang rufe die Söhne der Kirche auf! Alle christlichen Länder mögen Gottes große Thaten preisen und hüpfen vor Seligkeit! Denn heute ist der ersehnte Tag erschienen, wo du die Früchte deiner Mühen geerntet und die vollen Garben deiner Saat in den Speicher des Herrn niedergelegt hast." [119])

---

118) Raynaldi Ann. eccl. ad. ann. 1436, n. 18 u. 20.
119) Mansi, Sacr. conc. coll. XXIX, 612.

VI.

Die Reaction. Sigismund's Rückkehr nach Böhmen. Versuch einer allgemeinen Restituirung des Katholicismus in Böhmen. 1436—1437.

Die Art und Weise, wie der Kaiser und die Basler Legaten die Iglauer Verträge aufzufassen und durchzuführen gesonnen waren, zeigte sich schon am ersten Tage nach dem Abschlusse derselben. Es war verabredet, daß die Böhmen an diesem Tage, dem Todes= tage Hussens (6. Juli 1436), als in die Gemeinschaft der Kirche wieder Aufgenommene, in der Iglauer Pfarrkirche einem von Bischof Philibert celebrirten Dankgottesdienste beiwohnen, und daß dabei in Gegenwart des Kaisers und seines Hofes die Compactaten noch= mals in lateinischer und böhmischer Sprache vor allem Volke vor= gelesen werden sollten. Als dieses vorüber war, trat Rokycan, der an einem Altare zur Linken Philibert's die Messe begonnen hatte, vor und rief in böhmischer Sprache laut: „diejenigen Böhmen, welche das heilige Abendmahl unter beiden Gestalten zu empfangen bereitet sind, mögen zu jenem Altare (wo er die Messe las) hinzutreten!" Er glaubte kraft der Compactaten das gute Recht dazu zu haben und wegen der öffentlichen Anerkennung derselben eine solche Aufforderung nicht unterlassen zu dürfen. Alsobald aber beschwerten sich die Legaten darüber bei dem nebenstehenden Kaiser und Palomar rief: „Herr Rokycan, haltet euch nach den Com= pactaten und theilt die Sakramente nicht in einer fremden Pfarre aus!" (Iglau gehörte nämlich zur Diöcese Olmütz und nicht zu Prag.) Rokycan aber ließ sich dadurch nicht irre machen, sondern theilte das Sakrament unter beiden Gestalten zuerst an drei Geist= liche und dann noch an sieben Laien aus.

Darüber erhoben sich sofort stürmische Scenen. Man tadelte Rokycan besonders deshalb, weil er es unterlassen hatte, wie die Compactaten vorschrieben, ausdrücklich zu bemerken, daß der ganze Christus auch unter Einer Gestalt vorhanden sei, und man wollte es ihm durchaus nicht gelten lassen, daß er auch in Iglau zur Communion unter beiden Gestalten das Recht erlangt habe. Der Streit mehrte sich noch, als Lupaß am 8. Juli das Altarssakra= ment unter beiden Gestalten zu einem auf den Tod kranken Böhmen öffentlich durch die Stadt trug. Die Legaten verlangten Genug= thuung für diesen Bruch der Compactaten, wie sie es nannten, und drohten abzureisen. Die Böhmen bestanden darauf, daß ihnen zu ihrem Gottesdienste eine Kirche oder ein Altar eingeräumt werde, indem man ja sonst sehe, daß die ihnen gemachten Zusagen nicht ge= halten werden sollten; Einige riefen auch, vor Schmerz weinend: „man hat mit uns unterhandelt, nur um uns zu täuschen", und reisten im Zorne von Iglau ab. Der Kaiser, welcher einen Bruch befürchtete, suchte zu vermitteln, und die Legaten zur gutthatsweisen Verwilligung eines Altares für die Böhmen zu bestimmen, aber es gelang ihm nicht, und die Böhmen bequemten sich endlich dazu, da der Landtag doch bald auseinandergehen sollte, und sie wegen einer so kleinlichen Sache keinen neuen Bruch herbeiführen wollten, die übrige Zeit hindurch, wie früher, in ihrer Herberge Gottes= dienst zu halten.

Es war ein übles Vorspiel von alledem, was sie noch in Folge der Compactaten erleben sollten. Sie suchten sich zwar noch durch einen sogenannten Majestätsbrief [120]) (vom 20. und 22. Juli) sicher

---

120) Palacky, Gesch. v. Böhmen III, 3. S. 224 f. u. Archiv Cesky III, 446—450.

zu stellen, in welchem ihnen Sigismund urkundlich verbriefen mußte, was sie ihm als Bedingungen seiner Aufnahme in Böhmen vorgelegt hatten, daß er und seine Nachfolger die Compactaten halten und schützen, daß er keine öffentlichen Todsünden in Böhmen und Mähren dulden, daß er die utraquistischen Priester an seinem Hofe gerne sehen, daß er Rokycan als Erzbischof anerkennen wolle, daß ohne Bewilligung des Erzbischofs und der betreffenden Gemeinden und Herren keine Mönche und Nonnen nach Böhmen zurückkehren dürften, daß es dem guten Willen der Einzelnen und Gemeinden anheimgestellt sein solle, die in den Kriegszeiten zerstörten Schlösser, Vesten, Kirchen, Klöster und andere Gebäude wieder aufzubauen, daß er die Prager Universität bestens emporheben, den Böhmen ihre Freiheiten, Institutionen und Rechte bestätigen und erhalten wolle, daß kein Ausländer in Böhmen ein Amt bekleiden, daß alle Uebelthaten der vergangenen Jahre vergeben und vergessen sein, daß die von Adeligen in Besitz genommenen Kirchengüter nur gegen Auslösung zurückgegeben werden sollten, u. a. m. Doch Sigismund machte sich aus dem Halten solcher Verträge weniger, als aus dem Eingehen derselben.

Nachdem bis zum 10. August der Kanzler Schlick die böhmischen Reichskleinodien von Preßburg nach Iglau verbracht hatte, leisteten die Stände am 14. August dem Kaiser den Eid des Gehorsams (mit Ausnahme der Städte Königgrätz, wo der Priester Ambros herrschte, Kolin und Tabor, welche in der Hand des Priesters Bedřich von Stražnic waren). Sie führten ihn sodann mit den Basler Legaten und sonstiger zahlreicher Begleitung in großem Pompe nach Prag (23. August 1436). Noch war er jedoch kaum einige Tage mit der böhmischen Königskrone geschmückt und im Besitze Prags und der Landesgewalt, so fingen seine geheimen Absichten an, zu Tage zu treten. Unterstützt von der Přibram'schen Parthei und den Adeligen, welche zu ihr hielten, entfernte er alle eifrigeren Hussiten einen nach dem andern aus den Aemtern, die sie bisher innegehabt. Johann von Kunwald, ein eifriger Katholik, wurde zum Unterkämmerer des Reichs und folglich zum obersten Beamten über alle königlichen Städte ernannt, die katholisch gesinnten Mainhard von Neuhaus zum Oberstburggrafen,

Hynce Ptaček von Pirkstein zum Obersthofmeister, der bisherige Landesverweser Aleš von Riesenburg zum Oberstlandschreiber u. s. f. Keinem aufrichtigen Utraquisten wurde irgend eine wichtigere Stelle im Reiche belassen.

Die Basler Legaten verhielten sich anfänglich ruhig und vorsichtig. Sobald sie aber des Kaisers Macht befestigt sahen, fingen sie zunächst an, sich darüber zu beschweren, daß Rokycan und die Geistlichkeit auch den Kindern die Communion reiche und sich überhaupt nicht an die gottesdienstlichen Gebräuche der allgemeinen Kirche hielten. Sie pflegten nämlich die Messe in der Muttersprache zu halten und hatten viele Gebräuche, wie das Weihwasser, den Friedenskus, das Kreuzeszeichen, die kanonischen Stunden, das Weihen der Leuchter, der Palmen u. dergl. abgeschafft. Der Kaiser ließ ihnen durch Herrn Mainhard von Neuhaus sagen, sie möchten mit diesen Beschwerden noch eine Weile zuwarten, da die Bürgerschaften sonst in Unruhe kommen könnten. Hierauf fing Bischof Philibert an, aus eigener Machtvollkommenheit, als ob er der rechtmäßige Oberhirte der Prager Diöcese wäre, diesen und jenen, die sich bei ihm gemeldet, die Firmung zu ertheilen. Rokycan, Wenzel von Drachow, Prediger an der Bethlehemskirche, nebst anderen Pfarrern und Laien machten ihm und dem Kaiser wegen dieser Verletzung der Compactaten Vorstellungen und beklagten sich zugleich darüber, daß die Legaten die zur Reinigung der Ehre Böhmens nöthigen und versprochenen Schreiben an die benachbarten Fürsten und Völker noch nicht erlassen, und daß sich der Kaiser noch nicht für die Bestätigung Rokycan's verwendet hätte, damit er die nun von Philibert eigenmächtig vollzogenen Funktionen rechtmäßig besorgen könne. Sie wurden abgewiesen, nur daß der Kaiser wegen Rokycan's Bestätigung ein officielles Schreiben an das Concil erließ, in welchem jedoch der im Majestätsbriefe vom 20. Juli versprochene Zusatz: daß er, so lange Rokycan lebe, keinen Anderen zum Erzbischof haben wolle, weggelassen war; und insgeheim sagte er den Legaten, ihm schiene es besser zu sein, wenn Rokycan vom Concil nicht bestätigt würde; ein solcher Beschluß möchte jedoch verschoben werden, bis die Böhmen in den kirchlichen Gebräuchen der allgemeinen Kirche wieder conform geworden wären. „Und wenn ich gesagt habe, daß ich bis zum Tod keinen anderen Erzbischof haben will, so glaube ich, die Böhmen werden den Rokycan selbst noch todtschlagen, und dann wird man einen Anderen zum Erzbischof haben können." [121] Auch mußte sich Rokycan scharfen Tadel dafür gefallen lassen, daß er in seinen Predigten die seit Sigismund's Einzug in Prag wieder eingerissenen „öffentlichen Todsünden" des Würfelspielens, Wirthshaussitzens u. dergl. öffentlich gerügt hatte.

Nach diesem Vorfalle trat Bischof Philibert nur noch schärfer auf. Am 28., 29. und 30. September weihte er die Kirchen zu St. Veit, St. Michael und St. Hieronymus beim slawischen Kloster und ließ überall die Weihwasserkessel wieder aufstellen. Um Rokycan dem Kaiser recht verhaßt zu machen, verbreitete man das Gerücht, er habe die Abgeordneten der Städte aufgefordert, sich mit den Rittern gegen den Kaiser und die Barone zu verbünden, weil die Verträge gebrochen würden; bei einer in seinem Hause stattgefundenen Zusammenkunft sei sogar ausgemacht worden, den Kaiser, die Legaten und die neuen Stadtvorsteher zu ermorden; in Folge dessen starke Wachen in der Stadt vertheilt und sogar die ganze Bürgerschaft sammt den Magistern und Pfarrern vor den Kaiser gefordert wurden und ihm unter Androhung schwerer Strafen den Eid der Treue von Neuem geloben mußten. Ob die Gerüchte begründet waren, läßt sich nicht mehr ermitteln; Rokycan stellte ihre Wahrheit gänzlich in Abrede. Am 24. October trugen die Legaten dem Kaiser die Bitte vor, er solle durch ein königliches Edict die Wiederherstellung des früheren katholischen Cultus anordnen und verschiedenen seit 17 Jahren exilirten Geistlichen und Weltlichen von Prag die Rückkehr gestatten; sie wagten sogar schon den Antrag zu stellen, die von Utraquisten eingenommenen Pfarrstellen zu Prag, wie die an der Teyn, welche Rokycan inne hatte, bei St. Nicolaus und St. Gallus, ihren früheren Inhabern wieder zurückzugeben.

Darauf hin begab sich Rokycan mit zwei Priestern, worunter

---

121) Ueber diese Vorgänge vgl. das Regestrum Joh. de Turonis in den Monum. conc. gen. Saec. XV, p. 832 sqq.

Wenzel von Drachow, zu den Legaten, die er lange Zeit nicht mehr besucht hatte, und machte ihnen ernstliche Vorstellungen. „Auf diesem Wege", sagte er ihnen, „werde und müsse die Sache über kurz oder lang zu einem bösen Ziele führen." Wenzel von Drachow erklärte ihnen geradezu, sie hätten von der Gunst des Volkes schon sehr viel verloren, vor Allem, weil sie die Bestätigung des von der Nation gewählten Erzbischofes nicht besorgten. Die Legaten antworteten ihnen jedoch nur mit Vorwürfen, besonders daß sie die allgemein katholischen Gebräuche im Gottesdienst nicht annehmen wollten. Rokycan erwiderte: „Ihr sprechet immer nur von den minder wichtigen Dingen, um die wichtigeren solltet ihr euch kümmern!" „Ihr habt Recht", rief darauf Palomar, „es gibt wichtigere Dinge, als diese sind; ihr betrüget das Volk, indem ihr sie von den Sünden lossprechet, ohne dazu besser befähigt zu sein, als dieses Stück Holz, denn es fehlt euch die Gewalt der Schlüssel dazu, ihr habt gar keine ordentliche Mission dazu!" Dieses letztere Wort nahm Rokycan sehr übel auf, er wiederholte es mehrmals und bemerkte, das werde vom Volke nicht gerne gehört werden.

Während dieser Ereignisse fanden auch verschiedene Verhandlungen des Kaisers wie der Utraquisten mit den stets noch als eine besondere und starke Parthei bestehenden Taboriten statt. Ihnen gegenüber benahm sich der Kaiser vorsichtiger, weil er sie von Allem am meisten zu fürchten hatte, doch nicht minder treulos und hinterlistig, als gegen die eigentlichen Calixtiner. Wir müssen aber diesen Verhältnissen eine etwas ausführlichere Betrachtung gönnen.

Wir erinnern uns, daß die Taboriten auf dem St. Galli-Landtag im Jahre 1434, um gemeinsam mit den Calixtinern trotz der zwischen ihnen bestehenden Meinungsdifferenzen mit Kaiser und Concil unterhandeln zu können, mit jenen übereingekommen waren, den Mag. Peter Payne, den Engländer, zum Schiedsrichter über die zwischen ihnen obwaltenden Streitfragen anzunehmen, daß dieser Letztere jedoch seinen Schiedspruch von einer Zeit zur anderen verschob. Er hatte dies offenbar in der Absicht gethan, weder die Taboriten, mit deren Ansichten er am meisten harmonirte, in der Freiheit ihrer Bewegungen zu hemmen, noch den Utraquisten,

wenn sie zu Zugeständnissen an jene genöthigt würden, die Unterhandlungen mit der katholischen Kirche zu erschweren. Wir erinnern uns ferner, daß die Mehrzahl der Taboriten, unter dem
Priester Bedřich von Strażnic und dem Bischof Nikolaus von
Pilgram, in Folge dieser ihrer Ausnahmestellung zur Zeit des
Iglauer Landtages Separatverhandlungen mit dem Kaiser an-
knüpften und dabei auch, was wir nachträglich hier zu bemerken haben, verschiedene günstige Zusagen gemacht bekamen.
Als nun Sigismund in Prag eingezogen war, so mußte ihre Stellung
nothwendiger Weise ebenso wie diejenige der übrigen Hussiten rechtlich geordnet werden. Payne wurde deshalb an die endliche Fällung
seines Schiedspruches gemahnt. Er fällte denselben auch gegen
Ende September 1436. Da er die Taboritenpriester aber nicht
dazu beigezogen hatte und in seinem Urtheile[122]) bezüglich der sieben
Sakramente, der Heiligenverehrung, des Fegefeuers und der gottesdienstlichen Ceremonien, seiner eigenen Ueberzeugung zuwider und
wohl auf dringendes Bitten Rokycan's und anderer Utraquisten,
wesentlich zu Gunsten der Letzteren entschied, so beklagten sich die
Taboriten darüber. Der Kaiser beauftragte die Herren Ulrich
von Rosenberg und Přibík von Klenau, mit ihnen deshalb zu
verhandeln, und diese vereinbarten mit ihnen zu Wittingau am
16. October, außer verschiedenen, ihre politische Stellung betreffenden Punkten: Priester Bedřich und die Gemeinde der Taboriten
sollten nicht mit Gewalt von Gottes Gesetz gedrängt werden; ließe
sich aber ihnen aus der heiligen Schrift darthun, daß sie etwas
angenommen, was ihr oder Gottes Gesetz zuwiderlaufe, so hätten
sie das zu verbessern.

Diese Vereinbarung entsprach ihren Wünschen und den Egerer
Stipulationen vom Jahre 1432, veranlaßte aber weitere Verhandlungen, da denn doch untersucht werden mußte, ob sie in ihren
Lehren und Gebräuchen sich wirklich nach der Schrift hielten oder
nicht. Da sie sich nun dem Payne'schen Urtheilsspruche nicht unterwerfen wollten, so wurde zuerst ihr Bischof Nicolaus von

---

122) Es findet sich in der Taboritenchronik des Nic. von Pilgram,
Höfler, Geschichtschr. der hussit. Bew. II, 705—707.

Pilgram zu einer Disputation in Gegenwart des Kaisers, der Le=
gaten des Concils, der Prager Magister und der böhmischen Stände
vorgeladen. Diese fand am 22. October statt, und zeigte hier
Bischof Nicolaus in ausführlicher, uns noch aufbewahrter Rede [123]),
daß Payne's Vertheidigung der sieben Sakramente, der Heiligen=
verehrung, des Fegfeuers und der gottesdienstlichen Ceremonien
weder mit der Lehre der heiligen Schrift, noch auch Wykliffe's und
Hussens übereinstimme; sie könnten darum auf Grund der Egerer
Verträge sein Urtheil nicht annehmen. Er wurde von seinen Geg=
nern, besonders Rokycan, deshalb scharf angegriffen, jedoch nicht
zum Nachgeben gebracht. Vielmehr kam im Verlauf der Dispu=
tation die ganze Differenz der taboritischen und utraquistischen Lehr=
meinung zu Tag; wie wir aus den nachfolgenden von Nicolaus
von Pilgram aufgestellten 23 Artikeln ersehen.

1) Von dem Altarsakramente glauben und bekennen wir,
wie bisher, daß das Brod, welches Christus im Abendmahle ge=
nommen und seinen Jüngern zum Essen gegeben, in dessen wür=
digem Genusse aus der Hand treuer Priester er auch ein Gedächtniß
seines Leidens hinterlassen hat, seiner Natur nach wahres Brod ist, wie
das durch das Pronomen „hoc" in den Einsetzungsworten be=
wiesen wird; es ist aber auch in Wahrheit, nämlich auf geistliche und
sakramentale Weise, der von der Jungfrau Maria angenommene und
für uns dahingegebene Leib Christi, nicht so jedoch, als ob sich alle
wesentlichen und außerwesentlichen Eigenschaften desselben, wie sie
ihm zur Rechten Gottes zukommen, darin vorfänden, oder als ob
die Substanz des Brodes in den Leib Christi verwandelt wäre;
weshalb der Gläubige auch nicht der materiellen Substanz des
Sakramentes, sondern nur dem auf geistlich=sakramentale Weise
darin gegenwärtigen Herrn und Erlöser Ehre und Anbetung zu
geben hat. Dasselbe gilt auch vom Kelche.

Dagegen lehrten die Prager, daß der Gottmensch Christus nach
seiner eigenen Natur und körperlichen Substanz, wie er sie von
der Jungfrau angenommen hat und mit der er im Himmel zur
Rechten Gottes sitzt, in dem sichtbaren Sakramente der Eucharistie

---

123) Bei Höfler, Geschichtschr. II, 707—724.

gegenwärtig sei, und daß ihm deshalb bei seiner Exhibition durch Kniebeugen, Anbeten, Lichteranzünden u. dergl. Ehre zu erweisen sei.

2) Von der Taufe, Firmung, Eucharistie, Buße, Priesterweihe, Ehe und letzten Oelung, welche gewöhnlich Sakramente genannt werden, und was sonst noch nach dem Gesetze Gottes als Sakrament bezeichnet werden kann und nach der Anordnung Christi und der Praxis in der Christenheit eingeführt worden ist, glauben und bekennen wir, daß sie den sie Empfangenden sehr nützliche und heilsame Mittel der Gnade, doch aber nicht so nothwendig sind, daß ohne ihren äußerlichen Empfang kein Heil möglich wäre.

Die Prager lehrten ihre Nothwendigkeit und die Verpflichtung aller Gläubigen, daran Theil zu nehmen.

3) Vom Sakrament der Taufe lehren wir, daß es unter Beobachtung der von der heiligen Schrift als nothwendig und nach dem Vorbilde der Apostel und Urkirche als nützlich zu bezeichnenden Feierlichkeiten denjenigen, welche dazu geeignet sind, gereicht werden soll, aber ohne Exorcismus, ohne Anhauchung [124]), ohne Weihung und Darreichung von Salz [125]), ohne Kreuzeszeichen auf Brust und Stirn, ohne Benetzung von Ohren, Nase, Brust und Schultern [126]), ohne Salbung des Scheitels mit Oel, ohne Weihung des Wassers, ohne dreifaches Untertauchen, ohne Forderung von Taufpathen [127]) und sonstige moderne Anordnungen und Einrichtungen der römischen Kirche.

Die Prager hielten an allen diesen Gebräuchen fest.

4) Die Handauflegung, die man nun Confirmation nennt, halten wir als eine auf der Intention und dem Gebrauche der Apostel ruhende Institution für heilsam und nützlich, haben auch

---

124) Die sog. Insufflatio oder Exsufflatio zur Beschwörung des Teufels.

125) Die sog. Benedictio et Datio salis nach Matth. 5, 13.

126) Die sog. Apertio, auch Limitatio aurium, narium, pectoris et scapularum, d. h. ihre Berührung mit Speichel nach Marc. 8, 23.

127) Das Institut der Taufpathen ist bekanntlich erst im 3. und 4. Jahrhundert aufgekommen und wurden Kinder früher nur durch ihre Eltern vertreten.

nichts dagegen, wenn sie dem auf kanonische Weise erwählten Bischofe vorbehalten bleibt, können sie aber nach der heiligen Schrift nicht für obligatorisch erklären.

Die Prager lehrten, daß die Getauften nach dem Ritus und den Anordnungen der Urkirche von ihrem Bischofe mit dem Chrisma confirmirt werden müßten.

5) Bezüglich der Beichte bekennen wir, daß für denjenigen, welcher in Sünden gefallen ist, zur Erlangung des Heiles Reue und Buße unerläßlich ist, daß es hiezu jedoch genügend ist, in aufrichtiger Zerknirschung des Herzens vor dem Herrn seine Sünde zu bekennen, dies Bekenntniß auch auf irgend eine Weise mit dem Munde auszusprechen und nach der Anweisung des heiligen Jakobus und der Praxis der Urkirche auch durch Fasten, Almosen, Gebete und sonstige gute Werke als ein wahres darzustellen; für unnöthig halten wir die Ohrenbeichte nach der Form und Anordnung der modernen römischen Kirche, desgleichen die bisher gebräuchliche Absolutionsformel und die Auferlegung gewisser und fest bestimmter Büßungs= oder Satisfactionswerke, da dies Alles auf menschlichen Erfindungen und nicht auf der Schrift beruht, dazu auch mehr die Simonie und die Ueppigkeit des Clerus, als das Heil der Seelen fördert.

Die Prager halten die Ohrenbeichte und die Auferlegung von Satisfactionswerken in Fasten, Almosen, Gebeten und anderen Büßungen für nothwendig.

6) Daß die Priesterweihe nur von dem Bischofe ertheilt werden könne, und daß der Bischof eine wesentlich höhere sakramentale Autorität besitze, als andere treue und einfache Priester, ist nicht in der Schrift, sondern nur in der Gewohnheit der Kirche begründet.

Die Prager glauben, daß das Sakrament der Priesterweihe nur vom Bischof ertheilt werden könne.

7) Von der Schlüsselgewalt oder der Vollmacht, zu lösen und zu binden und die Sakramente zu verwalten, glauben wir, daß sie von Christo den Aposteln übertragen worden ist und ihren wahren Nachfolgern fort und fort zukommt, doch nicht so, daß sie dieselbe nach Willkür gebrauchen könnten, oder daß nur ihnen und

nicht auch anderen Gläubigen die Berührung kirchlicher Gefäße ver-
stattet wäre.

Die Prager bestehen darauf, daß die Schlüssel der Kirche, die
Macht zu lösen und zu binden, die Sakramente zu verwalten und
die heiligen Gefäße zu berühren, nur dem Sakramente des Ordo
oder der Priesterweihe und sonst Niemandem zukomme.

8) Von der Ehe lehren wir, daß sie von dazu tauglichen Personen ungehindert eingegangen werden kann, daß aber Leichtsinn,
Muthwille, Ungehorsam gegen die Eltern und sonstige Unordnungen
möglichst verhütet werden sollen.

Die Prager nennen sie ein Sakrament und wollen die darüber
bestehenden Kirchengesetze, mit Ausnahme einiger irriger und un-
gehöriger Bestimmungen, wie z. B. daß die mangelnde Einwilligung
der Eltern einen rechtlichen Grund zur Scheidung abgeben, beibehalten wissen.

9) Die Salbung Kranker mit Oel wollen wir zwar nicht
verwerfen, da sie aus der Apostelzeit herrührt, und der heilige
Marcus und Jakobus ihrer Erwähnung thun, wofern nur die in
der modernen römischen Kirche damit verbundenen Ungehörig-
keiten vermieden werden; wir wagen sie aber weder für einen
Glaubensartikel, noch für ein Sakrament zu erklären, da sie weder
von Christo, noch seinen Aposteln, sondern lediglich aus menschlicher Erfindung hervorgegangen ist; wenn diese körperliche Salbung ein Sakrament sein sollte, so würde das von Christo und
den Aposteln deutlich gesagt und befohlen worden sein.

Die Prager halten die letzte Oelung für ein Sakrament, befehlen ihren Gebrauch und wollen ihre Berächter mit kirchlichen
Strafen belegt wissen.

10) Von den zehn Geboten und dem ganzen christlichen
Sittengesetze, wie es mit der Zeit, theils mit vorübergehender,
theils mit dauernder Verbindlichkeit aus den verschiedenen Schriftwahr-
heiten hervorgegangen ist, glauben und bekennen wir, daß die Gläubigen gehalten sind, dasselbe ein Jeder nach seinem Stande und
Berufe treulich zu beobachten, aber nicht auch das, was die Kirche
später über die heilige Schrift hinaus dazugefügt hat.

Die Prager wollen die zehn Gebote und die übrigen evange-

14*

lischen Gebote in dem Sinn gehalten wissen, wie er von dem heiligen Geiste und der übereinstimmenden Lehre der Kirchenväter gefordert wird, so doch, daß hiebei hauptsächlich auf die vom heiligen Geiste in besonderer Weise geleitete apostolische Kirche Rücksicht genommen werde.

11) Die Taboriten wie die Prager sind darin einig, daß die Todesstrafe nur in den seltensten Fällen und bei ganz zwingenden Veranlassungen angewendet werden solle, nicht nach den alttestamentlichen Bestimmungen darüber.

12) Desgleichen stimmen Beide darin überein, daß fremdes Eigenthum unter keinem Vorwande weggenommen werden dürfe; doch erinnern die Taboriten dabei an Prov. 13, 22. Hiob 27, 17 und 1 Sam. 21, 3—6 (Matth. 12, 3—4).

13) Von den Heiligen und Vollendeten im himmlischen Heiligthume glauben und bekennen wir nach der Lehre der heiligen Schrift wohl, daß sie zu den auf der Erde wohnenden Gläubigen eine Zuneigung haben und Fürbitte für sie thun, wünschen uns das auch; wir können es aber nicht für einen Glaubensartikel halten, daß dieselben nothwendiger Weise um ihre Fürbitte angerufen werden müßten, sonst hätte Christus und die Apostel dies ausdrücklich befohlen.

Die Prager dagegen halten an dem Letzteren fest, nur mit der Einschränkung, daß dadurch die Gott allein gebührende Anbetung nicht beeinträchtigt werde.

14) Bezüglich des sogenannten Fegfeuers glauben wir zwar, daß die Seelen der Geretteten schließlich von allen Befleckungen der Sünde gereinigt werden müssen, kennen aber kein ausdrückliches Schriftwort, welches uns bei Strafe ewiger Verdammniß nöthigte, einen besonderen Ort des Fegfeuers anzunehmen und für darin Befindliche Gebete, Fürbitten, Fasten, Almosen und andere Opfer darzubringen, da Christus und die Apostel dies nirgends ausdrücklich gebieten.

Die Prager glauben nach der Schrift und den Ansichten vieler Kirchenlehrer ein solches Fegfeuer annehmen und deshalb auch für die Verstorbenen Opfer bringen zu müssen, doch mit Ausschluß aller zu schnöder Gewinnsucht der Priester führenden Gewohnheiten und Einrichtungen.

15) Bezüglich der Messe wollen wir alles das beobachten und befördern, was zu ihrem Wesen gehört und die Andacht des Volkes befördert, nämlich den mäßigen und volksthümlichen Gesang, die Schriftlesung, die erbauliche Predigt, den Ausschluß Unwürdiger vom Gebrauch der Sakramente und Anderes, was nach dem Evangelium zum Nutzen dient; daß aber auch alles das befolgt werden müßte, was die moderne römische Kirche in einzelnen Gebräuchen, Riten, Kleidern u. dergl. eingeführt hat und auch von manchen Prager Magistern befürwortet wird, dafür können wir keinen ausdrücklichen Schriftgrund finden, und da es auch weder in der Apostel und ihrer Schüler Zeit befolgt worden, noch in der gesammten Kirche angenommen ist und zu vielen Mißbräuchen und Unordnungen Anlaß giebt, so glauben wir mit dessen Unterlassung keine Sünde zu begehen.

Die Prager feiern die Messe nach dem Ritus der römischen Kirche und ihren längst eingeführten Gewohnheiten.

16) Die Fasten betreffend, befördern wir alle diejenigen, welche im Gesetze des Herrn sowohl alten, als neuen Testamentes empfohlen sind, nicht aber die in neuerer Zeit eingeführten und in der Schrift und dem Vorbilde der Urkirche nicht begründeten Fasten, durch welche das niedere Volk gequält und die Reichen zu desto größerer Ueppigkeit verleitet werden.

Die Prager halten auch die letzteren aufrecht.

17) Ueber die Festtage glauben wir als wahrhaft katholische Lehre aufstellen zu dürfen, da die Apostel ohne die Feier derselben den Herrn Jesum Christum mehr als wir geliebt und weder sie, noch die heiligen Schriften dieselben befohlen haben, daß man alle Heiligenfeste unterlassen und nur die auf das Leben Christi sich beziehenden feiern soll.

Die Prager wollen auch die Marien-, Apostel- und Heiligentage beibehalten, doch ohne die vielen Mißbräuche, die sich mit der Zeit an deren Feier angeknüpft haben.

18) Die Beraubung und Zerstörung von Kirchen und anderen gottesdienstlichen Gebäuden verbieten wir den Unseren; wo solche jedoch verfluchte simonistische Räuberhöhlen geworden sind, in welchen Gottes Gesetz verachtet wird, da wollen wir es nicht hin-

bern, wenn solche behandelt werden, wie sie es verdienen (tractare, ut decet tales, nolumus prohibere).

Die Prager erklären Letzteres, wo keine unabweisliche Nothwendigkeit vorliegt, für fluchwürdige Tempelschändung.

19) Desgleichen verbieten wir, kirchliche Gegenstände durch Diebstahl oder Tempelschändung wegzunehmen, wollen es aber nicht hindern, wenn dieselben zum Gebrauch für die Armen, zu Loskaufung Gefangener oder zu sonstigen guten Zwecken dieser Art verwendet werden.

Die Prager erklären auch dies für Entweihung des Heiligen.

20) Bezüglich der Tracht und Kleidung der Cleriker halten wir an dem Grundsatze fest, daß hierin Freiheit walten und weder Tonsur, noch sonstige Auszeichnung geboten sein soll, da Christus und die Apostel hierüber keine besonderen Vorschriften ertheilt haben; damit jedoch nicht auch in diesem Punkte Schwierigkeiten entstehen, wollen wir uns dazu verstehen, die auch von dem Herrn Jesus empfangene Tracht Johannis des Täufers den Unseren zu empfehlen, doch mit Vorbehalt der evangelischen Freiheit.

Die Prager befehlen die Tonsur und besondere Priesterkleidung, doch ohne Prachtliebe.

21) Die kanonischen Stunden vermögen wir, als eine menschliche Einrichtung, nicht zu billigen, da sie das Plappern im Gebete veranlassen, die Anbetung Gottes im Geiste hindern und vom Studium und von der treuen Pflichterfüllung abhalten; die Priester sollen fleißig die Bibel lesen und nach dem Vorbilde Christi beten.

Die Prager halten an den kanonischen Horen fest, wofern ein Priester nicht durch dringende andere Arbeiten, Meditiren, Bibelstudium u. dergl. daran gehindert ist.

22) Die Kirchweihen entbehren eines Schriftgrundes im neuen Testamente, und können wir dieselben deshalb als eine jüdische und zu viel Aberglauben, Luxus und Unordnung führende Einrichtung nicht gutheißen; wenn sie aber doch beizubehalten wären, sollten sie im ganzen Lande auf Einen Sonntag verlegt werden.

Zu Letzterem stimmen auch die Prager bei.

23) Vom Gehorsam gegen die Bischöfe lehren wir, daß die Priester und alle Christgläubigen ihnen in Allem gehorchen sollen, was mit dem Gehorsam gegen Gott vereinbar ist, auch wenn sie ein ärgerliches Leben führen sollten, wofern sie nur ihre Stelle nicht durch Simonie erhalten haben; in letzterem Falle jedoch und wenn die Bischöfe in offenbaren Todsünden oder notorischer Ketzerei leben, ist es gerathener, sich des Empfanges der Sakramente bei ihnen zu enthalten, als sie dadurch in ihrer Bosheit zu bestärken.

Die Prager dagegen verlangen in allem Erlaubten und Ehrbaren Gehorsam, auch wenn die Bischöfe, was sie aber nicht hoffen, den Befehlen des Herrn zuwiderhandeln sollten; man müsse solche Bischöfe lieber mit Nachsicht tragen, wenn sie nur nicht im Glauben irregingen, als sie leichtfertig anklagen.

Nach Beendigung der Disputation erklärte der Kaiser; zu weiterer Berathung dieser Angelegenheit auch den Feldhauptmann der Taboriten, den Priester Bedřich von Stražnic, herbeirufen zu wollen. Als derselbe bis zum 28. October erschien und lediglich um die Bestätigung des in Wittingau Vereinbarten nachsuchte (nämlich daß man sie zu Nichts zwingen solle, was dem Gesetze Gottes zuwider sei, und daß sie in ihren Lehren und Gebräuchen nur das ändern müßten, dessen man sie als Schriftwidrigem überwiesen hätte), so brach zunächst der Kaiser in die Worte aus, er habe sich immer zu der römischen Kirche gehalten und wolle es auch noch ferner thun; er sei in dies Reich gekommen, nicht um neue Kriege zu erregen, sondern nach den Compactaten es zu beruhigen; aber gegen diese Ketzer von Taboriten möchte er lieber mit dem Schwerte dreinhauen, als Frieden mit ihnen halten. Die Legaten meinten, in den Angelegenheiten des Glaubens seien nur die Compactaten maßgebend, und der Kaiser dürfe den Taboriten nichts über diese Hinausgehendes bewilligen; alle Ketzer beriefen sich auf die heilige Schrift. Auch Rokycan fand die Forderung der Taboriten bedenklich und meinte, man müßte in den Vertrag wenigstens den Vorbehalt: salvis tamen compactatis, aufnehmen. Verschiedene böhmische Herren stellten jedoch dem Kaiser vor, es werde großes Unheil daraus hervorgehen, wenn kein Vergleich mit den Taboriten zu Stande komme. Durch diese politische Rücksicht ließ er sich trotz des heftigsten Widerspruches der Legaten bewegen, vorläufig Nachsicht gegen sie zu üben und ihre Angelegenheit, ohne Beiziehung der Legaten, durch zwei ihnen nicht ungünstig gestimmte Commissionen, eine geistliche und eine weltliche, entscheiden zu lassen. In ersterer wurde am 16. November zwischen Rokycan und den Taboriten=priestern verabredet, die zwischen beiden Partheien obschwebenden theologischen Differenzen bis kommende Ostern durch die Magister Peter Payne, Wenzel von Drachow, Buzek von Neugedein und Martin Lupač, erwählten Bischof, in unwiderruflicher Weise ent=scheiden zu lassen. In der letzteren vereinigten sich die Herren Ulrich von Cilly, Ulrich von Rosenberg, Aleš von Sternberg, Hynce Ptaček von Pirkstein, der Kanzler Caspar Schlick, die Herren Hašek von Waldstein, Ernst von Wlašim, Pribik von Klenau und Johann von Kunwald, als Unterkämmerer des Reiches mit den Vertretern der Taboriten Bedřich von Stražnic, Nicolaus von Pilgram, Wenzel Coranda u. A. am 18. November zu dem Ver=trage, daß sie von dem Gesetze Gottes und ihren bisher beobachteten gottesdienstlichen Gebräuchen nicht mit Gewalt abgebracht werden, daß Alles, was sie in der vergangenen Zeit wider die kaiserliche Majestät gethan hätten, vergessen sein sollte, daß sie sich aber auch ohne Widerrede dem Urtheilsspruche der oben erwähnten Commission zu unterwerfen hätten [128]). Und der Kaiser bestätigte diesen Vertrag, wie auch einen ähnlich gehaltenen mit der Stadt Kolin und mit Herrn Jakaubek von Wřesowic, und da die vier Magister, wie später zu bemerken sein wird, wegen neu eingetretener Stürme und Unruhen ihren Spruch ungefällt ließen, so konnten sich die Taboriten ihrer als einer gewissen rechtlichen Grundlage für ihre eximirte Stellung und ihre protestantischen Freiheiten bedienen.

Sigismund aber, dies zeigte sich bald, war diese Verträge nur

---

128) Die Urkunden über beide Verträge s. bei Höfler, Geschichtschr. II, 726—729 (Tabor. Chron.). In beiden ist bemerkt, daß der Urtheilsspruch der vier Magister nach den einst in Eger vereinbarten Grundsätzen (secundum judicem in Egra compactatum) geschehen müsse. Ersterer war außer Rokycan auch von den Magistern Christann von Prachatic und Johann von Pribram unterzeichnet.

eingegangen, um sich in seiner immerhin noch kritischen Lage vor einem gefährlichen Feinde für den Augenblick Ruhe zu verschaffen. Sie zu halten, gedachte er ebenso wenig, als die übrigen Verträge, die er mit den Böhmen in Iglau abgeschlossen hatte. - Sein Bestreben ging jetzt nur dahin, den kriegsgewohnten Taboriten, wie es immer möglich war, die Waffen aus der Hand zu winden, um sie dann, wenn sie wehrlos geworden, desto sicherer treffen und unterjochen zu können. Wir werden später hören, wie er das ihnen gegenüber ins Werk zu setzen suchte. Kehren wir einstweilen zu seinem Verhalten den Calixtinern und besonders Rokycan gegenüber zurück.

Am 8. November trugen die Legaten von Neuem die Klage vor: sie seien nun schon so lange in Prag und sähen immer noch nichts von einer Ausführung der Compactaten; noch würden die Kinder communicirt, noch werde die Messe theilweise böhmisch gehalten und habe man, außer bei St. Michael, die in der katholischen Kirche gebräuchlichen Ceremonien noch nicht angenommen; es werde auch viel Aergerliches und Irriges in den Kirchen geprebigt; die nicht unter beiden Gestalten communiciren wollten, würden öffentlich verketzert und in die Gemeinden nicht als Bürger aufgenommen; einem habe Rokycan sogar das Begräbniß verweigert; sie hätten bei Rokycan darüber Klage geführt, er habe aber keine Notiz davon genommen; so möge nun der Kaiser diesem Nothstande Abhülfe schaffen und für die endliche Ausrottung der wycliffe'schen Ketzerei Sorge tragen. Ueber diesen Vertrag war Sigismund anfänglich höchst ärgerlich, so daß er in Heftigkeit auffahrend ausrief: „Wahrlich, so viel Verdruß habe ich seit meiner Gefangenschaft in Ungarn nicht mehr erfahren, und diese Gefangenschaft dauert noch länger als jene." Als er aber dann wieder ruhiger geworden, versprach er ihnen, demnächst einen Landtag abzuhalten und seine ganze königliche Macht zur strengen Durchführung der Compactaten geltend zu machen.

In Folge davon überreichten sie am 27. November dem Kaiser eine Schrift, in welcher sie, wie sie sagten, auf Grund der Compactaten verlangten: es sollten in ganz Böhmen die sieben Sakramente nach dem Ritus der katholischen Kirche wieder eingeführt und bei der Eucharistie nicht nur jedem Einzelnen, der sie unter Einer Gestalt empfange, ausdrücklich gesagt werden, daß der ganze Christus unter jeder Gestalt vorhanden sei, sondern auch gelehrt und gepredigt werden, daß nach der Consecration nicht mehr die Substanz des Brodes und Weines, sondern der wahre Christus vorhanden sei; die Priester sollten die kanonischen Horen halten; man solle in den Kirchen die Bilder Christi, der Maria und der Heiligen wieder aufstellen und beim Gottesdienste das Weihwasser, das Kreuzeszeichen, den Friedenskuß, die Weihungen von Leuchtern, Palmen u. dergl. wieder einführen; die Messe solle nur an geweihten Altären und nach der Ordnung der katholischen Kirche nur in lateinischer Sprache abgehalten werden; Processionen und Opferdarbringungen sollten nicht gehindert und nur auf kanonische Weise rechtmäßig eingeführte Pfarrer an den einzelnen Kirchen geduldet werden; es solle überhaupt einmal mit dem der heiligen Mutterkirche und dem sie repräsentirenden Basler Concil, wie auch dem römischen Papste gelobten Gehorsame Ernst gemacht werden.

Sobald Rokycan und die ihm anhangenden Priester von diesen Klagen Kunde bekamen, reichten sie ihrer Seits bei dem Kaiser auch eine Klagschrift ein und beschwerten sich, daß man ihnen die Compactaten nicht halte: noch seien die Schreiben nicht verfaßt worden, durch welche Böhmen und Mähren bei den Fürsten und Völkern der Christenheit von dem Vorwurfe der Ketzerei gereinigt würden; in vielen längst utraquistischen Kirchen werde das Abendmahl von den Geistlichen den Verträgen zuwider nur unter Einer Gestalt ausgetheilt; insbesondere weigere sich der Bischof von Olmütz und seine Geistlichkeit, die Communion unter beiden Gestalten auszutheilen und in den zu seinem Sprengel gehörigen Gemeinden solche Geistliche einzusetzen, die dazu bereit seien. Sie verlangten, daß in dieser Beziehung Abhülfe getroffen und dem Volke endlich einmal der Freibrief des Conciles für die utraquistische Communion feierlich publicirt werde.

Stürmische Scenen erfolgten hierauf in den letzten Tagen des November und den ersten des December, da keine der beiden Partheien von ihren Forderungen abstehen wollte. Die Legaten beschwerten sich dabei am meisten darüber, daß man eine falsche

Abendmahlslehre in Böhmen habe, und suchten mit aller Gewalt, wiewohl vergeblich, von Rokycan das Zugeständniß herauszupressen, daß nach der Consecration nicht mehr die materielle Substanz des Brodes und Weines, sondern allein der ganze Christus unter diesen beiden Gestalten vorhanden sei. Die Böhmen dagegen waren besonders darüber aufgebracht, daß ihnen die in Iglau versprochene Bestätigung ihres Erzbischofes und damit die rechtliche Grundlage einer selbständigen Stellung in der Prager Erzdiöcese versagt werde. Die Debatten wurden zwei Wochen hindurch mit großer Leidenschaftlichkeit geführt; weil aber die Legaten in keiner Weise nachgaben und der Kaiser sammt seinen Räthen sich je länger je mehr auf ihre Seite stellte, so mußte Rokycan mit seiner Geistlichkeit trotz alles Widerstrebens fast in allen Stücken nachgeben und schweren Herzens, ja bebend vor Zorn, die Reaction mit vollen Segeln einherziehen sehen.

Johannes de Turonis berichtet uns, daß Palomar und Berruer nicht lange nach diesem Sturme wieder nach Basel zurückkehrten und Bischof Philibert allein in Prag zurückließen, um die Durchführung der Compactaten ins Werk zu setzen; der Widerstand der Böhmen schien ihnen nunmehr gebrochen und ihre fernere Anwesenheit überflüssig geworden zu sein. Sie hatten auch Recht, mit Hülfe der sich von Tag zu Tag verstärkenden Macht Sigismund's gelang es Philibert in kurzer Zeit, zunächst in Prag und Umgebung, mit alleiniger Ausnahme der Communion unter beiden Gestalten, die aber auch möglichst beschränkt wurde, Alles wieder auf den alten katholischen Stand zurückzuführen. Die Kirchen wurden neu geweiht, die abgeschafften Ceremonien wieder angenommen, der Gottesdienst wieder nach dem katholischen Ritus abgehalten, am Prager Dom die frühere Zahl von Kanonikern, Vikaren, Sängern und Choristen wieder angestellt.

Als am 1. Januar 1437 der vom Kaiser berufene Landtag zusammentrat, wurde zu noch ganz anderen und viel weiter gehenden Maßregeln vorgeschritten. Es mußte ein neues Landesgericht eingesetzt werden; obwohl nun Sigismund feierlich gelobt hatte, daß ihm die Utraquisten so genehm als die Katholiken sein sollten, so erwählte er die Mitglieder desselben doch fast ausschließlich aus der katholischen Parthei und jedenfalls keinen einzigen eifrigen Hussiten. Trotzdem daß er den Böhmen versprochen, ihnen keine Mönche und Nonnen mehr ins Land zu bringen, so gestattete er denselben die Rückkehr. Die Kuttenberger mußten den wieder ins Land gerufenen deutschen Bergleuten eine besondere Kirche einräumen zur Feier des Abendmahles bloß unter einer Gestalt. Es wurde befohlen, daß die in Prag wieder eingeführten gottesdienstlichen Riten und Ceremonien im ganzen Lande angenommen werden müßten. Von den Verhandlungen darüber wurden Rokycan und die ihm anhangenden Magister und Priester absichtlich meistens ausgeschlossen und am 11. Februar nicht einmal zu der Krönungsfeier der Kaiserin Barbara im St. Veitsdome eingeladen. Auch setzte es der Kaiser durch, daß ihm eine allgemeine außerordentliche und für jene Zeit unerhört große Landessteuer bewilligt wurde, die er dann sofort meist dazu verwendete, die weggenommenen oder verpfändeten Kirchengüter auszulösen und verschiedene von den Hussiten zu ihrem Schutze erbaute Burgen aufzukaufen oder mit Gewalt zu zerstören, so z. B. Žižka's Burg Kelch bei Leitmeritz, Dêwin unweit von Prag und andere ähnliche Plätze. In Königgrätz brachte er es dahin, daß der taboritisch gesinnte Priester Ambros, der diese Stadt bisher beherrscht hatte, von der Bürgerschaft verjagt und sammt anderen gleichgesinnten Priestern, wie Jacob Wlk, der in der Neustadt Prags einst so großen Einfluß besessen, gefangen genommen wurde.

Am 11. Februar langten endlich die Ratifikationsbullen der Compactaten von dem Basler Concile an. Sie lauteten jedoch ganz anders, als nach den Iglauer Verträgen zu erwarten gewesen wäre: von einer Reinigung des böhmischen Namens von dem Vorwurf der Ketzerei war keine Rede darin; die Verabreichung der Communion an die Kinder war ohne Weiteres untersagt; Mag. Peter Payne wegen irriger Lehren über das Abendmahl vor das Concil vorgefordert, ja sogar das Recht der Communion unter beiden Gestalten in Frage gestellt, indem den utraquistischen Böhmen aufgegeben wurde, bis zum 11. März Gesandte nach Basel zu schicken, da das Concil an diesem Tage über die Frage verhandeln werde, ob die Communion unter beiden Gestalten zum Seelenheile nothwendig sei oder nicht; von einer Bestätigung Rokycan's als Erzbischof war gleichfalls keine Rede.

Letzterer erlaubte sich dem Kaiser am 15. Februar Vorstellungen darüber zu machen. Er wurde abgewiesen. Er wiederholte sie am 3. und 7. April und brachte viele offenbare Verletzungen der Compactaten zur Klage. Philibert verwies ihn mit seinen Klagen in schnödem Hohne an das Basler Concil, worauf er jedoch zur Antwort gab: „Ich weiß, was man den Unseren in Constanz gethan, so könnte es mir auch ergehen, denn man haßt mich dort." Auf den 12. April wurden sämmtliche Priester der Prager Diöcese in das Karolinum von Prag vorgeladen und aufs Schärfste ermahnt, den Compactaten gemäß zwar das Abendmahl unter beiden Gestalten auszutheilen, wo man es bisher so gehalten habe, zugleich aber auch alle in Prag beobachteten Gebräuche wieder einzuführen und der Kirche in allen ihren Anordnungen unweigerlichen Gehorsam zu leisten, zu welchem Zwecke, wie früher, Landdekane über sie gesetzt wurden.

Noch waren bis jetzt keine eigentlichen Verfolgungen vorgekommen; auch diese sollten nicht mehr lange ausbleiben. Als am 15. April Peter Payne und Wenzel Koranda mit einigen Saazer Bürgern in Prag erschienen, um sich über die ihnen auferlegten Ceremonien, wie des Weihwassers, des Friedenskusses u. dergl., zu beschweren und den Egerer Verträgen gemäß den Nachweis ihrer Schriftmäßigkeit zu verlangen, sprach der Kaiser über Payne das Urtheil der Verbannung aus; sein Schüler Johann Penning wurde verhaftet und lange untersucht und Wenzel Koranda nach Tabor verwiesen. Nach Saaz kehrten die alten (katholischen) Pfarrer zurück. Am 24. April wurde sogar gegen den einst so einstimmig von dem ganzen böhmischen Volke erwählten Erzbischof mit einer rohen Gewaltthätigkeit vorgeschritten, die Pfarre an der Teynkirche ihm weggenommen und dem Mag. Johann Papaufek von Sob͠slaw übertragen.

Empört darüber und auf seinen stets noch starken Anhang unter dem Volke vertrauend, predigte Rokycan am 5. Mai, nach der Angabe Johannis de Turonis [129]), unter Anderem Folgendes: „Bereits sind wir wegen der Kindercommunion verurtheilt, ohne gehört

---

[129] Monum. conc. gen. Saec. XV, p. 863.

und mit der Schrift überwiesen worden zu fein, und doch sind wir nach den Compactaten nur dazu verpflichtet, uns nach der in Eger verabredeten Richtschnur zu halten, nämlich nach der heiligen Schrift, den heiligen Doktoren und dem Beispiele der Urkirche, welche alle nicht gegen uns sprachen. Für ihre Wahrheit müssen wir selbst unser Leben einsetzen, denn wenn wir das nicht thäten, so würde uns die gegnerische Parthei ja nachsagen: seht, sie sehen nun selbst ihren Irrthum ein; man würde uns auch den Vorwurf der Trägheit und Gleichgültigkeit machen, insbesondere wenn wir uns nicht des früher so hochgeschätzten böhmischen Gesanges annähmen. Arme Kinder, was habt ihr verbrochen, daß man euch die Wohlthat der Communion rauben will! Wer wird sich euer noch annehmen, wer euch noch schützen? Wahrlich, niemand mehr u. s. w." Wegen dieser Predigt wurde er sofort vor den Kaiser und seine Räthe zur Verantwortung vorgeladen, da sie Unruhe unter dem Volke erregt hatte, und ihm ein ernstlicher Verweis ertheilt, wiewohl sich der Kaiser nicht geradezu gegen die Kindercommunion erklären wollte, wie Bischof Philibert, bevor diese Frage vor dem Concile verhandelt wäre.

Die Verhältnisse gestalteten sich für Rokycan immer ungünstiger. Vergeblich verwendete sich ein Theil des am 24. Mai wieder zusammentretenden Landtags noch einmal für seine Bestätigung als Erzbischof. Am 11. Juni wurde von der Mehrheit desselben auf Zuthun des Kaisers der alte Mag. Christann von Prachatic, Pfarrer bei St. Michael, zum Administrator des Erzbisthums erwählt und schon Tags darauf von Bischof Philibert bestätigt. Rokycan, Wenzel von Drachow und ihre Anhänger protestirten dagegen; es war vergeblich, wie seine früheren Protestationen auch. Was sollte er nun noch ferner in Prag thun? Er setzte sich nur der Gefahr aus, gefangen und mißhandelt zu werden. Am 17. Juni 1437 ging er, wie zu einem Spaziergange, mit dem Pfarrer zu St. Stephan in die Weinberge Prags, nachdem er seine Mobilien zuvor heimlich nach Raudnitz hatte bringen lassen; dort erwartete ihn Herr Diwiš Bořek von Miletinek mit mehr als 100 Reisigen und entführte ihn auf sein Schloß Kunětic bei Pardebic [130]).

---

130) Mit dieser Angabe schließt das interessante Regestrum des Johannes de Turonis.

. Mit seiner Flucht schien das letzte Hinderniß der Reaction weggeräumt und Sigismund glaubte nun schalten und walten zu können, wie er wollte. Es gelang ihm auch noch Manches in dem großen Werke der Restituirung des Katholicismus, das er sich nach einem vielbewegten, doch mehr Schmach als Ehre bringenden Leben gleichsam als seine letzte Lebensaufgabe gestellt hatte. Ganze Schaaren von Mönchen und Nonnen kehrten in das Land zurück; da und dort wurden zerstörte Kirchen und Klöster wieder auferbaut; eine Menge vertriebener Geistlicher nahmen ihre verlassenen oder von Anderen besetzten Pfarrstellen wieder ein; wo es irgend anging, wurde selbst das verbriefte Recht der Communion unter beiden Gestalten mit Füßen getreten. Nach einer viermonatlichen Belagerung gelang es ihm auch, durch seinen Hofmeister Hynce Ptaček von Pirkstein die feste Burg Sion bei Malešow zu erobern, wohin sich unter Johann Rohač von Duba alle diejenigen Taboriten zusammengezogen hatten, welche auch noch nach seinem Einzuge in Prag in der Opposition verharrt waren; Rohač selbst wurde gefangen genommen und mit 52 anderen Taboriten am 9. September 1437 nach fürchterlichen Torturen öffentlich in Prag aufgehängt.

Aber diese übertriebene Strenge verfehlte ihre Wirkung. Die Böhmen hatten das kostbare Gut der Religionsfreiheit zu lange schon genossen, als daß sie sich dasselbe so rasch wieder hätten rauben lassen. Die Reaction war zu rasch und unvermittelt eingetreten, als daß sie nicht eine entsprechende Gegenwirkung hätte hervorrufen müssen. Von ihr reden wir im nächsten Abschnitt.

VII.

Resultate der ganzen hussitischen Bewegung: die utraquistische Kirche, das völlige Verschwinden der Taboriten
und die Entstehung der älteren Brüdergemeinde.

1437—1457.

Schon auf dem Frühlingslandtag 1437 zeigten sich die ersten
Spuren von Unzufriedenheit mit dem alle Verträge und Versprechungen außer Acht lassenden Regimente Kaiser Sigismund's.
Als er gegen Rohač auf Sion ein allgemeines Aufgebot der Nation
forderte, erklärte ihm die Mehrzahl, besonders der Ritterstand, derselbe sei kein Feind der Nation, sondern nur des Kaisers, und so
solle er auch den Krieg gegen ihn auf eigene Unkosten führen.
Desgleichen beschwerten sie sich darüber, daß er die ihm verwilligte
allgemeine Landessteuer zu anderen, als den von ihm angegebenen
Bedürfnissen, nämlich meist zur Wiederherstellung von Klöstern,
Stiften u. dergl. verwende.

Diese Unzufriedenheit mehrte sich, als Rokycan im Juni die
Flucht ergreifen mußte, und der Nation nunmehr zweifellos gewiß
wurde, daß von seiner Bestätigung zum Erzbischof, so fest sie auch
versprochen gewesen, keine Rede mehr sein würde. Sie steigerte
sich zur Erbitterung in Folge der unwürdigen Behandlung, welche

dem trefflichen Rohač von Duba widerfuhr [131]), und noch mehr in Folge der schnöden Abweisung, welche die böhmischen Gesandten in jenen Monaten auf dem Basler Concile erfuhren. Zur Regelung der kirchlichen Angelegenheiten hatte nämlich der Frühjahrslandtag eine besondere Gesandtschaft nach Basel abzusenden beschlossen und dieselbe, um keinen Anstoß zu geben, fast ganz aus der Přibram= schen Parthei gewählt, die Magister Johann von Přibram, Procop von Pilsen, Přibik von Klenau u. A. Diese verlangten dort am 20. October 1437, das Concil solle um der Eintracht und des Friedens willen a l l e n Böhmen und Mähren die Communion unter beiden Gestalten bewilligen und dieselbe auch für die Kirche gestatten; es solle der Nation einen ordentlichen Erzbischof geben, der das Vertrauen der Nation besäße; es solle die versprochenen Schreiben zur Reinigung des guten Namens der Böhmen an die benachbarten Fürsten und Völker erlassen; es solle sich die Hebung der Prager Universität angelegen sein lassen und wenigstens die Erlaubniß ertheilen, daß die Evangelien, die Episteln und das Glaubensbekenntniß bei der Messe in böhmischer Sprache gelesen werden dürften, wie Solches von den ältesten Zeiten her in Böh= men Gebrauch gewesen sei; es solle endlich bei der Reformirung der Kirche im Allgemeinen auf den vierten Prager Artikel von der Einstellung und Bestrafung offenkundiger Sünden besondere Rück= sicht nehmen. Das Concil wies sie mit all diesen Bitten gänzlich ab und bewilligte trotz aller Vorstellungen in seiner 30. Session (vom 23. December 1437) nur das Eine, daß die Communion auch unter beiden Gestalten zum Seelenheile empfangen werden könne.

Schon bei dem auf den 30. September nach Prag ausge= schriebenen Landtage hatte Sigismund die Folgen dieser Verstimmung der Nation zu erfahren. Herr Diwiš Bořek von Miletinek, der= selbe, der Rokycan auf seiner Burg eine Zufluchtsstätte gewährt, trug vor dem ganzen Landtage in 19 Artikeln ein ganzes Register von Klagen gegen den Kaiser vor: er habe den klaren Urkunden

---

131) Sigismund ließ ihn am 9. September zum Hohne an einer goldenen Kette und im Herrenschmuck mit goldenem Gurt an einem besonders hohen Galgen aufhängen.

und Verpflichtungen zuwider in Prag und anderen Städten solche Priester, die nur unter einer Gestalt communicirten, eingeführt; er habe sich um die Bestätigung des Erzbischofs und seiner Suffragane nicht bekümmert, ja ihm alle Macht thatsächlich benommen, indem er eine Administration über ihn gestellt; er habe den Bischöfen gestattet, Utraquisten die Priesterweihe zu verweigern; er habe keinen utraquistischen Kaplan an seinem Hofe geduldet, ohne des Erzbischofs Erlaubniß die Mönche wieder nach Böhmen zurückgeführt, offenkundigen Sünden in Prag und anderwärts Freiheit gegönnt u. dergl. Insbesondere tadelte er schließlich, daß der Kaiser die Angesehensten von ihrer Parthei, Geistliche und Weltliche, aus seinem Rathe und ihren Aemtern gestoßen habe, „da er doch zumeist durch ihr Zuthun ins Land eingeführt und als Herr anerkannt worden, während er die uns und der Wahrheit Gottes feindlich gesinnte Parthei sogar in seinen Rath aufgenommen und in Aemtern zum Richten und Regieren eingesetzt, so daß jeder begreifen muß, wo das hinausgeht". Und diesen Klagen wurde sofort, da sie nicht gehört wurden, dadurch Nachdruck gegeben, daß eine Reihe von Rittern aus dem Königgrätzer, Chrudimer und Hohenmauther Kreis, denen sich auch Bedřich von Stražnic anschloß, dem Kaiser offene Absagebriefe zusandten und verschiedene Festen und Schlösser wider ihn besetzten.

Was daraus geworden wäre, wenn Sigismund noch länger gelebt hätte, ist nicht zu sagen; aber an dem Tage, an dem er den Rohač hängen ließ, wurde er an dem Daumen seines Fußes von dem sogenannten Höllenbrande (sacer ignis) ergriffen. Er ließ sich denselben amputiren; als die Krankheit dadurch nicht gehoben wurde, beschloß er vor seinem Tode nach Ungarn zu reisen, wo er sich in Großwardein seine Gruft bereitet hatte, zugleich um seinem Schwiegersohne Albrecht von Oesterreich die Thronfolge in Böhmen und Ungarn zu sichern. Er reiste am 11. November von Prag ab, kam aber nur noch nach Znaim in Mähren und entschlief dort, auf dem kaiserlichen Throne sitzend, am 9. December 1437, nachdem er zuvor noch den ungrischen und böhmischen Herren den von Wien herbeigeeilten Herzog Albrecht aufs angelegentlichste empfohlen und seine gegen denselben intriguirende und die Herrschaft für sich selbst und den König Wladislaus von Polen, den sie heirathen wollte, anstrebende Gemahlin Barbara (von Cilly) hatte verhaften lassen.

Sein Tod war die Losung zu einer allgemeinen Schülderhebung aller Partheien in Böhmen und der Anfang zu neuen, wieder durch manches Jahr hindurchgehenden Stürmen, welche zwar zunächst hauptsächlich politischer Natur waren, zugleich aber auch die wichtigsten kirchlichen und religiösen Veränderungen im Gefolge hatten. Die katholische und die Přibram'sche Parthei, d. h. der größte Theil des höheren Adels, in dessen Hand durch Herrn Mainhard von Neuhaus die oberste Gewalt und Regierung des Landes sich befand, nebst den Städten Prag, Kuttenberg, Kaurim, Schlan und noch einigen anderen, beeilten sich, dem Willen Sigismund's gemäß Albrecht von Oesterreich als König anzuerkennen. Da sich dieser aber schon seit langer Zeit fast noch mehr als Sigismund als einen entschiedenen Feind des Hussitismus und der Volkspsarthei bewiesen hatte, so stellten die eifrigeren Calixtiner und die Taboriten oder die Ritter-, Städte- und Volkspsarthei, an deren Spitze sich seit Diwiš Bořek's plötzlichem Tode Herr Hynce Ptaček von Pirkstein gestellt hatte, zuerst die Bedingung, daß er ihnen zuvor genügende Garantien zum Schutze der Prager Artikel geben müsse, und erwählten, als er diese verweigerte, zu Melnik am 29. Mai 1438 den Bruder des Königs Wladislaw von Polen, den dreizehnjährigen Casimir zum König von Böhmen. Da nun Albrecht demungeachtet am 13. Juni von dem böhmischen Throne Besitz ergriff, auf der anderen Seite aber auch der König von Polen ungesäumt mit einem starken Heere in Böhmen einrückte, so kam es rasch zum Kampfe zwischen den beiden Prätendenten. Die beiden Heere standen sich in der Nähe von Tabor gegenüber, und Albrecht errang zuerst einige Vortheile. Bald wendete sich jedoch das Kriegsglück gegen ihn, besonders als der junge Georg von Poděbrad mit seinen Schaaren zu Ptaček stieß und durch einen kühnen Angriff von Tabor Albrecht's Reiterei aufs Haupt schlug, durch welche That er zuerst berühmt wurde. Monate lang folgten darauf Siege und Verluste auf beiden Seiten, auch wurden vielfältige Friedensunterhandlungen gepflogen. Doch Albrecht's Parthei nahm immer mehr ab, und da ihn die Sorge für sein durch Sultan

Murad II. bedrohtes Ungarn dorthin rief, wo er bekanntlich nach einem höchst unglücklichen Feldzuge schon am 27. October 1439 einen frühen Tod gefunden hat, auf der anderen Seite aber auch Casimir von Polen nicht zur Besitzergreifung von Böhmen gelangen konnte, so war der Zustand des Landes in den Jahren 1438—39 mehr oder weniger ein anarchischer. Dazu hauste die Pest in er= schreckendem Maße, und es erlag ihr am 19. Juni 1439 auch der so oft genannte Bischof Philibert; desgleichen starb damals der alte Christann von Prachatic, der Administrator des Prager utra= quistischen Consistoriums, der Priester Ambrosius, der fast 20 Jahre hindurch die Herrschaft von Königgrätz in seinen Händen gehabt hatte, der Priester Jacob Wlk (Lupus), der stürmische Nachfolger Johann's von Selau in der Kirche bei Maria Schnee in der Neu= stadt Prags u. A. m.

Noch ärger wurde die Verwirrung nach Albrecht's Tod; denn da er außer einem nachgeborenen Sohne, Ladislaus Posthumus, keinen Erben hinterließ, so war die böhmische Krone geradezu als vacant zu bezeichnen, und vier verschiedene Partheien stritten sich eine Reihe von Jahren um die Oberherrschaft im Lande: die katholische unter Ulrich von Rosenberg, die Přibram'sche, die mit den einfachen Compactaten zufrieden war, unter Mainhard von Neuhaus, die taboritische unter Bedřich von Stražnic, und die entschieden calixtinische unter Ptaček und nach dessen Tod unter Georg von Poděbrad. Es ist hier nicht unsere Aufgabe, die lang= wierigen Streitigkeiten und Kämpfe zu schildern, welche bis zum Jahre 1448 endlich dahin führten, daß der kühne Georg von Poděbrad zuerst als Landesverweser im Namen des Ladislaus Posthumus (1448—1453) und dann nach dessen frühem Tode (1453—1471) die Alleinherrschaft in Böhmen führen konnte. Wir haben es nur mit den kirchlich=religiösen Verhältnissen zu thun. Wie sich eben diese aber in jenen Zeiten in Böhmen gestaltet und die ganze hussitische Bewegung ihren definitiven Abschluß gefunden hat, das haben wir noch zu schildern; und es bietet des Interessanten noch Vieles, so wenig uns auch dieser Abschluß im Allgemeinen befriedigen kann.

Wir haben früher bemerkt, daß sich schon zu Sigismund's Leb= zeiten gegen die katholische Reaction eine immer mehr wachsende

Opposition unter dem böhmischen Volke geltend zu machen begann. Unter König Albrecht konnten die Katholiken eine Zeit lang ihre Gewaltthätigkeiten gegen die Andersgläubigen fortsetzen und im Jahre 1438 z. B. eine ziemliche Zahl angesehener hussitisch gesinnter Bürger aus Prag vertreiben. Alle diese Bedrückungen und Verfolgungen der Hussiten hörten jedoch mit seinem Wegzuge nach Ungarn und seinem bald darauf erfolgten Tode auf. Je mehr Ptaček und nach ihm Georg von Poděbrad an Macht und Einfluß gewann, gestaltete sich das Verhältniß vielmehr umgekehrt. Ulrich von Rosenberg und das aus lauter strengen Katholiken bestehende Prager Domkapitel, welchem zuletzt selbst Bischof Pilibert nicht mehr streng genug gewesen, waren unter Albrecht ganz offen darauf ausgegangen, selbst die Compactaten, von allen anderen Verträgen ganz abgesehen, wieder umzustoßen und Alles zu dem Stande der Dinge unter Karl IV. zurückzuführen. Dadurch wurde auch die Parthei Mainhard's von Neuhaus und Příbram's von ihnen abwendig gemacht und, wie natürlich, zu einer Vereinigung mit der Parthei Ptaček's und Rokycan's hingetrieben. Es wäre gewiß von hohem Interesse, über das Thun und Treiben des Letzteren in jenen unruhigen Jahren nähere Kunde zu bekommen. Leider fehlen uns die Nachrichten darüber. So viel aber geht aus seinem ganzen Verhalten und aus dem Gange der Dinge in jener Zeit hervor: unermüdlich und unerbittlich im Kampfe gegen die römische Hierarchie, die ihn so schnöde behandelt, setzte er in jenen unruhigen Jahren alle Kräfte daran, dem Hussitismus so, gerade so wie er ihn sich dachte und in seinen Bekenntnissen vor dem Concil, auf vielen Synoden und bei den Friedensverhandlungen zu Eger, Brünn, Iglau und anderwärts oft und viel bis ins Einzelnste hinein fest bestimmt hatte, die Alleinherrschaft in Böhmen und Mähren zu verschaffen. Und er sollte dieses Ziel, wenn auch nicht vollständig, so doch annähernd erreichen.

Die Entwicklung und Festbegründung einer eigenthümlichen, vom römischen Katholicismus in wesentlichen Lehr= und Verfassungspunkten abweichenden und zu dem, was wir jetzt Protestantismus nennen, hinneigenden, zugleich aber viel wesentlich Protestantisches in Lehre und Leben mit Bewußtsein verwerfenden **böhmischen**

Nationalkirche, das ist das Charakteristische der sogenannten Podĕbrad'schen Periode, darin besteht der wahre Abschluß der großen hussitischen Bewegung; das ist die Wunde, die sie der Hierarchie des Mittelalters für längere Zeit geschlagen; das die Errungenschaft, die sie, zu weiteren, umfassenderen Versuchen auffordernd, der Reformation des 16. Jahrhunderts entgegengebracht hat [132]).

Als es sich im Jahre 1441 zeigte, daß die Böhmen, da Herzog Albrecht von Baiern die Krone ausgeschlagen hatte, und der römische König Friedrich III. (1439—1493) auch keine besondere Lust zu ihrer Annahme zeigte, wohl noch längere Zeit hindurch zu keinem Könige kommen würden, traten die Mitglieder des Ptaček'schen Bundes im August zu Časlau zu einem Landtage zusammen und beschlossen zur Befestigung und Ausbreitung ihres Bundes alle ihre Macht aufzubieten, um den überall ausgebrochenen Fehden und Unruhen zu steuern. Dadurch verschafften sie sich bald ein immer wachsendes Ansehen im Land. Noch wichtiger aber war der andere Beschluß, dem von Sigismund eigenmächtig eingesetzten Administrator des utraquistischen Consistoriums zu Prag gegenüber den Magister Rokycan zum obersten Verwalter der geistlichen Angelegenheiten in allen ihren Kreisen einzusetzen und ihm den Auftrag zu geben, alle diejenigen Priester, welche Unordnungen anrichten würden, zu bestrafen und die in Irrthum verfallenden zu belehren. In Folge dessen wurde auf den 4. October 1441 eine Kirchenversammlung nach Kuttenberg ausgeschrieben, und die Beschlüsse dieser sind für die ganze Folgezeit von entscheidender Wichtigkeit geworden, indem durch sie der Grund zu dem ganzen künftigen Organismus der utraquistischen Kirche gelegt worden ist.

Zwar nahmen an ihr weder die Taboriten, noch die dem Prager Administrator (Nicolaus von Řebřík) sich unterthänig stellenden Ka-

---

132) Die Entstehung und Begründung der sog. „Brüderkirche", wie sie zu derselben Zeit in Böhmen und Mähren erfolgt und später unter dem Zuflusse neuer Lebenskräfte im 18. Jahrhundert in die Lausitz nach Herrnhut verpflanzt worden ist, müssen wir für eine mit dem Hussitismus zwar in Zusammenhang stehende, bennoch aber wesentlich neue kirchenhistorische Erscheinung erklären.

tholiken nebst einer Anzahl von Přibramiten Theil; Erstere, weil sie vor Beginn der Verhandlungen Garantie dafür haben wollten, daß sie in ihren religiösen Freiheiten nicht mit Gewalt gestört werden sollten [133]), Letztere, weil sie durch Ulrich von Rosenberg, das Basler Concil und Papst Felix V. (dem sie dem römischen Papste Eugen IV. gegenüber ihre Obedienz zugewendet hatten) davon abgehalten wurden. Wenn wir aber hören, daß demungeachtet an 300 Priester in Kuttenberg zusammengekommen waren und mit Ausnahme einiger Weniger von der Parthei Přibram's Rokycan Gehorsam gelobten, so ist das ein deutlicher Beweis dafür, daß die Geistlichkeit im Allgemeinen unter Sigismund nur der Gewalt gewichen, im Herzen aber utraquistisch gesinnt geblieben war. Das Glaubensbekenntniß und die Kirchenverfassung [134]), welche damals vereinbart wurden, sind von da an mit geringen Abänderungen fast auf ein Jahrhundert hinaus das Regulativ der böhmisch-utraquistischen Nationalkirche geworden. Wir wollen deshalb die 24 Artikel desselben, die offenbar aus Rokycan's Feder geflossen sind, in ihren Hauptpunkten hier mittheilen.

Sie bekennen sich darin: 1) zu dem Glauben an den dreieinigen Gott und insbesondere die Gottheit und Menschheit Jesu Christi, wie derselbe in der allgemeinen Kirche angenommen wird; 2) sie wollen an den 7 Sakramenten und ihrer in der katholischen Kirche gebräuchlichen Feier festhalten; 3) vom heiligen Abendmahl bekennen sie, daß darin der ganze Christus, wahrer Gott und Mensch mit seinem von der Jungfrau Maria angenommenen, nun aber verklärten Leibe und Blute gegenwärtig sei und darum mit aller Christo selbst gebührenden Ehrerbietung, auch mit Kniebeugen, Lichteranzünden u. dergl. heilig gehalten und empfangen werden müsse, von offenbaren Todsünden nur nach voraufgegangener Privatbeichte, Reue und Satisfaction; bei ehrbaren und frommen Leuten soll Letzteres nicht gefordert, ihnen auch nicht ein häufiger Genuß desselben gewehrt werden [135]); 4) verlangen sie, daß die Gebote des

---

133) Höfler, Geschichtschr. II, 732 (Tabor. Chron.).

134) Sie findet sich in Prochaska's Miscell., S. 354—367.

135) Die Kindercommunion ist mit Stillschweigen übergangen, also in das freie Belieben jedes Einzelnen gestellt worden.

Herrn von den Priestern fleißig und treu nach der heiligen Schrift gelehrt und geprebigt, und die muthwilligen Uebertreter berselben, wenn sie nicht Buße thun, von dem heiligen Abendmahle ausge= schlossen werden sollen; 5) daß die Sonn= und Feiertage ohne weltliche Arbeiten und zur Sünde verleitende öffentliche Lustbar= keiten mit Gottesbienst und fleißigem Bibelauslegen und Lesen ge= feiert werden sollen; 6) daß jeder Priester nach bestem Vermögen auf die Bestrafung und Abstellung öffentlicher Tobsünden hinwirke, und daß von denjenigen, welche solche begangen, nicht nur aufrichtige Reue des Herzens, sondern auch ein mündliches Bußgebet vor dem Priester und Genugthuung durch Gebete, Fasten, Almosen u. dergl. geforbert werde; 7) auf die Beobachtung der in der Kirche ge= bräuchlichen Fasten soll strengstens gehalten werden; 8) nach der Lehre der Väter und der heiligen Schrift (?) soll die Lehre vom Fegfeuer nicht verworfen, die Gläubigen vielmehr dazu ange= halten werden, durch Beten, Fasten u. dergl. Fürbitte für die Ver= storbenen zu thun; 9) desgleichen soll die Verehrung der Heiligen, als die im Himmel Fürbitte für uns thun, beibehalten und ihnen nur keine Anbetung (latria) bewiesen werden; 10) weil der Arbeiter seines Lohnes werth ist, sollen die Priester für die Ausrichtung ihres Amtes von den Gemeinden, welchen sie dienen, in genügender Weise mit zeitlichen Gütern bedacht und versorgt werden, sie sollen aber in keiner Art für die Verwaltung der Sakramente und sonstige geistliche Funktionen Geld oder Geschenke annehmen oder eintreiben, sie sollen von aller Simonie, Stellenjägerei, Habsucht, weltlicher Pracht und Lust ferne bleiben und sich in dieser Beziehung über= haupt nach den trefflichen Statuten des Erzbischofes Arnest von Parbubitz [136]) und der Prager Synobe von 1421 halten; die Ueber= treter dieser und aller obiger Anordnungen werden mit schweren Strafen bedroht; 11) zur Steuer des überhand nehmenden Wuchers wird allen Geistlichen zur Pflicht gemacht, jeden Monat einmal öffentlich dagegen zu predigen; 12) schließlich erklären sich die An= wesenden bereit, an den Compactaten festzuhalten, wofern ihnen das

---

136) Höfler, Geschichtschr. II, 3 f. — Ueber Arnest von Parbubitz, den ersten und trefflichsten Erzbischof von Prag (1344—1354) und dessen segens= reiches Wirken in Böhmen vgl. Krummel, Gesch. der böhm. Ref., S. 23 ff.

darin Zugesagte auch aufrichtig gehalten und nicht, wie in letzter Zeit geschehen sei, in den wichtigsten und nützlichsten Punkten verletzt werde.

Balbin [137]) sagt von diesen Artikeln, sie enthielten fast nichts von der katholischen Doctrin Abweichendes. Das ist zu viel gesagt. Die katholische Kirche würde bei ihrer Annahme einer nicht geringen Reform unterliegen. Aber die Beibehaltung der 7 Sakramente und so vieler anderer in der heiligen Schrift nicht begründeter Ceremonien mußte, wenn auf ihr bestanden wurde, bei den Taboriten nothwendiger Weise großes Aergerniß erregen, und falls sie auch ihnen mit Gewalt aufgenöthigt werden sollte, entweder zu ihrer Unterdrückung oder zu ihrer förmlichen Lostrennung von der utraquistischen Kirche hinführen. Wir sehen dieses Alles in kurzer Zeit eintreten.

Im April 1442 forderte Herr Ptaček die Taboriten zum Beitritt zu seinem Bunde und insbesondere auch zur Annahme der Kuttenberger kirchlichen Beschlüsse auf. Sie erwiderten darauf bei einer Versammlung zu Kaurim, daß sie gerne dazu bereit seien, wenn man sie nur in ihren besonderen Kirchengebräuchen, Lehren und Ordnungen nicht stören und bei allen Differenzen den im Jahre 1432 zu Eger aufgestellten Schiedsrichter (d. h. die heilige Schrift) anerkennen würde. Eine solche Stellung einzunehmen, sei ihnen nach den Compactaten mit dem Basler Concil und nach ihren besonderen mit Kaiser Sigismund eingegangenen Verträgen gestattet, und sie müßten sich wundern, daß man ihnen ein Aufgeben ihrer von der calixtinischen Parthei abweichenden Meinungen und Kirchengebräuchen zumuthe, da diese Parthei doch auch selbst unter sich nicht einig sei [138]). Sie meinten damit die Differenzen zwischen den Anhängern Rokycan's und Přibram's.

Von diesem Vorwurfe getroffen, ließ sich Ptaček und sein Freund Georg von Poděbrad aufs eifrigste angelegen sein, eine Versöhnung zwischen den Rokycaniten und Přibramiten zu Stande zu bringen. Diese kam auch wirklich auf einer Versammlung zu

---

137) Balbini Epit. rer. bohem., p. 503.
138) Höfler, Geschichtschr. II, 731 ff. (Tabor. Chron.).

Melnik (Juli 1442) zu Stande. Rokycan hatte ja in der Sakramentenlehre und in den gottesdienstlichen Gebräuchen so viel nachgegeben, wie wir an seinem obigen Bekenntnisse zu Kuttenberg
wahrgenommen, daß auch ein Přibram, überhaupt ein Jeder, der
nicht ganz zum Katholicismus zurückgekehrt war, damit zufrieden
sein konnte. Nachdem dies geschehen war, erhielt Ptaček bald
einen erwünschten Anlaß, mit den Taboriten in erneute Unterhandlungen zu treten und sie dabei das Uebergewicht seiner Macht
fühlen zu lassen. In Folge einer Privatfehde zweier Edelleute war
im Frühjahr 1443 ein förmlicher Krieg zwischen den Taboriten
und den Herren von Ptaček's Bund ausgebrochen, der aber zu Un-
gunsten der Ersteren ausfiel und ihnen den Verlust der festen
Stadt Wodňan eintrug. Zur Beilegung dieser Streitigkeiten forderte der Landtag die Taboriten vor sein Schiedsgericht, und hier
verlangte Přibram von ihnen, daß sie sich öffentlich gegen den von
allen Seiten wider sie erhobenen Vorwurf der Ketzerei in der
Abendmahlslehre vereinigen sollten. Bedřich von Stražnic und
Nicolaus von Pilgram erkannten sogleich, daß es auf einen Schlag
wider sie abgesehen wäre; da aber der ganze Landtag mit aller
Entschiedenheit auf eine endliche Beilegung der so viele Jahre schon obschwebenden kirchlichen Streitigkeiten drang, so konnten sie den Vorschlag zu einer wiederum nach Kuttenberg auf den 6. Juli 1443
ausgeschriebenen Kirchenversammlung nicht ablehnen und mußten
das Versprechen geben, den Entscheidungen Gehorsam zu leisten.
Des guten Rechtes ihrer Sache und der Schriftmäßigkeit ihrer Ansichten gewiß konnten sie ja, trotz der Uebermacht und gewaltthätigen Gesinnung ihrer Gegner, immerhin noch die Hoffnung hegen,
dieselben entweder zu überzeugen oder fernere Duldung von ihnen
zu erlangen; denn auf die Entscheidung des Schwertes konnten
sie es bei ihrem geschwächten Zustande nicht mehr ankommen lassen.

Aber sie hatten es dies Mal mit Gegnern zu thun, welchen
die Politik über die Wahrheit und das Streben nach einer politischen
und religiösen Einigung der Nation über die Liebe und die Duldung
ging. Eine Erscheinung, über die wir uns nach den Anschauungen
unserer Zeit wundern können, die in jener Zeit jedoch, und bekanntlich noch Jahrhunderte lang, so wenig auffallend war, daß

wir auch viel edler denkende Männer, als sie damals in Böhmen zu finden waren, zu denselben Grundsätzen sich bekennen sehen.

Nicolaus von Pilgram beginnt seinen Bericht [139]) über jene Vorgänge und den damit in Verbindung stehenden Untergang seiner, der taboritischen Kirchengemeinschaft mit der Klage des Propheten (Jerem. 18, 18—19): „Sie sprachen: kommt und lasset uns wider Jeremia rathschlagen; denn die Priester können nicht irren im Gesetz, und die Weisen können nicht fehlen im Rathen, und die Propheten können nicht unrecht lehren. Kommt her, lasset uns ihn mit der Zunge todtschlagen und nichts geben auf alle seine Rede." - Er hätte die Art und Weise, wie mit ihnen umgegangen wurde, mit keinem anderen Worte treffender bezeichnen können.

Auf der Versammlung zu Kuttenberg verlangte Rokycan in Gegenwart vieler geistlicher und weltlicher Personen, die Taboriten sollten bezüglich des Abendmahles nachfolgendes Bekenntniß anerkennen: „Wir glauben, daß in dem heiligen Sakramente des göttlichen Leibes und Blutes sei Christus, der wahre Gott und der wahre Mensch, in seinem natürlichen Wesen und der Substanz seines angeborenen Seins, welches Wesen er von der Jungfrau Maria genommen und worin er im Himmel zur rechten Hand Gottes des Vaters sitzt." Diese sagten dagegen, sie könnten nach der heiligen Schrift nur das glauben und bekennen, „daß in dem heiligen Sakramente des Leibes und Blutes Christus, wahrer Gott und wahrer Mensch, mit seinem von der Jungfrau Maria angenommenen und nunmehr verklärten Leibe, auf sakramentale und geistige, doch aber wahrhafte und wirksame Weise vorhanden sei". Sie wußten dies auch so überzeugend und klar nachzuweisen, daß selbst viele ihrer Gegner für sie eingenommen wurden. Aber nun fingen Rokycan und Pfibram an, ihnen alle diejenigen allerdings zum Theil ärgerlichen und anstößigen Lehren und Ansichten vorzuwerfen, die wir früher als die Ansichten der Adamiten, des Martin Hauska u. A. kennen gelernt haben. Darüber erhoben sich so heftige Dispute, daß die beiden Partheien die Verhandlungen zu

---

139) Höfler, Geschichtschr. II, 735 ff. (Tabor. Chron.).

vertagen und auf den nächsten allgemeinen Landtag zu verweisen
genöthigt wurden; „beide Theile", verkündigten Ptacek und Ro=
kycan, „sollten ihre gegenseitigen Klagpunkte bei dem Kuttenberger
Stadtamte schriftlich einreichen und sich bis dahin ruhig ver=
halten."

Auf besagtem Landtag, der am 6. Januar 1444 in Prag zu=
sammentrat, reichten die Taboriten eine sehr ausführliche Apologie
ihrer Abendmahlslehre ein [140]), die wir als eine überaus schlagende
und treffliche Widerlegung der Transsubstantiationslehre bezeichnen
können, desgleichen Rokycan und Přibram eine Vertheidigung ihrer
Ansichten. Der Landtag aber, der in überwiegender Mehrheit
antitaboritisch gesinnt war, faßte „in Erwägung der Schädlichkeit
solchen Glaubenszwiespaltes und in Betrübniß über den Eintrag,
den hierdurch der Friede und der gute Leumund der Nation litten",
den Beschluß, das Glaubensbekenntniß Rokycan's, Přibram's und
der ihm anhangenden Priester als das Bessere, Gewissere und Zu=
verlässigere anzunehmen, beim Altarsakramente an der substanziellen
Gegenwart des Leibes und Blutes Christi, wie sie in Kuttenberg
näher bestimmt worden, festzuhalten, vor dem darin anwesenden
Herrn Jesu, wie vor Gott sich zu neigen und ihm Verehrung zu
erweisen, desgleichen auch alle von den Taboriten aufgestellten
Lehren von den 7 Sakramenten, dem Fegfeuer, der Heiligen=
anrufung, den Fasten, der Ohrenbeichte und den gottesdienstlichen
Gebräuchen als irrig und schädlich zu verwerfen und die gegen=
theiligen der utraquistischen Priester und Magister anzuerkennen.
„Und als dies geschehen", berichtet der Chronist, „und die gegenwär=
tigen Barone, Ritter und Städte schriftlich ihre Uebereinstimmung
damit erklärt hatten, sang man das Te Deum laudamus."

Vergeblich protestirten die anwesenden taboritischen Priester
gegen diesen Beschluß, durch welchen sie, ohne überwiesen zu sein,
öffentlich und in aller Form Rechtens von dem Landtage als Irr=
gläubige verurtheilt worden waren. Ohne Hoffnung, ihren An=
sichten fernerhin Geltung zu verschaffen, wandten sich mit Aus=
nahme derer zu Tabor, ihre eigenen Gemeinden von ihnen ab;

---

140) Höfler, Geschichtschr. II, 753—804 (Tabor. Chron.).

eine Stadt nach der anderen entfernte, auf Ptaček's Zureden, ihre taboritischen Priester und ließ sich von calixtinischen bedienen.

Der Sieg, den Rokycan damit errungen, wurde vollständig, als nach Ptaček's plötzlichem Tode (27. August 1444) sein treuer Freund Georg von Poděbrad an die Spitze des utraquistischen Bundes sich stellte und im Jahre 1448 durch einen kühnen Handstreich die Hauptstadt des Landes in seine Gewalt bekam. Denn nun war auch der katholischen Parthei Ulrich von Rosenberg's und Mainhard's von Neuhaus die Hauptstütze ihrer Macht genommen, und Rokycan konnte am 10. September 1448 nach einer mehr als zehnjährigen Verbannung seinen feierlichen Einzug als Erzbischof von Prag feiern, wiewohl Georg von Poděbrad bei Papst Eugen IV. und seinem Nachfolger Nicolaus V. vergeblich seine Bestätigung nachgesucht hatte. Das Prager Domkapitel wurde nach Pilsen vertrieben, die Prager Pfarreien wieder mit Utraquisten besetzt, und die meist deutschen, katholisch gesinnten Magister und Studenten mußten, wie einst im Jahr 1409, wiederum den Wanderstab ergreifen. So weit sich der Einfluß Georg's erstreckte, und das war im größten Theile des Landes der Fall, wurde je länger je mehr in kirchlichen Angelegenheiten Alles nach den calixtinischen Grundsätzen eingerichtet.

Hätte sich der Papst, der nach der Auflösung des Basler Concils und dem Tode Felix V. die Alleinherrschaft in der katholischen Kirche wieder erlangt hatte, damals den Böhmen willfährig bewiesen, Rokycan bestätigt und die Compactaten anerkannt, wie sie oft und viel darum baten, so wäre das so lange Zeit hindurch schismatische Böhmen wieder zur Einheit mit der Kirche zurückgekehrt, und die große hussitische Bewegung hätte unter diesen immerhin nicht zu unterschätzenden Bedingungen ihren definitiven Abschluß gefunden. Aber der Papst und die römische Kirche hörten nicht auf, zum Theil schon aus Opposition gegen das den Böhmen zugeneigte Basler Concil die böhmische Kirche als eine ketzerische zu bezeichnen; Rokycan's Bestätigung wurde in Rom gänzlich verweigert; Papst Nicolaus V. und seine Nachfolger konnten sogar den Versuch wagen, die von Concil und Papst (Eugen IV.) bestätigten Compactaten wieder umzustoßen.

Es ist der Mühe werth, von diesem Versuche, der die böhmische
Kirche nahezu in den Schooß der griechischen Kirche geführt hätte,
etwas Näheres zu hören. Von der Voraussetzung ausgehend, daß
die Böhmen nach ihrer Annäherung an die römische Kirche durch
die Annahme des Rokycan'schen Glaubensbekenntnisses nun auch
wieder gänzlich für sie gewonnen werden könnten, beauftragte Nicolaus V. drei Männer, welche damals in der ganzen Christenheit
das höchste Ansehen genossen, die Böhmen und insbesondere den
Georg von Poděbrad durch das Mittel der Ueberredung wieder
zur katholischen Kirche zurückzuführen, den im Basler Concil als
Vorkämpfer des Papstthums bekannt gewordenen Cardinallegaten
Nicolaus von Cusa, den berühmten Prediger Johann Capistran
vom Minoritenorden und den von uns schon oft genannten, als
Schriftsteller, wie als Diplomat und Redner gleich ausgezeichneten
und gerade mit den Verhältnissen Böhmens vorzüglich vertrauten
Bischof Aeneas Sylvius Piccolomini (nachmals Papst Pius II.).
In ihnen stellte die römische Kirche, was sie von tüchtigen Kräften
aufzuweisen hatte, den Böhmen entgegen. Ihre Thätigkeit war
jedoch, trotzdem daß sie von Königen und Fürsten kräftigst unterstützt war, eine erfolglose. Cusa erwarb sich um die Reformirung des deutschen Clerus ziemliche Verdienste, aber seine
Sendschreiben an die Böhmen fanden keine Beachtung. Capistran
gelang es, in den Donauländern eine rühmliche Begeisterung für
den Türkenkrieg hervorzurufen und dem tapferen Hunnyad bedeutende
Streitkräfte zuzuführen, doch die Hussiten erbitterte er mit seinen
maßlosen Verketzerungen der Art, daß ihm Georg von Poděbrad
den Eintritt in das Land untersagte. Auch Aeneas Sylvius, der
im Juli 1451 als Gesandter König Friedrich's III. einem Landtage zu Beneschau beiwohnte, wußte nicht viel auszurichten; sein
Aufenthalt in Böhmen ist nur dadurch von Wichtigkeit geworden,
daß er sich dort durch seinen Besuch in Tabor und seine Unterredungen
mit Georg von Poděbrad das Material zu seiner höchst interessanten
Geschichte Böhmens, einer der wichtigsten Geschichtsquellen der Geschichte des Hussitenthums, geholt und später als Papst auf eine
für die Böhmen ziemlich verhängnißvolle Weise verwerthet hat.
Höchst lesenswerth ist der Bericht des Letzteren über seine Unter-

redung mit Georg von Podĕbrad. Wir erfahren daraus, daß die utraquiſtiſche Geiſtlichkeit und der böhmiſche Landtag damals troz seiner in jenen Jahren bewieſenen Nachgiebigkeit gegen die katho= liſche Kirche dennoch mit großer Zähigkeit an den Compactaten, an der Kindercommunion, an der böhmiſchen Sprache im Gottesdienſte und an anderen Abweichungen von den katholiſchen Kirchengebräuchen und Ordnungen feſthielten, daß aber andererſeits der Papſt und die Cardinäle troz der Zugeſtändniſſe des Basler Concils dieſes Alles nicht länger zu dulden geſonnen waren.

Eben dies veranlaßte die Prager Geiſtlichkeit, mit dem Pa= triarchen von Conſtantinopel Unterhandlungen anzuknüpfen, die, wie aus noch vorhandenen Briefſchaften hervorgeht, keine ungünſtige Aufnahme fanden. Was ſich daraus entwickelt hätte, wenn nicht gerade damals (29. Mai 1453) Conſtantinopel in die Hände der Türken gefallen wäre, iſt nicht zu ſagen. So viel aber iſt gewiß, je mehr die römiſche Kirche den Böhmen die mit ſo großen Opfern errungenen Freiheiten und Privilegien zu entreißen verſuchte, um ſo mehr wurden ihr dieſe entfremdet und zu immer eifrigerem Feſt= halten an ihrem guten Rechte, wie auch zu immer innigerem Zu= ſammenhalten unter einander hingetrieben.

Letzteres, die Einigung der Böhmen auf Grund des utra= quiſtiſchen Bekenntniſſes, gelang dem energiſchen Georg von Podĕ= brad auf unerwartete Weiſe. Wir haben früher erwähnt, daß die utraquiſtiſchen Beſchlüſſe des Prager Landtags vom Jahre 1444 auch von den meiſten taboritiſchen Städten anerkannt wurden, und daß zuletzt nur noch die von Tabor, wohin ſich alle hervorragenden Taboritenprieſter geflüchtet hatten, in ihrer Sonderſtellung ver= harrten. Um auch dieſe zur kirchlichen Einheit zurückzuführen, er= ſchien Herr Georg im Auguſt 1452 plötzlich mit einem großen Heere vor der bisher als uneinnehmbar geltenden Stadt, und ſchon nach drei Tagen ergab ſich ihm dieſelbe unter Bedingungen, welche ihrer Selbſtändigkeit und ihren kirchlichen Freiheiten ein für alle Male ein Ende machten. Er muß mit der Bürgerſchaft zuvor Verbindungen angeknüpft gehabt haben, denn dieſe lieferte ihm alle ihre Prieſter aus, die dann theilweiſe bis zu ihrem Tode in Haft ge= halten wurden, wie Nikolaus von Pilgram und Wenzel Koranda,

oder aber Rokycan Gehorsam gelobten; und schon am 2. December
1452 wurde auch in Tabor die Messe im Ornate gelesen und nach der
Vorschrift Rokycan's gelehrt und gepredigt. So war also, von den
allerdings noch ziemlich zahlreichen Katholiken abgesehen, nur noch
eine einzige Kirchengemeinschaft, die utraquistische, vorhanden. Die
Taboriten waren vom Schauplatz der Geschichte abgetreten.

Aber auch das Erstere, die Entfremdung, ja die entschiedene Trennung von Rom sollte unter Poděbrad's Regierung noch eintreten.
Als Aeneas Sylvius unter dem Namen Pius II. den päpstlichen
Stuhl bestieg, so verlangte er, nach der Energie, die er überall
entfaltete und mit der er es in Frankreich zu der feierlichen Aufhebung
der pragmatischen Sanction brachte, von König Georg von Poděbrad,
daß er ihm nicht nur nach Art aller übrigen christlichen Könige Gehorsam gelobe, sondern auch für sich und sein Volk allen ihnen vom
Basler Concil bewilligten Vorrechten und Privilegien feierlich ent-
sage. Einig mit seinem Volke, dem er seit einer Reihe von Jahren
wieder zu Friede und Wohlstand verholfen und bei dem er allgemein höchst beliebt war, selbst bei seinen katholischen Unterthanen,
verweigerte er diese Forderung. Darauf erklärte Pius II. am
31. März 1462 in einem feierlichen Consistorium zu Rom, trotz
aller Vorstellungen der böhmischen Gesandten, die Compactaten für
widerrufen und aufgehoben und schickte zum Vollzug dieser Maß-
regel den Cardinallegaten Fantin nach Prag. Er glaubte, die
Böhmen würden nachgeben, wenn ihnen nur einmal' mit rechtem
Ernste entgegengetreten würde. Aber König Georg war der Mann
nicht, der sich durch eine Gewaltsmaßregel einschüchtern ließ.
Nachdem er sich zuvor der Treue und Ergebenheit seiner Reichsstände versichert hatte, erklärte er am 13. August 1462 vor dem
versammelten Landtage dem den unbedingten Gehorsam der Böhmen
mit heftigen Worten fordernden Legaten, daß er sich einen solchen
schmachvollen Bruch feierlich geschlossener Verträge in keiner Weise
gefallen lasse. „Die Communion unter beiden Gestalten", sagte er,
„und unsere Compactaten sind im Evangelium Christi, sowie in den
Gebräuchen der ältesten christlichen Kirche begründet und sind uns
vom Basler Concil als Auszeichnung unseres Wohlverhaltens und
Glaubenseifers verliehen worden. Wir wollen denselben bis in den

Tod getreu bleiben und sind auch bereit, die Krone, ja unser Leben dafür hinzugeben." Als ihn der Legat hierauf der Ketzerei beschuldigte und ihn mit den Strafen des Papstes drohte, ließ er ihn ins Gefängniß werfen. Aller Verkehr mit Rom wurde von da an abgebrochen. Unbekümmert um alle Protestationen und Anatheme des Papstes überließ Georg von Poděbrad seinem vertrauten Freunde Rokycan, dessen Einfluß und Beredsamkeit er wohl nicht weniger als seiner eigenen Tüchtigkeit, Gewandtheit und Tapferkeit den böhmischen Königsthron verdankte, die Verwaltung sämmtlicher kirchlichen Angelegenheiten, soweit sie die utraquistische Kirche betrafen.

Er wurde, zwar nicht von Pius II., aber von dessen Nachfolger Paul II. (seit 1464) in den Bann gethan, nach Rom citirt, seine Unterthanen ihrer Gehorsamspflicht entbunden und König Matthias von Ungarn, der sich dazu erbot, mit der gewaltsamen Besitzergreifung seines Landes beauftragt. Es kam zu langjährigen Wirren und Kriegen, aus welchen er zwar sehr geschwächt, aber doch als Sieger hervorging und sich wenigstens noch das letzte Jahr seines Lebens (1471) des ruhigen Besitzes von Böhmen und Mähren erfreuen konnte. Sein Todesjahr war auch dasjenige Rokycan's. Sie starben Beide mit dem Bewußtsein, für eine gute Sache nicht ganz erfolglos gekämpft zu haben; in ihrer Ketzerei verstockt, wie die Gegner, standhaft im Festhalten am Laienkelche, wie die Freunde sagten. Bei der großen Macht, die König Georg besaß, hätte er es vielleicht durch Anwendung von Gewalt dahin bringen können, wie den Taboriten, so auch den Katholiken gegenüber die Glaubenseinheit im utraquistischen Sinne in seinem Reiche durchzuführen. Die feindselige Stellung des Papstes und der römischen Kirche hätte ihn schon aus Politik dazu treiben können. Er hat diesen Versuch nicht gemacht, vielmehr, in seinen späteren Lebensjahren wenigstens, oftmals dahin sich erklärt, daß er, obwohl von der Rechtmäßigkeit der hussitischen Forderungen aufs festeste überzeugt, dennoch die abweichenden Glaubensüberzeugungen Anderer nicht zu verfolgen gewillt sei, — ein Grundsatz, der ihm gewiß hoch anzurechnen ist, wenn man die allgemein herrschenden Anschauungen jener Zeit in Rechnung zieht. Sein Streben war ein höheres und

allgemeineres. Ueberzeugt davon, daß das ganze mittelalterliche
Kirchenwesen einer totalen Reformation bedürfe, und daß diese durch
keine Concilien zu erreichen sei wegen des auf denselben stets vor-
waltenden Einflusses der Geistlichkeit, versuchte er es durch Zu-
schriften und Gesandtschaften die weltlichen Fürsten der Christenheit
zu einem allgemeinen Bunde wider den Papst und die Hierarchie
und zur Begründung einer Art allgemeinen Laienparlamentes zu
vereinigen. Gregor von Heimburg [141]), der bekannte geistvolle Vorkämpfer des Laienelementes in der Kirche, der sich gebannt und
flüchtig mehrere Jahre in Prag aufgehalten hat, ist ihm darin als
treuer Rathgeber zur Seite gestanden und hat ihm zu mehreren
Manifesten in diesem Sinne seine gewandte und scharfe Feder ge-
liehen. Der Plan hat freilich keine directen Folgen gehabt: noch
war die Furcht und der Abscheu vor der „hussitischen Ketzerei" zu
groß, als daß der Plan des „Hussitenkönigs", wie man ihn
nannte, eine günstige Aufnahme hätte finden können; noch war die
Christenheit von der Türkennoth allzu schwer bedrängt und hoffte
nur von einem einträchtigen Zusammenwirken von Papst und Kaiser,
geistlichen und weltlichen Fürsten Abhülfe davon; noch hatte der
Humanismus, die Entdeckungen und Erfindungen jener Zeit, wie
besonders der Buchdruckerkunst, den Horizont der Völker nicht in
dem Maße erweitert, daß sie zu der Aufnahme des Kampfes auf
Tod und Leben, wie ihn der Hussitenkönig herbeiführen wollte,
gerüstet genug gewesen wären; noch war zu wenig evangelische Erkenntniß unter den Völkern verbreitet, wie das bald darauf durch
die von Jahr zu Jahr sich mehrenden Druckschriften, die Bibel
vor Allem, der Fall wurde. Wenn wir aber nur ein halbes Jahrhundert später die deutschen Fürsten und Stände, selbst die der
Sache Luther's nicht zugeneigten, z. B. auf den Reichstagen von
1521 und den folgenden Jahren, den Anmaßungen des Papstes
und der geistlichen Herren gegenüber so männlich und fest die Rechte

---

141) Ueber ihn vgl. Hagen in der Zeitschr. Braga (Heidelb. 1839),
II, 414—450 und Ullmann, Reff. vor der Ref. I, 179—193. Seine
in Böhmen geschriebenen Streitschriften finden sich in Eschenlör's Gesch. von
Breslau (herausgeg. von Kunisch, Breslau 1827), Bd. I u. II.

der Laien und der weltlichen Herren vertreten sehen, wer könnte sich des Gedankens erwehren, daß dies Alles zu einem guten Theile auch als eine Frucht der von dem großen Hussitenkönig und der ganzen hussitischen Bewegung überhaupt ausgestreuten Saat anzusehen ist?

Anderseits begnügte sich Georg von Podebrad, eben weil er nirgends in der Welt für seine Ideen Anklang finden konnte, mit Resultaten, welche nach unseren Begriffen nicht so bedeutend scheinen, für jene Zeit aber groß, ja überaus groß waren. Oder sollte uns nicht schon die alles Maß überschreitende Wuth, mit der die römische Kirche wie in der ersten, so auch in der zweiten Hälfte des 15. Jahrhunderts über die Böhmen hergefallen ist, ein ganz sicherer Beweis dafür sein, daß die unter Georg von Podebrad zur vollendeten Thatsache gewordene Gründung einer selbständigen böhmischen Nationalkirche mit besonderem Bekenntnisse und von der allgemeinen Kirche abweichender Verfassung etwas Bedeutendes gewesen ist? Es war die erste unheilbare Wunde, welche dem Riesenleibe des mittelalterlich-römischen Staatskirchenthumes versetzt worden ist. So viel war den Waldensern, den Gottesfreunden und Brüdern vom gemeinsamen Leben nicht gelungen, obgleich ihre Leistungen auf dem Gebiete des individuellen und praktischen religiös-sittlichen Lebens viel höher anzuschlagen sind, als die der Hussiten. Das hatten Wycliffe und die Lollharden mit ihrem dem evangelisch-protestantischen viel näher stehenden und viel schriftgemäßeren Lehrtropus nicht erreicht.

Es ist freilich nicht zu läugnen, diese hussitisch-böhmische Nationalkirche mit ihrem utraquistischen Consistorium in Prag, mit dem Kelche und der böhmischen Liturgie im Gottesdienste, mit ihrer, wenn auch nicht vollständigen, so doch möglichsten Beschränkung der weltlichen Herrschaft der Geistlichkeit und des leidigen Mönchswesens und mit ihrem rigorosen Eifern gegen Alles, was im Leben der Geistlichen, wie der Laien als Todsünde bezeichnet wurde, hat nach dem Tode ihrer Begründer, König Georg's und Rokycan's, zu keiner gedeihlichen Entfaltung und Blüthe kommen können. Ein anderer, kräftiger, auf dem gleichen Stamme des wichtigsten der vier Prager Artikel, desjenigen von der freien und reinen Predigt

der Schriftwahrheit, erwachsener Wurzelschößling hat ihm in Deutsch=
land den Rang abgelaufen. Sie ist von Anfang an eine Mär=
tyrerkirche gewesen und ist es auch geblieben. Aber das Märtyrer=
thum war von jeher die Saat der Kirche. Ohne Hus kein Luther,
ohne Constanz kein Worms, ohne Basel und Eger kein Speier und
Augsburg.

Wird die hussitische Bewegung schon aus diesem Grunde als
ein epochemachendes Ereigniß zu betrachten sein, so kommt dazu
noch ein Anderes: in der böhmisch=mährischen Brüdergemeinde ist
aus den göttlichen Lebenskräften, die sie in ihrem Schooße geborgen,
eine kirchliche Neugestaltung hervorgegangen, welche seither nicht
wieder hat zerstört werden können und in der mannichfaltigsten Weise
für die gesammte Kirche ein Licht und ein Salz geworden ist.
Ueber sie haben wir zum Schlusse noch einige Bemerkungen zu
machen; wiewohl ihre Geschichte nicht mehr in den Bereich unserer
Darstellung gehört und von Freunden und Feinden schon hinreichend
bearbeitet worden ist [142]).

Zu der Zeit, als die Taboriten der Uebermacht der Utraquisten
zu unterliegen begannen, lebte in dem Dorfe Chelčic bei Wodñan
ein freier Landwirth, Peter, von seinem Aufenthaltsorte Chelčicky
zubenannt. Er hatte in seiner Jugend auf der Prager Hochschule
studirt und schon im Jahre 1420 durch gelehrte Disputationen
mit den vornehmsten Theologen der Universität sich ausgezeichnet,
aber weder ein magistrales, noch ein priesterliches Amt übernommen.
Ein Freund der einfachen Bibelwahrheit und ein Feind alles
Zwanges in religiösen Dingen, hatten ihn die unaufhörlichen Strei=
tigkeiten und Kriege der verschiedenen religiösen Partheien in das
abgelegene Chelčic getrieben. Um den frommen und gelehrten Mann
sammelte sich bald ein Kreis von gleichgesinnten Freunden, die
er in seinen Unterredungen mit ihnen auf die Bibel, als die
alleinige Quelle der Wahrheit, zu verweisen pflegte. Als der
englische Magister Peter Payne 1437 aus Prag vertrieben wurde,

---

142) Vgl. Palacky, Gesch. von Böhmen IV, 1. S. 466 f. und beson=
ders das gründliche, wiewohl nicht ganz unpartheiisch geschriebene Werk von
Gindely, Gesch. der böhm. Brüder, Bd. I u. II (Prag 1857—58).

kam er auch zu ihm und hielt sich bei zwei Jahre in Chelčic auf. Ein Beweis, daß sich Peter schon damals einen Namen erworben haben muß; und er verdankte denselben hauptsächlich einer Reihe von Schriften, in welchen er sowohl die katholisirenden Utraquisten, als die zum Theil jede reale Gegenwart Christi im Abendmahle läugnenden und statt des im Evangelium gebotenen Friedens stets den Krieg suchenden Taboriten mit den schärfsten Waffen angegriffen hat.

Seine interessanteste und gediegenste Schrift ist sein zwischen 1440—1450 geschriebenes „Netz des Glaubens" (Sít víry). In die Fußstapfen eines Matthias von Janow und Thomas Stitný tretend, zeigt er hier: Das wahre Christenthum besteht nicht im Festhalten an gewissen dogmatischen Formeln und äußerlichen gottesdienstlichen Gebräuchen, welcher Art sie auch sein mögen, sondern in der Nachfolge Christi und der Erfüllung seines höchsten Gebotes, der Liebe zu Gott und zu dem Nächsten. Alles, was nur die Form und nicht auch das Wesen der Frömmigkeit und Tugend an sich trägt, jedes Opus operatum, alle Ceremonien und Anstalten, welche dem Gebote Gottes ohne Entsagung der Sünde Genüge leisten wollen, sind als Heuchelei und antichristliches Wesen zu verwerfen; Selbstverläugnung, Ergebung in Gottes Willen und eifriges Streben nach dem Guten, darin hat sich das Christenthum zu beweisen. Weiß er, daß dies nur die Frucht der Predigt des Evangeliums ist und nicht mit Zwang und Gewalt erreicht werden kann, so will er im Gemeinschaftsleben der Christen unter einander eben darauf alles Gewicht gelegt wissen. Er geht darin so weit, daß er alle und jede Zwangsgewalt oder Autorität in Staat und Kirche als etwas Heidnisches verwirft und Alles nur nach dem Gesetz der Liebe geregelt wissen will. So war es in der ursprünglichen Kirche bis zur Zeit Kaiser Constantin's; nach der Wiederherstellung dieses Zustandes muß von allen Gutgesinnten gestrebt werden, und sie dürfen sich darum in keiner Weise durch irgend eine Theilnahme an dem seit Constantin's Zeit entstandenen und die Quelle alles Verderbens bildenden weltlichen oder geistlichen Regimente beflecken. „Insbesondere", sagt er, „darf ein Christ sich nicht durch Annahme einer Magister= oder höheren Priesterwürde zum Satrapen des

Kaisers und des Antichrists machen lassen, er darf keine Waffen tragen, noch Krieg führen, er darf sich nicht in Processe einlassen, noch jemals einen Eid schwören u. dergl."

So lange Tabor nun bestand, fand Peter Chelčicky nur vereinzelte Anhänger; als dieses aber im Jahre 1452 gefallen und den protestantisch Gesinnten Böhmens damit ihre letzte Zufluchtsstätte entrissen war, veränderte sich dies. Viele Taboriten schlossen sich, wie früher bemerkt, den siegreichen Utraquisten an und bildeten dort, allmählig zu Ansehen und Einfluß gelangend (der Taborite Wenzel Koranda wurde nach Rokycan's Tod Administrator des utraquistischen Consistoriums), das die öfter drohende Vereinigung derselben mit der römischen Kirche verhindernde Element. Eben so Viele aber oder vielleicht ihrer noch mehr eigneten sich, in der Erkenntniß, daß ihre früher vertheidigten Lehren und Anschauungen doch nicht mehr zur Geltung kommen könnten, die Grundsätze Peter's an und schlossen sich bald in immer wachsender Zahl der sich um ihn sammelnden Gemeinschaft an. Unter ihnen ragte Bruder Gregor, vielleicht ein Neffe, jedenfalls ein früherer Freund Rokycan's, hervor. Sie erlangten durch die Fürsprache des Letzteren, welcher ihren Grundsätzen anfänglich nicht abgeneigt war, von Georg von Poděbrad die Erlaubniß, zu Kunwald bei Senftenberg eine besondere Niederlassung zu gründen. Rokycan dachte wohl, als er ihnen diese Erlaubniß erwirkte, die Bewegung werde an diesem einsamen Orte, wie so viele andere in jener Zeit, bald wieder ein Ende nehmen. Es waren aber der dortselbst im Jahre 1457 geschlossenen Brüdergemeinschaft oder Bruderunität schon zu viele Personen aus allen Ständen, Magister, Priester, Adelige, Kaufleute, Bauern und Handwerker beigetreten, als daß dies noch möglich gewesen wäre.

Nun fingen Georg von Poděbrad und Rokycan an, mit Gewalt und Verfolgung gegen sie einzuschreiten. Dadurch wurde die Aufmerksamkeit nur noch mehr auf sie hingelenkt und immer größere Schaaren ihnen in die Arme geführt, meist aus den Prachiner, Saazer und Chrudimer Kreisen in Böhmen und den Olmützer und Prerauer in Mähren. Als der obgenannte Gregor, den die Verfolgung am schwersten betroffen, im Jahre 1467 eine Zusammenkunft seiner Anhänger nach Lhota, einem Dorfe bei Reichenau,

veranlaßte, erscheinen schon die Vertreter von etwa 50 Gemein=
schaften. Und eben da wurde dann der so folgenreiche Beschluß
gefaßt, nachdem es innerlich längst geschehen war, sich nun äußerlich
und förmlich von der Gemeinschaft wie der katholischen, so der
utraquistischen Kirche loszusagen und sich für ihre Gemeinde, deren
Lehre und Einrichtung nach den Grundsätzen Peter Chelčicky's
näher bestimmt wurde, und in der sich alle Brüder nannten, auch
ein besonderes Priesteramt durch das Loos zu erwählen. Ein
junger Mann, Namens Matthias von Kunwald, wurde zum Bischof,
zwei andere zu Priestern angenommen und ihnen ein Aeltestenrath
zur Seite gegeben. Sie nannten sich selbst die Brüderunität
(Jednota bratrská); ihre Gegner nannten sie meist Pikarden
oder von der Lebensweise, die sie in den schweren über sie herein=
brechenden Verfolgungen oftmals annehmen mußten, Grubenheimer
(Jamnici).

Von da an fingen sie erst recht an zu erstarken und eine
größere Ausdehnung zu gewinnen, besonders da sie nach dem Tode
König Georg's (1471) während der darauf folgenden politischen
Wirren längere Zeit hindurch Ruhe und Frieden genossen und
allmählig auch von einzelnen früher festgehaltenen rigorosen For=
derungen, wie z. B. daß keiner der Brüder ein weltliches Amt
bekleiden dürfe, abließen. Um das Jahr 1500 waren ihre Gemeinden
auf 300—400 und die Zahl ihrer Mitglieder auf vielleicht 200,000,
hälftig in Böhmen und hälftig in Mähren, angewachsen. In Böhmen
hatten sie besonders an dem Herrn Kostka auf Postupic, in Mähren
noch mehr an dem Herrn von Zerotin mächtige Freunde und Für=
sprecher. Sie zählten auch eine Reihe tüchtig wissenschaftlich ge=
bildeter Männer unter ihren Mitgliedern und wußten die neu auf=
gekommene Buchdruckerkunst mit vielem Geschicke für die Ausbreitung
ihrer Lehren zu benutzen.

Das Eindringen der lutherischen und reformirten Lehre, das
dem Utraquismus den Todesstoß gegeben hat, indem sich Wenige
zur katholischen Kirche zurück=, die große Mehrheit zum Augs=
burger Bekenntniß vorwärtstreiben ließen, hat die Verhältnisse der
(alten) Brüdergemeinde nicht wesentlich alterirt. Widerstrebend und
stets ihre Besonderheit bewahrend, haben sie sich, durch die Noth

dazu getrieben, im Jahr 1575 endlich zu einer Einigung mit den Lutheranern und zur Annahme eines beiden Partheien genügenden Bekenntnisses, der Confessio bohemica, bereit gefunden. Um so schrecklicher sind dann auch sie jener ihres Gleichen in der Welt- geschichte nicht findenden Reaction oder sogenannten Gegen- reformation erlegen, durch welche die Jesuiten von 1620—1780 nicht nur den Protestantismus, sondern nahezu auch die Existenz des böhmischen Volkes vernichtet haben.

Erst der Neuzeit ist es vorbehalten geblieben, den Phönix aus der Asche wieder erstehen, die alte Brüderunität in der neuen Herrnhuter Brüdergemeinde (seit 1727) und den Hussitismus sammt dem Protestantismus seit dem Toleranzedicte Joseph's II. in einer allmählig zu immer schönerer Blüthe heranreifenden **evangelischen Kirche augsburger und helvetischer Confession** wieder aufleben zu sehen.

Anhang.

Manifest der Taboriten an die gesammte Christenheit
vom Jahr 1431.

»Christo die Herrschaft, dem Antichrist der Untergang!

Möge der allmächtige Gott und Vater durch seinen lieben Sohn Jesum Christum, der nach seiner Menschheit der keuschen und reinen Jungfrau Maria Sohn ist, zu seinen heiligen Rechten und Geboten eure Herzen neigen, seinen heiligen Frieden euch geben und nach Leib, Seele und Geist euch stärken, daß ihr würdiglich wandelt nach seinem Willen und Wohlgefallen, Amen!

Indem wir euch, ehrbare und geliebte Herren und Bürger, diesen Wunsch darbringen zu eurem Heil und Wohlergehen, bitten wir euch, Reiche und Arme, wollet mit Fleiß und Sorgfalt auf die Worte dieses Briefes achten, der euch von Seiten des böhmischen Landes hiermit zugesandt wird! Wie euch bekannt ist, hat seit einer Reihe von Jahren zwischen uns und euch ein großer Zwiespalt geherrscht, seid ihr durch eure Fürsten und Obrigkeiten zum Kriege gegen uns angereizt worden, und haben auch leider viele Vornehme und Geringe dabei ihr Leben lassen müssen. Ihr habt aber noch niemals aus unserem Munde unseren Glauben gehört, noch ob wir ihn aus der heiligen Schrift zu beweisen vermögen. Ihr glaubet dem Papste und seinem Clerus, weil sie euch für den Kampf wider uns Ablaß und Gnaden schenken. Daß ihr daran Unrecht thuet, davon möchten wir euch hiermit aus der heiligen Schrift überzeugen und euch zu bedenken geben, daß es auch falsche Ablässe gibt, durch welche nicht nur nichts Gutes, sondern oft das allergrößte Ueble, Raub, Mord, Ehebruch u. dergl., hervorgerufen wird. Christus aber will nach Luc. 13 (Matth. 3) rechtschaffene Früchte der Buße. Außerdem kann man leicht einsehen, daß diese Indulgenzen in dem Gebote Gottes überhaupt nicht begründet sind, da es Mord und Todtschlag angeblich ketzerischer Menschen nimmermehr billigt, am allerwenigsten unter dem Vorwande der Frömmigkeit. Der Papst erweist sich dadurch vielmehr selbst als einen Ketzer und Heuchler, ja auch als den Antichrist; denn er lehrt die Menschen die evangelische Wahrheit verachten und leitet sie, statt zu guten Werken, vielmehr zu allem Bösen, wie einst der Teufel Christum verleiten wollte, Luk. 4; er verspricht in seinen Ablässen, was er nicht halten kann und keinen Wahrheitsgrund hat; ja es ist zu glauben, daß er sammt seinem Clerus die Könige, Fürsten, Herren und Städte nicht um der Vertheidigung des christlichen Glaubens willen zum Kampfe gegen uns auffordert, sondern aus Furcht, es möchten ihre eigenen Laster und Ungerechtigkeiten aufgedeckt und bekannt werden. Wenn sie nämlich eine aufrichtige Liebe zum christlichen Glauben hätten, so müßten sie mit den Büchern der heiligen Schrift zu uns kommen und mit den geistlichen Waffen wider uns kämpfen, welche das Wort Gottes gibt. Und das war längst unser Wunsch; aber wir haben es — Gott sei's geklagt — bisher noch niemals erlangen können, obwohl die heiligen Apostel und Lehrer der christlichen Kirche, die die Juden und Heiden unterwiesen, es stets so gehalten haben, wie St. Paulus den Galatern (Kap. 6, 1) schreibt: „Liebe Brüder, so ein Mensch etwa von einem Fehler übereilet würde, so helfet ihm wieder zurecht mit sanftmüthigen Geiste, die ihr geistlich seid!"

So hätten auch sie handeln sollen, selbst wenn es aus der heiligen Schrift erwiesen gewesen wäre, daß sie Recht und wir Unrecht hätten und uns nicht belehren lassen wollten. Sie sagen aber immer, und das ist ihre Entschuldigung: Magister Hus und Hieronymus, die in Constanz verbrannten, sind vom heiligen Vater und dem ganzen Concile überwiesen worden. Wisset jedoch, jene sind nicht mit der heiligen Schrift, sondern mit ungerechter Gewalt überwunden worden, wofür Alle, die an jenem Concile Theil genommen, Gott werden Rede stehen müssen. Sie sagen ferner, man solle uns mit unserem Glauben gar kein Gehör geben; wie reimt sich das aber mit der Schrift, nach welcher Christus doch auch dem Teufel Gehör gegeben hat (Matth. 4), und sie sind gewiß nicht besser als Christus und wir nicht schlechter als der Teufel? Sind sie selbst Gerechte und Liebhaber der Wahrheit, was fürchten sie uns? Die Wahrheit hat sich nicht zu fürchten vor der Lüge (2 Tim. 2, 19. Neh. 9, 8), denn der Herr selbst und sein Wort ist die Wahrheit, wie er selbst bezeugt (Joh. 14, 6), und der Teufel ist der Vater der Lüge (Joh. 8, 44). Hätte der Papst mit seinem Clerus die Wahrheit, so würden sie uns zweifelsohne mit dem Worte Gottes überwinden; haben sie aber die Lüge, so werden sie uns auch mit all ihren Anhängern nicht widerstehen können.

Geliebte und ehrbare Herren und Bürger! Wir thun euch kund, daß wir im Jahr 1431 sowohl bei dem König von Polen in Krakau, als auch zu Eger bei dem König von Ungarn die Bitte um ein friedliches und ernstes Gehör vorgetragen haben. Beide Male haben wir jedoch eine Fehlbitte gethan, da die Bischöfe uns nur mit Gewalt überwinden wollten, was ihnen Gott der Herr aber bis daher noch nicht hat gelingen lassen. Nun wenden wir uns an euch Könige, Fürsten, Herren und Städte im römischen Reiche und bitten euch aus reiner Liebe Gottes, daß ihr euch zu einer friedlichen und sicheren Zusammenkunft mit uns verstehen möchtet, wann und wo es euch gefiele. Ihr würdet den Papst und seine Kardinäle, die Bischöfe und Prälaten und die gelehrtesten Doctoren, die ihr habt, dazu einladen, wir unser Seits würden unsere Lehrer mitbringen; wir würden diese sich gegenseitig mit dem Worte Gottes bekämpfen lassen; wir würden euch, ihr uns hören, und würde Niemand mit Gewalt oder List, sondern einzig mit dem Worte Gottes siegen dürfen. Hätten eure Bischöfe und Lehrer bessere Beweisgründe aus der heiligen Schrift für ihren

Glauben, als wir, und würde unser Glaube für unrecht erkannt, so würden wir nach dem Rath und der Lehre der heiligen Schrift Buße und Genugthuung dafür darbringen. Würden aber eure Bischöfe und Doctoren von den unsrigen mit der heiligen Schrift überwunden, so müßten dann auch sie Buße thun, und wenn sie das in geistlichem Stolz nicht thun wollten, so würdet ihr zu uns treten und mit uns halten; mit aller Macht wollten wir euch alsdann helfen und jene aus den Gränzen der Christenheit hinaus= jagen.

Sollten euch eure Bischöfe und Doctoren vorsagen, es gezieme sich nicht für Laien, solchen Verhandlungen anzuwohnen, so erkennet darin nichts Anderes als ein Zeichen der Furcht, daß sie in Gegenwart Aller besiegt und zu Schanden gemacht werden könnten; denn wenn sie uns besiegen zu können glaubten, so würden sie sicherlich so viele Zuhörer als möglich verlangen, damit ihr Ruhm desto mehr verbreitet würde. Sollten sie euch aber anrathen, uns kein solches Gehör zu geben, und wolltet ihr ihnen glauben und folgen, so bitten wir, lasset euch doch nur fernerhin nicht mehr so thöricht durch ihren Ablaß verführen, verbleibet ihr mit eueren Weibern, Kindern und Gütern daheim und lasset sie, nämlich den Papst mit seinen Kardinälen, Bischöfen und Prälaten, mit ihren eigenen Personen diese Abläße verdienen, die sie euch nun schenken und zusagen; sie bedürfen deren gewiß selbst auch! Wir würden dann den allmächtigen Gott zu unserem Helfer anrufen und mit ihm ihnen so viel Abläße und Gnaden darreichen, als sie nur wünschen könnten! Doch da haben sie die listvolle Ausrede zur Hand, daß die Geistlichkeit nicht mit fleischlichen Waffen kämpfen solle. Das ist nun eine Wahrheit; was ihnen aber nicht geziemt, mit der eigenen Faust zu thun, sollte es sich da nicht auch für sie geziemen, daß sie Andere das zu thun nicht aufreizten und ermuthigten? Nun sind sie an dem Tode vieler Tausende von Menschen schuld, die sie verführt haben, sollte da nicht Röm. 1, 32 (Gal. 5, 19—21) auf sie anzuwenden sein, daß des Todes schuldig sind nicht nur, die Solches thun, sondern auch die Gefallen haben an Denen, die es thun?

Bedenket dies! Wollt ihr aber durchaus nicht anders handeln,

als fernerhin auf muthwillige Weise gegen uns Krieg führen, so
wollen wir, wie bisher, Gott und seine Wahrheit zum Schutz anrufen und diese letztere bis zum Tod vertheidigen, sonder Furcht
und Scheu vor dem Fluch und Bann des Papstes, seiner Kardinäle
und Bischöfe. Denn wir wissen, Gott hat uns trotzdem seit vielen
Jahren Schutz gewährt, wofür seiner Gnade Dank sei! Wir hoffen
und vertrauen, er, der Allmächtige, wird auch fernerhin dem katholischen Glauben unter uns Wachsthum und Gedeihen geben, und
um so mehr, je mehr Leute sich von euch aufmachen, den Christenglauben bei uns zu zerstören und auszurotten. Es könnte euch
dann leichthin ergehen, wie Pharao; je mehr er die Kinder Israel
zu drücken gedachte, um so mehr wuchsen und mehrten sie sich; er
ward ersäuft in des Meeres Tiefe, der Herr aber half seinem
Volk, den Kindern Israel (Exod. 14. Deut. 28, 7. Levit. 26,
7—8). Denn wie dort jene beiden Blinden (Matth. 20, 30—34),
je mehr sie vom Volke bedroht wurden, daß sie schweigen sollten,
um so lauter schrieen, so ist es auch die Eigenschaft des wahren
Glaubens, je mehr er bedrückt wird, um so mehr wird sein Feuer
entzündet. Deshalb haben keine Diener Gottes in der Anfechtung
überwunden werden können; denn je mehr sie gezüchtigt werden,
um so mehr werden sie angefeuert und gekräftigt; des Glaubens
Kraft ist sicher auch im Streit und Kampf; was Gott verordnet
hat, kann nicht gehindert werden, kein Rath, noch Plan bestehet
wider den Herrn.

Möchtet ihr aber sagen: wir sehen und wissen wohl, daß unsere
Bischöfe und Priester schlecht und gottlos sind, wir können sie aber
nicht entbehren, wir müssen sie haben; wer wollte sonst unsere
Kinder taufen, die Beichte hören und die Sakramente uns verwalten? Wir würden auch dem Banne des Papstes und der Bischöfe
verfallen! Geliebteste! Von diesem Allem habt ihr nichts zu fürchten:
der Bann des Papstes schadet euch nicht, man hat sich nur vor
dem Banne Gottes zu fürchten; und Gott würde es wohl so lenken,
daß, wenn ihr eure schlechten Priester und Bischöfe vertriebet, ihr
gute Priester dafür bekämet, die euch eure Kinder tauften, Beichte
hörten und die Sakramente verwalteten. Denn wenn der Teufel
ausgetrieben wird, so wird dem heiligen Geiste Raum gemacht.

Sagen euch eure Bischöfe und Priester, daß wir Unrecht hätten und Ketzer seien, indem wir nicht an das Fegfeuer, die Jungfrau Maria und die Heiligen glauben, so urtheilen sie darin falsch, da wir durch die Gnade des allmächtigen Gottes besser zu wissen glauben, als sie uns sagen könnten, was man hievon zu glauben hat. — Sie sagen weiter, daß wir dem heiligen Vater, dem Papste, nicht gehorsam sein wollten; wisset hievon, daß wir uns nur dann für verpflichtet halten, in allen gerechten Sachen ihm gehorsam zu sein, wenn und so lange er selbst sich heilig und gerecht erzeigt. — Sie sagen euch auch, daß wir den Gottesdienst zerstörten, indem wir die Klöster einreißen, die Mönche und Nonnen vertreiben! Darauf sagen wir: einst glaubten wir's auch selbst, daß sie heilig wären und ein göttliches Werk trieben, seit wir sie aber sammt ihrem Leben und ihren Werken näher kennen gelernt haben, ist es uns klar geworden, daß sie nur heilige Heuchler, demüthige Raufbolde, Windbeutel, Seelenmessen= und Ablaßkrämer sind und die Sünden des Volkes in sich fressen; sagt man, man müsse ihnen geben, weil sie in der Nacht, da Andere schlafen, aufstehen und für die Sünden des Volkes beten, so sagen wir, ihr Bitten und Beten, das sie für Geld verrichten, ist nichts als reine Simonie; wenn wir sie vertreiben und ihre Klöster zerstören, so zerstören wir nicht den Gottesdienst, sondern nur die Nester des Teufels und die Schulen der Ketzer. Und wenn ihr sie kennen würdet, wie wir, so würdet ihr sie ebenso wie wir ausrotten. Denn unser Herr Christus hat keine Mönchsorden gegründet oder eingesetzt, darum müssen sie nach Matth. 15, 13 über kurz oder lang ausgerottet werden. Die Mönche sind ein schädliches und unnützes Volk in der Christenheit, und ist in der heiligen Schrift kein Beweisgrund vorhanden, daß man ein so gefährliches Leben führen müßte, wie in den auf Menschensatzungen gegründeten Klöstern geschiehet.

Die streitende Kirche Christi ist nur auf diese drei Stände gegründet: erstlich der Stand der Geistlichen, welche in ihren Sitten Gott, dessen Boten sie sind, am meisten nachahmen sollen und in Demuth von Almosen leben, wie auch Christus gethan; zweitens die weltlichen Herren, welche, wie die Geistlichen in Demuth und Armuth die Menschheit Christi, so seine Gottheit repräsentiren und

den Bund Gottes mit einer durch die Vernunft geregelten Gewalt
schützen sollen, denn von Christo, dem höchsten Herrn, haben sie
ihre Macht; und drittens das gemeine Volk, das in vielerlei Hand-
werke getheilt, das Fundament der anderen Stände bildet und sie
in ihren leiblichen Bedürfnissen unterstützt. Die Liebe aber, die
da ist die dritte Person in der Gottheit, muß jene drei Stände
zusammenhalten, daß sie sich gegenseitig helfen und unterstützen.
Die Geistlichkeit muß frömmer und sittenreiner leben, als die beiden
anderen Stände und jene mit Wort und That den Weg des Lebens
lehren; die weltlichen Herren sind zur Erhaltung des Rechtes und
der Ordnung bestellt, daß die Anderen das Heil erlangen mögen;
das gemeine Volk aber ist gehalten, jenen beiden Gehorsam zu
leisten. Alle drei bilden zusammen den einen großen Leib der
christlichen Kirche.

Weil sich nun keiner derselben, am allerwenigsten der Stand
der Geistlichen, so wie es sein sollte verhält, so bitten wir euch,
mit sonderlichem Fleiße auf die nachfolgenden Artikel zu achten:
1) Die Bischöfe sollen nur solche Priester weihen, welche ein Amt
haben, das sie ernähren kann; denn Jesus Christus, der Sohn
Gottes, hat seinen Jüngern und ihren Nachfolgern den Befehl
ertheilt (Matth. 10, 9—10): „Ihr sollt nicht Gold, noch Silber
haben, der Arbeiter ist seiner Speise werth." Das haben jene Apostel
und die frommen Päpste nach Petrus noch 300 Jahre hindurch
gehalten und sind arm geblieben, haben auch sogar um Christi
willen den Märtyrertod erduldet. Aber zur Zeit des Papstes
Sylvester hat der Kaiser Constantin klüger sein wollen als Christus,
und hat ihm und seinen Nachfolgern die Erlaubniß ertheilt, weltliche
Ehren zu besitzen, Purpurkleider zu tragen, auf weißen Pferden zu
reiten und die Herrschaft über Rom und seine Umgebung inne zu
haben. Als dies geschah, hat man nach alten Chroniken eine Stimme
gehört, die da sprach: „heute ist die Kirche vergiftet worden", und
von dieser Zeit hat mit der Vermehrung der Macht der Geistlichkeit ihre Heiligkeit abgenommen.

2) Die Bischöfe nehmen nun von Denjenigen, welche sie weihen,
Geld; das ist aber nichts als simonistische Ketzerei, die unser Herr
Christus doch so ernstlich verboten hat, wenn er Matth. 10, 8

sagt: „Umsonst habt ihr's empfangen, umsonst gebt es auch!" Ohne Geld zu nehmen, hat er einst die Apostel zu Priestern geweiht; so haben's auch seine Jünger gehalten und aus bloßer Liebe zu Gott die Sakramente gespendet. Nun aber ist's, Gott sei's geklagt, so, wie der heilige Ambrosius schreibt: „Wenn der Bischof geweiht wird, so ist's Gold, was er gibt, die Seele aber, was er verliert; und wenn er einen Anderen weiht, so ist's wiederum Gold, was er nimmt, Aussatz aber, was er mittheilt." Es gibt ja leider gar viele Priester seit des Kaisers Constantin Zeiten, welche wider Gottes Willen Besitzer großer Güter und Herrschaften sind, mit Simonie ihre Aemter angetreten haben und das Heilige, wie Taufe, Confirmation, letzte Oelung, Beichte, Begräbniß u. dergl., für Geld verkaufen, daß ihnen Petrus, wie jenem Simon (Act. 8, 20) zu=rufen könnte: „Daß du verdammt werdest mit deinem Gelde, daß du meinst, Gottes Gabe wurde durch Geld erlangt. Es thäte fürwahr Noth, daß Jesus Christus wiederkäme und sie wie jene Käufer und Verkäufer aus dem Tempel vertriebe." (Matth. 21, 12—13. Pf. 2, 9.)

3) Wenn der Bischof Priester weiht, so läßt er sie dabei einen Eid schwören: das ist aber wider Matth. 5, 34—37. Jak. 5, 12 und Sirach 23, 71 ff. Wozu Johannes Chrysostomus mit Recht bemerkt: „O Thoren, die ihr Andere schwören heißet, ihr wisset nicht, was ihr thut! Höret's, ihr Rechtsgelehrten, ihr handelt wider den Befehl und die Anordnung unseres Herrn Jesu Christi, denn er verbietet nicht nur den Priestern, sondern auch allen Menschen das Schwören." Es unterliegt ja auch keinem Zweifel, daß er seine Jünger ohne Eid zu Priestern geweiht hat und ebenso diese ihre Nachfolger.

4) Wer nicht aus Liebe zur göttlichen Gerechtigkeit, sie zu lehren und das christliche Volk dadurch zu bessern, sondern um eines ge=mächlichen Lebens, um des Genusses und der Ehre willen Priester wird, der ist nach Joh. 10, 1 ein Dieb und ein Mörder. Die Priester sollen sich, wie auch die für sie gültigen kanonischen Be=stimmungen aussagen, von dem weltlichen Leben und aller Wollust fern halten; sie sollen keinen Turnieren, Wettkämpfen und Tänzen anwohnen, sie sollen die öffentlichen Schenken meiden, die Mäßigkeit

lieben, keinen Wucher treiben oder schändlichem Gewinne nachjagen, sie sollen den Geiz fliehen, als die Quelle alles Uebels, keine weltlichen Aemter übernehmen und die Priesterwürde nicht als ein Mittel zu weltlicher Ehre und Ruhm gebrauchen und für die Sakramente der Kirche kein Geld verlangen, vielmehr keusch und unbefleckt sich halten von der Welt.

5) Ein weiterer Nothstand ist der Bann, den der Papst und sein Clerus handhabt und damit das arme christliche Volk fesselt und tyrannisirt. Sie meinen auch, wen sie bannen und verfluchen, der sei vor Gott gebannt und verflucht. Es möchte aber eher so sein, daß sie selbst verflucht und verbannt sind, weil sie das Gebot der Liebe nicht halten, von welchem St. Paulus schreibt 1 Cor. 16, 22: „So Jemand den Herrn Jesum Christum nicht lieb hat, der sei Anathema, Maranatha, d. i. bis der Herr kommt." Denn nur derjenige Bann schadet wirklich und ist zu fürchten, wenn ein Mensch in Todsünden verfällt, wie die Ehebrecher, Wollüstlinge und sonst Lasterhaften, und dadurch vor dem allmächtigen Gott in den Bann kommt, wenn es auch den Menschen verborgen bleibt. Der ungerechte Bann jedoch schadet dem davon Betroffenen nicht, sondern Dem, der ihn ausgesprochen, wie schon der Papst Gelasius gesagt hat. Wie auch Augustin sagt: „Möget ihr vom Augustin aussagen, was ihr wollt, darnach frägt er nicht, wenn ihn nur sein Gewissen nicht vor Gott verklagt." Deshalb darf Niemand aus einer anderen Ursache als wegen einer Todsünde gebannt werden; geschieht es doch und stürbe Einer in dem Banne aller Päpste und Bischöfe, ohne daß er schuldig wäre, so würde er dennoch selig werden, jene aber sich selbst in die unterste Hölle verbannen. Ist doch auch unser Herr Christus nach Joh. 9, 22 in dem Banne der Juden gestorben. Wer selbst vor Gott und seinen Heiligen um seines lasterhaften Lebens willen verbannt ist, kann Andere nicht in den Bann thun. Darum fürchtet doch nicht den Bann der Päpste und Bischöfe!

6) Sie nehmen auch Geschenke, um für die Verstorbenen zu beten, zu singen und Messen zu lesen. Wisset, daß auch dieses gänzlich falsch und ketzerisch ist vor Gott, daß die solche Geschenke geben, Krämer machen aus den Priestern, und daß gerade dadurch

die ganze römische Kirche so sehr vergiftet und verderbt ist. Denn gerade durch diese List haben die Päpste mit ihrem Clerus die Fürsten und Völker am meisten betrogen, geplündert und ihres Besitzthumes beraubt. Wie viel hat man doch seit langer Zeit den Kirchen und Klöstern dazu geschenkt, daß für Verstorbene zur Erlösung aus dem Fegfeuer gebetet und Messe gelesen werden soll! Wie sind die Päpste, Bischöfe, Prälaten, Domherren und Klöster dadurch so reich und mächtig geworden, daß sie nun selbst mit Fürsten, Herren und Städten es aufnehmen können! Und in wahrhaft teuflischer List wissen sie unter diesem Vorwande ihre Reichthümer noch immer zu vermehren! Wir aber sollten doch einsehen, daß Gott ihre Gebete nicht höher achtet, als diejenigen anderer Menschen; er müßte ihnen denn um ihrer rothen Backen und ihrer fetten Lippen willen einen besonderen Vorzug geben! Es ist auch sehr zu verwundern, daß sie ihre Gebete so verkaufen, da sie doch selbst nicht wissen können, wie viel sie werth sind! Item, ein notorischer Simonist oder Heiligthumsverkäufer ist, wer solche verkauft, und ist von unserem Herrn Christus verbannt, denn er hat solche Verkäufer verdammt. Gott gibt uns die Kraft zu unseren guten Werken nach seinem Wohlgefallen, wie sollten wir sie verkaufen dürfen? Man findet auch in der heiligen Schrift kein Beispiel davon, daß die Jünger des Herrn oder die ersten Christen auf so schnöde Weise ihre Gebete verkauft hätten, wie unsere Simonisten nun thun. Wenn sie denn für die Verstorbenen beten wollen, so sollten sie es umsonst thun. So lange sie aber noch die dadurch erworbenen Güter inne haben, so sind sie in einem ungerechten Besitzstande, zu dessen Rückgabe sie verpflichtet sind. Und so lange man ihnen denselben nicht wegnimmt, werden sie auch mit ihrem simonistischen Handel nicht aufhören, noch auch die rechte Wahrheit lehren. Es geht bei ihnen, wie bei den Hunden, die, so lange sie den Knochen im Maule haben und daran nagen, stumm sind und nicht bellen können; so lange sie den süßen Knochen der Lust und des Reichthumes im Munde haben, wird es nicht wohl in der Welt stehen. Die Könige, Fürsten, Herren und Städte des Reiches würden darum ein großes Werk der Barmherzigkeit thun, wenn sie diesen Knochen ihnen entrissen, ohne sich um ihren Zorn darüber zu bekümmern. So wachet auf, die ihr bisher geschlafen habt, öffnet die Augen und erkennet die List des Satans, wie er die römische Kirche verblendet hat! Nehmt ihnen weg, was euer ist und nicht ihnen gehört! Und wollt ihr dasselbe alsdann recht und gut anwenden und euch ein gutes Andenken erwerben, so thut, wie der weise Sirach (29, 15) sagt: „Gib dein Almosen dem Armen, und er wird für dich beten, daß du vom Uebel befreit werdest", und vollbringet jene sechs Werke der Barmherzigkeit, die Matth. 25, 35 verzeichnet sind!

7) Voll Stolz und Uebermuth sind sie auch, wie man an ihren langen und kostbaren Kleidern sieht, und worin sie vor unserem Herrn Christus gar verschieden einhergehen, der nur einen ungenähten Rock getragen, und von Johannes dem Täufer, der ein Kleid von Kameelshaaren gehabt hat. Sie entschuldigen sich dafür damit, daß sie sagen, die Tugenden seien im Herzen und nicht in den Kleidern, es könne Einer in einem kostbaren Kleide Gott ebensowohl dienen, als in einem geringen. Das ist aber eine leere Ausflucht, wie wenn Jemand sagen wollte, man brauche keine Almosen zu geben oder sonst ein gutes Werk zu thun, wenn man nur den Willen dazu im Herzen habe. Es kommt doch auch aus dem Herzen, wenn man kostbare Kleider kauft und die geringen zurückweist, oder wenn man dieselben auf alle erdenkliche Weise verzieren läßt. Augustin sagt: „Die Demuth des Herzens lehrt auch demüthig einhergehen in der Kleidung." Darum, Geliebteste, sehet doch ein, wie so sehr der Papst, seine Kardinäle, Bischöfe und Prälaten von unserem Herrn Christus und seinen Jüngern verschieden sind! Sollen wir aber in allen Stücken seine Nachfolger sein, der sich nicht hat dienen, noch lange Schleppkleider nachtragen lassen, vielmehr ein schweres Kreuz auf seinen Schultern getragen und einen bitteren Tod daran erduldet hat, so ist klar, daß sie Spötter Christi und seiner heiligen Apostel sind, Heuchler und teuflisch gesinnte Menschen. Sie sagen, man solle die Geistlichkeit recht hoch in Ehren halten, und sie thun Recht daran: Niemand aber entehrt, lästert und schändet diesen heiligen Stand mehr, als sie selbst mit ihrem schändlichen Wandel und ihren bösen Reden und Thaten. Darum sind sie der Ehre nicht werth, die der Apostel 1 Tim. 5, 17 den Aeltesten, die wohl vorstehen, zusagt.

8) Sie fröhnen auch vom Höchsten bis zum Niedersten dem Geize und wissen unter allerlei lügenhaften Vorwänden die Leute um ihr Geld zu bringen, sonderlich durch den Verkauf der Sakramente, die der Herr doch umsonst zu spenden geboten hat, wider 1 Tim. 6, 6—11 und Prov. 21, 6. Petrus befiehlt (1 Petr. 5, 1—4) den Aeltesten, die Heerde Christi nicht um schändlichen Gewinnes willen zu weiden; der Papst und seine Priester aber wollen von dieser Ermahnung nichts wissen, sie lehren in ihren Schriften und Bullen vielmehr das Gegentheil. Darum ist offenbar, daß sie in Wort und That die Wahrheit Gottes verläugnen und ungläubige Widerchristen sind.

9) Wie sehr sie ferner den fleischlichen Lüsten ergeben sind, das sieht man an der Menge der Weiber und Kinder, die sie allenthalben umherlaufen haben, und an den vielen Weibern und Jungfrauen, die von ihnen geschändet werden. Ist das ganz wider Röm. 1. Gal. 5 u. 1 Kor. 6, so sollte man bei solchen Priestern, wenn sie nicht Buße thun, keine Messe hören, noch irgend ein Sakrament von ihnen annehmen, es wäre denn im äußersten Nothfall; wie das auch viele fromme Kirchenlehrer gebieten, insbesondere der heilige Thomas, der in seinen Sentenzen sagt: „wer bei einem ehebrecherischen Priester mit Wissen die Messe hört oder ein Sakrament nimmt, dringende Todesgefahr ausgenommen, der begeht eine Todsünde", und solchen soll man auch keine Kirchengüter und Opfer geben; und wenn die Bischöfe sie nicht strafen wollen, so sind die weltlichen Herren verpflichtet, dies zu thun und sie ihrer Aemter zu entsetzen. Ihre eigenen Bücher zeugen also ebenso wider sie, wie die heilige Schrift.

10) Desgleichen sind sie voll teuflischen Neides und Hasses. Denn wenn einem Kloster ein Geschenk gemacht wird, so sehen die anderen sogleich scheel dazu, wie neidische Hunde. Wo aber der Neid herrscht, da mangelt die brüderliche Liebe, und durch den Neid des Teufels ist die Sünde und der Tod in die Welt gekommen. Es wäre deshalb besser, man gäbe ihnen nichts und nähme ihnen auch, was sie so ungerecht besitzen, und am allerbesten, wenn man sie ganz vertriebe und ihnen zuriefe, wie der Herr seinen Jüngern: Gehet hin und prediget das Evangelium vom Reich allen Menschen!

Wenn Gott die Mönche und Klöster gewollt hätte, würde er sie gewiß selbst angeordnet und seinen Boten einzurichten befohlen haben.

11) Sie führen auch ein müßiggängerisches Leben, insbesondere die Bischöfe; während die anderen Menschen fleißig und thätig sind, für ihren und ihrer Kinder Lebensunterhalt zu sorgen, treiben sie sich bei ihren Weibern oder auf den Gassen umher, singen und spielen in den Schenken und essen und trinken aufs beste. Denn der Müssiggang ist, wie der heilige Bernhard sagt, aller Laster Anfang, ein Lehrmeister alles Bösen, eine Thür des Teufels, ein unverbesserliches Uebel, ein Verderber aller Tugenden. Gegen sie zeugt das heilige Evangelium, Luk. 10, 7: „der Arbeiter ist seines Lohnes werth!" Merket wohl, der Arbeiter; wer aber nicht arbeiten will, der soll nach 2 Thess. 3, 10 auch nicht essen.

12) Die Meisten von ihnen sind auch Schmeichler und wissentliche Lügner, indem sie, den Menschen zu gefallen, viele Fabeln und bewußte Lügen vorbringen, die in der heiligen Schrift nicht begründet sind. Von solchen aber sagt Johannes (Apok. 21, 8): „ihr Theil wird sein in dem Pfuhle, der mit Feuer und Schwefel brennet, welches ist der andere Tod"; und Paulus (1 Tim. 3, 8): „ein Diener soll nicht zweizüngig sein".

13) Sie spenden dem christlichen Volke nicht auf rechte Weise den heiligen Leib unseres Herrn Jesu Christi, so wie Gott es angeordnet und eingesetzt hat; und das ist ein ganz besonders schweres Vergehen von ihnen, wie wir dem Papste und seinem Clerus nach den Evangelien und 1 Kor. 11 auf das klarste nachweisen möchten. Und daß man uns darüber nur einmal hören möchte! Aber sie wenden immer vor, so haben es die heiligen Päpste befohlen und angeordnet. Können sie aber die Gebote Christi ändern oder abschaffen? Hat er nicht gesagt Matth. 5, 19: „wer eines von diesen kleinsten Geboten auflöset, wird der Kleinste heißen im Himmelreich", d. i. in der Gemeinde der Heiligen verachtet sein? Wie Lyra dazu bemerkt: „weil er vom wahren Glauben abgefallen ist".

14) Wenn sie ihre geistlichen Gerichte abhalten, so richten sie darin oft nach Gunst, nehmen Geschenke an und verurtheilen den

Unschuldigen. Wehe solchen Richtern, wie der Prophet Jesaias sagt, Kap. 5, 20; 9, 15—17 u. Prov. 17, 15.

15) Wenn sie Beichte hören, und kommen Wucherer, Räuber, Diebe und Mörder, so nehmen sie Geschenke von ihnen, so auch von den Hurern und Ehebrechern, und denken nicht daran, sie in ihren großen Sünden zu hindern, so daß sich an ihnen das Schriftwort erfüllet: „Geschenke und Gaben verblenden die Weisen und führen zur Hölle".

16) Sie nehmen den Zehnten und glauben ein Recht darauf zu besitzen. Darin sind sie aber in einem schweren Irrthume befangen; denn aus dem neuen Testamente läßt sich nicht beweisen, daß Christus oder seine Jünger Zehnten genommen oder befohlen haben; im alten war es allerdings ein Gesetz, daraus läßt sich jedoch kein Gesetz für das christliche Volk ableiten; der Zehnte hat für uns wie die Beschneidung aufgehört. Davon hätten sie freilich Schaden in der Küche und an der Tafel, darum wollen sie das nicht zugeben! Erwäget aber, Geliebteste, daß unser Herr Christus Luk. 11, 41 befohlen hat: „gebt Almosen von dem, was ihr habt", nicht aber: „gebt Zehnten davon"! Sie verführen euch und lehren euch Irrthümer.

17) In vielen Ländern leihen sie ihr Geld auf Wucher aus und erheben in Städten und Dörfern Steuern und Abgaben, wie die weltlichen Herren. Auch darin handeln sie wider das Evangelium, Matth. 10, 9: „ihr sollt nicht Gold, noch Silber besitzen"; wider Deut. 23, 19: „du sollst an deinem Bruder nicht wuchern, weder mit Geld, noch mit Speise, noch mit Allem, damit man wuchern kann"; wider Luk. 6, 33: „so ihr Denen gebt, von denen ihr wieder zu empfangen gedenket, was Danks habt ihr davon?" und wider Exod. 22, 25: „wenn du Geld leihest meinem Volke, das arm bei dir ist, sollst du es nicht zu Schaden bringen und keinen Wucher auf ihn treiben"; selbst wider das päpstliche Gesetz, das in einem Kanon Denjenigen für einen Ketzer erklärt, welcher das Wuchernehmen nicht für Sünde hält, so daß man sie nach ihrem eigenen Gesetze richten könnte. Sie beschönigen ihren Wucher und nennen die Steuern und Abgaben, die sie erheben, Geschenke und freiwillige Gaben! Ein Wolf aber ist ein Wolf, auch wenn er sich Lamm

nennen würde. Aerger als die Juden sind die Cleriker in unseren Tagen geworden mit ihrem wucherischen Wesen.

18) In vielen Ländern verbieten sie auch den Laien, in der heiligen Schrift zu lesen und sie zu besitzen, weil ihnen das nicht zukomme und Ketzereien daraus entstünden. Man muß aber vielmehr glauben, daß sie das aus Furcht thun, das gemeine Volk möchte daraus ihre schriftwidrige Bosheit und Ungerechtigkeit kennen lernen. Denn wenn sie sich nur vor Ketzereien fürchteten, so würden sie dem Volke sagen: wer die heilige Schrift liest und versteht sie nicht, der komme zu uns und befrage uns, wir wollen euch gerne belehren! Sie sollten darüber auch predigen und das Volk fleißig und ernstlich ermahnen, die Bücher der heiligen Schrift eifrig zu lesen, denn Gottes Wort ist die Speise der Seele, deren alle Menschen bedürfen (Matth. 4, 4). Wer sie daran hindert und die geistliche Speise ihnen entzieht, der handelt wider Christi Gebot (Joh. 5, 39): „Suchet in der Schrift, denn ihr meinet, ihr habt das ewige Leben darinnen." Es gilt von ihnen Matth. 23, 13. Daß es für die Laien keineswegs unzuträglich ist, die heilige Schrift zu besitzen und zu lesen, hat schon der heilige Augustin bezeugt, indem er Diejenigen tadelt, welche sie nicht lesen wollen, und es für eine unzeitige Bescheidenheit erklärt, wenn die Laien sagen, was geht es uns an, die Bücher zu lesen und zu lernen? Auch Johannes Chrysostomus tadelt die Laien, die sich um weltlicher Beschäftigungen willen des Studiums der heiligen Schrift enthalten; desgleichen Hieronymus, Gregorius und Cäsarius, Bischof von Arles. Gebietet aber auch der Herr selbst ausdrücklich (Deut. 6, 6—7), daß man sein Wort lese und lehre, so sieht man, daß, die das hindern, offenbare Ketzer sind. Desgleichen irren auch Diejenigen, welche die heilige Schrift nicht in die Sprache der Laien übersetzt wissen wollen. Sie war ja ursprünglich auch in der Sprache der Laien abgefaßt, wie Hieronymus sagt, nämlich in der griechischen (mit Ausnahme des Evangeliums Matthäi und des Hebräerbriefes), also nicht in der lateinischen, sondern in der Muttersprache Derer, denen sie anfänglich gegeben war. Wie sollte man sie also jetzt nicht im Deutschen, Italienischen, Böhmischen und Ungarischen haben dürfen?

19) Die römische Kirche maßt sich auch das Recht an, allen

anderen Menschen Gesetze vorzuschreiben, selbst aber an kein anderes Gesetz gebunden zu sein. Wie ist das aber Matth. 18, 15 und Joh. 8, 46; 10, 38 zuwider, wo sogar Christus selbst sich strafen lassen wollte, wenn er eine Sünde gethan hätte! Wahrlich auf ihren Stolz und Uebermuth ist Dan. 7, 25 und 2 Thess. 2, 4 an= zuwenden; dadurch kennzeichnen sie sich am allermeisten als Antichristen. Sie erheben sich ja selbst über Christus, und wer ihren falschen und ungerechten Satzungen nicht gehorchen will, den sperren sie bei Wasser und Brod bis zu seinem Tode in ihre Kerker ein.

20) Ebenso schlimm ist, daß sie Alle, die ihren Glauben, ihre Sitten und Werke nicht annehmen, für Ketzer erklären und sonderlich Diejenigen, welche sich hierin nach dem Vorbilde der heiligen Apostel und der ersten Christen halten wollen, verfolgen, einsperren und ohne Barmherzigkeit, wie die Teufel, dem Märtyrertod überant= worten. O, wie viele Gräuel haben sie in dieser Hinsicht schon an zahllosen frommen und unschuldigen Menschen ausgeübt! Das thun sie vor Allem durch die Predigermönche, von denen sie zu Lehrern der Ketzer erwählen, die man aber lieber Verderber derselben nennen sollte. Man muß sich nur wundern, daß die Fürsten, Herren und Städte ihnen darin Recht geben und beihelfen, wenn sie ihre armen Unterthanen so unschuldig verlästern und mißhandeln: So haben die heiligen Apostel Jesu Christi nicht gehandelt. Sie sind wie die Wölfe, die die Lämmer zerreißen; sie handeln wie Kain an Abel, wie Ismael an Isaak, wie Esau an Jacob, wie die Juden an unserem Herrn Christus. An ihren Früchten möget ihr sie erkennen! Im alten Testamente freilich wurden nach Levit. 24, 15—16 u. Joh. 19, 7 die Ketzer getödtet, dies Gesetz gilt aber im neuen nicht mehr; als dort (Luk. 9, 52—56) Jakobus und Johannes Feuer vom Himmel fallen lassen wollten, bedrohte sie Jesus und sprach: „Ihr wisset nicht, welches Geistes Kinder ihr seid; des Menschen Sohn ist nicht gekommen, der Menschen Seelen zu verderben, sondern zu erhalten." Christus lehret uns Barmherzig= keit und gibt den Sündern Zeit zur Buße bis zum jüngsten Tag, wo er die Guten und Bösen richten wird. Die Strafe der Ketzer beschreibt er Matth. 18, 17: „man soll mit ihnen keine Gemeinschaft

haben und sie wie Zöllner und Heiden halten", vergl. 2 Joh. 10. Tit. 3, 10. 2 Theſſ. 3, 14; man ſoll ſie aber nicht nach der erſten Ermahnung ſchon verbrennen, wie ſie thun. Jenes Geſetz hat in den erſten Zeiten der chriſtlichen Kirche genügt und ſollte auch für alle Zeiten genügen. Der Papſt aber und ſeine Helfers= helfer halten es ſo: die todten Heiligen preiſen ſie als Märtyrer, die lebenden aber verketzern und verfolgen ſie, wie einſt die Juden (Matth. 23, 31. Act. 24, 14).

Darum, geliebte Herren und Bürger, Reiche und Arme, ſehet und erkennet, daß der ganze römiſche Clerus in dieſen 20 Artikeln vom rechten Wege abgewichen iſt und die heilige Schrift verlaſſen hat. Achtet aber mit Fleiß auf die vier Artikel, in welchen wir dem Papſt und ſeinem Clerus entgegenſtehen und die wir bis zum Tode ſchützen und vertheidigen wollen, auch vertrauen, daß Gott uns darin Hülfe und Förderung geben werde.

I. Recht und geziemend iſt es, daß der weltliche Güterbeſitz und die weltlichen Herrſchaften dem geſammten Clerus Chriſti vom Höchſten bis zum Niederſten in der Zeit des Geſetzes der Gnade nach göttlichem und menſchlichem Rechte, nach den Ausſprüchen der heiligen Kirchenlehrer, wie nach dem Urtheile der weltlichen Herren und Laien genommen und derſelbe zu einem thätigen Leben nach dem Evangelium und dem Vorbilde Chriſti und ſeiner Apoſtel zurückgeführt werde. Der Beweis für dieſen Artikel findet ſich Matth. 8, 10. 19. Mark. 6. Luk. 22. 1 Kor. 4. Joh. 10. Act. 3. 1 Petr. 5 und bei vielen Kirchenlehrern.

II. Frei und ungehindert ſoll das Wort Gottes von den Prieſtern gepredigt werden; denn das iſt ihr Amt nach dem Evangelium und dazu wird ihnen bei der Ordination von dem Biſchofe zugerufen: Gehet hin in alle Welt und predigt das Evangelium aller Creatur! (Matth. 10, 28. Mark. 16. Luk. 10. 1 Kor. 1, 9. 1 Tim. 4. Jeſ. 3, 33. 42. Exod. 33. Jerem. 6. Hiob 36. Prov. 18. Apok. 1 und viele Kirchenlehrer.)

III. Jegliche offenbare Todſünde ſoll, ſo gut es geſchehen kann, auf geſetzliche und geordnete Weiſe von Denjenigen, welchen dies zukommt, gehindert, geſtraft und ſo viel als möglich

ausgerottet werden. Dieser Artikel ist bewiesen durch Levit. 19.
Num. 25. Judb. 3. 1 Sam. 15. 2 Thron. 19. Matth. 18.
Luk. 17. 2 Tim. 2, 4. Tit. 1. 1 Tim. 2. 1 Petr. 2. Röm. 13.
Prov. 20. Sir. 7 und viele Kirchenlehrer.

IV. Das Sakrament des Altares soll unter den beiden Gestalten
des Brodes und Weines Denjenigen, welche von keiner Todsünde beschwert sind, frei gespendet werden. Für diesen Artikel
berufen wir uns auf Matth. 26. Mark. 14. Luk. 22. Joh. 6,
1 Kor. 11, auf Augustin (zu Ps. 22), Hieronymus (Comm.
super Zephan.), Gregor (Homel. pasch.), Ambrosius (zu
1 Kor. 11 und Lib. de sacram. und Paschasius (Lib. de
corpore Christi).

Das sind die vier Artikel, wegen deren wir Ketzer genannt und
bekämpft werden, obwohl sie in der heiligen Schrift klar und deutlich
bewiesen sind, wie wir in Obigem freilich der Kürze wegen nur
durch Angabe der Bücher und Kapitel nachweisen konnten. Es
soll eben dazu, wie wir vernommen haben, in eurer Stadt Basel
ein Concil gehalten werden. Da wäre es nun unseres Herzens
innigster Wunsch, daß man beriethe, was der heiligen Christenheit
zum Nutzen und Frommen gereichte, daß der heilige Geist in seiner
Mitte waltete und eine heilige und gute Versammlung wirkte. Wir
fürchten aber gar sehr, daß sie sich nur zu dem Zwecke versammeln,
ihre Schande und Ungerechtigkeit desto besser mit einem Heuchel-
scheine zu verdecken und die ihnen verhaßte göttliche Gerechtigkeit zu
hindern und zu unterdrücken. Glaubet auch nicht, daß eure Stadt
dadurch gebessert und geheiligt werde; hütet vielmehr eure Weiber
und Töchter, daß sie in ihrer Ehre und Keuschheit nicht geschädigt
werden, wie zu Constanz leider gar vielfältig geschehen ist. Wir
haben darum, geliebte und ehrbare Herren und Bürger, in dem
zuvor Geschriebenen manches hart Klingende euch geschrieben; wir
haben es jedoch in der Absicht gethan, daß ihr sorgfältig erwägen
möchtet, wie übel und thöricht die Christenheit mit dem dort versammelten Clerus berathen ist.

Wir thun euch auch kund, daß wir euch und der ganzen Bürgerschaft schon früher einen Brief überschickt haben, den ihr vor Allen
hättet lesen sollen, was ihr aber wider unser Erwarten nicht gethan

habt. Würdet ihr nun auch gegenwärtiges Schreiben wieder unterdrücken, so könnten wir von euch nicht anders denken, als daß ihr
mit jenen heucheln und ihnen zur Verdeckung ihrer Bosheit und
Ungerechtigkeit behülflich sein wolltet; und könnte euch zuletzt viel
Böses daraus widerfahren. Wir bitten euch aber aus reiner
Gottesliebe, daß ihr euch vor Gott und Menschen als treue und
ehrbare Herren beweiset und es auch nicht in Anschlag bringet,
wenn etwa Etliche von eueren Rathsherren und Vornehmen Söhne,
Brüder oder Verwandte unter den Kanonikern, Priestern und Mönchen
haben. Wir bitten euch ferner, daß es euch nicht verdrießen möge,
diesen gegenwärtigen langen Brief zu lesen. Wir wollten euch
eben unseren ganzen Glauben, wie er von unseren Priestern verkündigt wird, ausführlich darlegen, damit ihr ersehet, wie unschuldig
wir von eueren Bischöfen, Prälaten und Predigern verketzert
werden.

Noch thun wir euch kund, daß es eine große und grobe Lüge
ist, wenn man von uns sagt, wir wollten nur Männer, Weiber
und Kinder morden. Das ist nicht wahr; wir thun Solches nur
wenn man Gewalt gegen uns braucht und zu unserem Untergange
gegen uns zieht. Dann vertheidigen wir uns freilich, und es hat
den Schaden davon, wer dies unternimmt. Wir möchten aber
gerne, daß dieses Rauben und Morden zwischen euch und uns
einmal ein Ende nähme, und ein fester, heiliger und göttlicher Friede
geschlossen würde.

Zum Schlusse bitten wir, daß Diejenigen, welche diesen Brief
abschreiben, denselben nicht ändern oder verfälschen mögen; es ist
Einiges darin abgekürzt, wie in den päpstlichen Schriften; wer es
nicht versteht, lasse es aus und lese weiter.

Gnade und Friede sei mit euch von unserem Herrn Jesu Christo
nun und immerdar, und er erhalte euch unsträflich an Seele und
Leib. Amen.

Gegeben im Jahr Christi 1431 in der Woche nach Martini.

Gerichtet ist dieser Brief an euch von dem ganzen böhmischen
Lande.«

CPSIA information can be obtained
at www.ICGtesting.com
Printed in the USA
BVHW03s1720260418
514512BV00014B/406/P